Nils Pickenpack (Hrsg.) • Daniel Beye
Heike Jochims • Bruno Kollhorst

MARKEN
KOOPERATIONEN

WER NICHT KOOPERIERT – VERLIERT

BusinessVillage

Nils Pickenpack (Hrsg.), Daniel Beye, Heike Jochims, Bruno Kollhorst
Markenkooperationen
Wer nicht kooperiert – verliert
1. Auflage 2013
© BusinessVillage GmbH, Göttingen

Bestellnummern
ISBN 978-3-86980-224-4 (Druckausgabe)
ISBN 978-3-86980-225-1 (E-Book, PDF)

Direktbezug www.businessVillage.de/bl/906

Bezugs- und Verlagsanschrift
BusinessVillage GmbH
Reinhäuser Landstraße 22
37083 Göttingen
Telefon: +49 (0)5 51 20 99-1 00
Fax: +49 (0)5 51 20 99-1 05
E-Mail: info@businessvillage.de
Web: www.businessvillage.de

Layout und Satz
Sabine Kempke

Druck und Bindung
Westermann Druck Zwickau GmbH

Inhalt

Über die Autoren

Foto: © connecting brands

Nils Pickenpack, geboren 1968, ist seit 2007 Gründer und Inhaber der Kooperationsmarketing-Agentur connecting brands – cooperation marketing agency GmbH in Hamburg. Davor war er sieben Jahre in Führungspositionen in einer POS-Marketing-Agentur sowie fünf Jahre im Brand Management bei Unilever und Tchibo tätig. Sein Studium zum Diplom-Kaufmann absolvierte er an der Universität Hamburg, der Universität des Saarlandes sowie an der University of Michigan/USA.

Kontakt:
E-Mail: nils.pickenpack@connectingbrands.de
Internet: www.connectingbrands.de

Foto: © S. Schramm

Daniel Beye, geboren 1980, ist als freiberuflicher Marketingberater tätig. Er absolvierte ein Bachelor-Studium der Betriebswirtschaftslehre an der Fachhochschule der Wirtschaft und ein Master-Studium in Management und Marketing an der Leuphana Universität Lüneburg. Davor sammelte der gelernte Werbekaufmann über viele Jahre Praxiserfahrung in der Planung und Umsetzung von Kooperationsprojekten auf Agentur- und Unternehmensseite. Seine berufliche Laufbahn startete Daniel Beye bei der Gerschau.Kroth.Werbeagentur GmbH. Anschließend war er mehrere Jahre im Vertriebsmarketing der TUI Deutschland tätig.

Kontakt:
E-Mail: daniel.beye@yahoo.de

Dr. Heike Jochims, geboren 1972, hat im Wintersemester 2012/2013 die Marketing-Professur an der Fachhochschule Wedel übernommen. Ihre Promotion verfasste sie am Lehrstuhl für Innovation, Neue Medien und Marketing an der Universität Kiel bei Prof. Dr. Dr. h.c. Sönke Albers zum Thema „Erfolgsfaktoren von Online-Marketing-Kooperationen". Darüber hinaus verfügt sie über mehrjährige Berufserfahrung im Konsumgütermarketing, in der Marketing-Beratung und in der Marktforschung.

Foto: © H. Jochims

Kontakt:
E-Mail: hjo@fh-wedel.de
Internet: www.fh-wedel.de/mitarbeiter/hjo

Bruno Kollhorst, geboren 1972, ist seit 2011 Leiter Social Media bei der Techniker Krankenkasse. Dort war er bis 2006 als Leiter Internet eingesetzt, bevor er anschließend fünf Jahre lang hauptverantwortlich für die Betreuung von Markenkooperationen zuständig war. Davor war er für den Aufbau von Online-Units in mehreren Firmen verantwortlich. Nebenberuflich ist der Fachkaufmann für Marketing als Dozent für mehrere Einrichtungen, darunter die Akademie für digitale Wirtschaft in Hamburg, als Berater und freier Autor im Einsatz. Der Medienexperte hat neben Kooperationen in Marketing, Online-Marketing und Social Media auch Games als Spezialgebiet.

Foto: © connecting brands

Kontakt:
E-Mail: bruno@kollhorst.net

Teil 1
Das Wesen der Markenkooperation
– Gründe, Formen und Methoden

1.1 Neue Marktbedingungen sorgen für einen steigenden Kooperationsbedarf

Auch wenn Deutschland von der Wirtschafts- und Finanzkrise derzeit nicht so stark betroffen zu sein scheint wie andere europäische Länder, leiden viele Branchen unter zunehmend schwierigen gesellschaftlichen und wirtschaftlichen Rahmenbedingungen.

Seit 1990 sind die Nettoreal-Einkommen der Verbraucher um rund fünf Prozent gesunken. Dadurch steht weniger Geld für Konsum zur Verfügung. Weiterhin kann eine Polarisierung in der Gesellschaft festgestellt werden: Die „Wohlhabenden", die sich alles leisten können, werden immer reicher, auch wenn sie von der Anzahl her nicht weiter zunehmen. Dagegen wird die Anzahl derjenigen, die jeden Cent dreimal umdrehen müssen, immer größer. Zwar konnte die Arbeitslosigkeit in Deutschland bedingt durch die Hartz-Gesetzgebung und die gute Konjunktur der letzten Jahre gesenkt werden, trotzdem haben die Reduzierung der Sozialausgaben und die Zunahmen von Teilzeit- und Mini-Jobs sowie die Ausweitung der Leiharbeit besonders in dieser Gruppe zu einem drastischen Kaufkraftverlust geführt. Dieses führt insgesamt zu einer Stagnation der Nachfrage, die Unternehmen vor große Herausforderungen stellt. Viele Unternehmen klagen über eine abnehmende Nachfrage, geringe Margen und einen zunehmenden Preiskampf. Resultat ist ein stark gestiegener Wettbewerb in den meisten Branchen. So hat beispielsweise der Handel in Deutschland mit einer beispiellosen Ausweitung des Flächenangebots auf die stagnierende Nachfrage reagiert, was zu einem Verdrängungswettbewerb geführt hat. Die stagnierende Nachfrage und der zunehmende Wettbewerb zwingen Unternehmen dazu, die Kosten zu senken und effizienter zu werden. Dies kann über Wachstum (Economies of Scale) oder durch Rationalisierung erreicht werden. Kosten können aber auch auf mehrere Partner verteilt werden. Kooperation ist die Alternative!

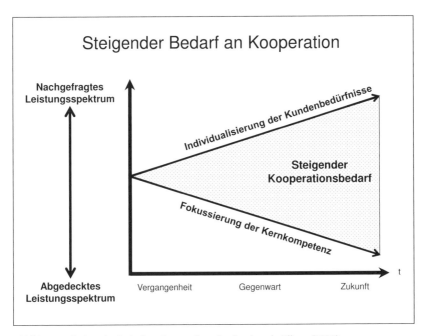

Abbildung 1: Steigender Bedarf an Kooperation; Quelle: Answin Vilmar (2006)

Veränderungen im Verbraucherverhalten erfordern ein Umdenken in der Markenführung. Traditionelle Familienstrukturen lösen sich immer weiter auf. Der Anteil von Singles und sogenannten „Patchwork"-Familien nimmt zu. Es bilden sich neue, individuelle Lebensstile heraus, was zu einer Individualisierung der Kundenbedürfnisse führt und damit zu individuellen Anforderungen an Produkte und deren Kommunikation. Aufgrund des Kosten- und Wettbewerbsdrucks sind Unternehmen gezwungen, sich wieder mehr auf ihre Kernkompetenzen zu fokussieren und nicht absolut notwendige Funktionen auszulagern. Kooperationen bieten Ihnen hier eine kostengünstige Möglichkeit, Produkte und Dienstleistungen zu individualisieren und Leistungen durch Kooperationspartner erbringen zu lassen. Dieses führt zu einem steigenden Kooperationsbedarf (vergleiche Abbildung 1).

Individualisierung durch Kooperation am Beispiel Volkswagen
Volkswagen nutzt die Einbindung von Kooperationspartnern, um ein „Main-
stream"-Auto wie den Golf für spezielle Zielgruppen zu emotionalisieren und
Lifestyle auf das Auto zu übertragen. Aktuell kooperiert Volkswagen mit dem
Deutschen Fußballbund für die MATCH-Sondermodelle. Auch die Kooperation
mit Horst Schlämmer alias Hape Kerkeling diente dazu, den Golf für be-
stimmte Zielgruppen attraktiv zu machen.

1.2 Kooperationen liegen im Trend

Warum machen Sie nicht auch mit einem oder mehreren Partnerunternehmen gemeinsame Sache und erschließen in Form einer kooperativen
Zusammenarbeit zum Beispiel neue Kundengruppen, erhöhen die Erlebbar-
keit Ihrer Marke und teilen Kosten mit dem Partner?

Die Anzahl der in Deutschland durchgeführten Markenkooperationen hat
nach einer Untersuchung von Noshokaty, Döring, Thun in den letzten
Jahren kontinuierlich zugenommen. Gerade mit Beginn der Wirtschafts-
und Finanzkrise Ende 2008 ist die Anzahl der Markenkooperationen um
rund 50 Prozent gestiegen. In einer im Jahr 2011 von der Kooperationsmarketing-Agentur connecting brands durchgeführten Befragung gehen
97 Prozent der befragten Marketingentscheider von einer zunehmenden Bedeutung von Markenkooperationen aus. 90 Prozent der Teilnehmer gaben
an, dass die Wirtschaftskrise diesen Trend weiter verstärkt hat. In immer
mehr Unternehmen werden eigene Kooperationsabteilungen implementiert
oder Mitarbeiter abgestellt, die intern Kooperationen mit den involvierten
Abteilungen koordinieren. Dadurch nimmt die Professionalisierung des Ko-
operationsmanagements zu.

Oberstes Motiv einer Markenkooperation sollte die freiwillige und partnerschaftliche Zusammenarbeit zwischen mindestens zwei rechtlich
selbstständigen Unternehmen zum Nutzen der Kooperationspartner und

der eingebundenen Kundengruppen sein. In der Regel ist die Zusammenarbeit auf einen Unternehmensbereich beschränkt, zeitlich befristet und wird meist durch eine Vereinbarung oder einen Vertrag schriftlich geregelt. Die kooperierenden Unternehmen beabsichtigen jeweils die eigenen Ziele und die des Partners zu erreichen. Eine Kooperation ist aber nur dann erfolgreich, wenn auch die gemeinsame Zielgruppe einen Mehrwert von der Zusammenarbeit hat. Aufgrund der Marktorientierung wird von einer „Win-win-win-Situation" oder einem „Triplewin" gesprochen.

Merke

Dem Grundprinzip einer erfolgreichen Markenkooperation liegt die Idee zugrunde, dass das gemeinsame Potenzial die Leistung des Einzelnen übersteigt.

In diesem Zusammenhang wird oftmals von „Synergieeffekten" gesprochen. Vereinfacht gesagt, sollen sich die Kompetenzen der Partner ergänzen („Jeder macht das, was er am besten kann") und durch einen Mehrwert für die Kunden zu einer verbesserten Wettbewerbsposition der Kooperationspartner führen.

1.3 Ziele von Markenkooperationen

Eine Markenkooperation ist für Sie ein Erfolg, wenn sie die von Ihnen gesetzten Erwartungen und Zielvorgaben erfüllt. Bei Markenkooperationen sind für eine Erfolgsbetrachtung die Marketing- und Vertriebszielsetzungen, die in der Regel aus den Unternehmenszielen abgeleitet werden, relevant. Somit ist die Zusammenarbeit von Marken dann vorteilhaft, wenn sie direkt die Erreichung von Marketing- und Vertriebszielen unterstützt und somit indirekt die Erreichung der Unternehmensziele realisiert.

Die strategisch übergeordneten Kooperationsziele wie die Absatzsicherung, Wettbewerbsfähigkeit, Kosteneffizienz und Kundengewinnung lassen sich noch differenzierter aufschlüsseln. Hierbei sollte zwischen ökonomischen (quantitativen) und markenbezogenen (qualitativen) Zielen unterschieden werden. Diese beiden Zielkategorien unterscheiden sich hinsichtlich der ökonomischen Relevanz. Die markenbezogenen Ziele beeinflussen die ökonomischen Ziele. Als Vorstufe des wirtschaftlichen Erfolgs sind die markenbezogenen Ziele den ökonomischen Zielen vorgelagert und wirken somit langfristiger und nicht unmittelbar und direkt auf den Absatz.

Quantitative/Ökonomische Ziele	Qualitative/Markenbezogene Ziele
• Neukundengewinnung • Gewinnung von Kundendaten • Erschließung neuer Distributions- kanäle • Zugang zu neuen (Absatz-)Märkten • Senkung der Kosten • Wirtschaftliche Nutzung des Budgets • Absatz- und Umsatzsteigerung • Steigerung des Unternehmens- gewinns • Erhöhung der Werbereichweite • Steigerung der Kundenfrequenz • Erhöhung des Marktanteils	• Erschließung neuer Zielgruppen • Stärkung der Marke beziehungs- weise des Markenimages • Steigerung der (Marken-) Bekanntheit • Erhöhung der Kundenzufriedenheit • Erhöhung der Kundenbindung • Schaffung von Mehrwerten für Kunden • Differenzierung vom Wettbewerb • Steigerung der Wettbewerbs- fähigkeit • Erhöhung des Markenwerts • Zugang zu Know-how

Abbildung 2: Ziele von Markenkooperationen

Nach einer Untersuchung von connecting brands (vergleiche Abbildung 3) ist der Zugang zu neuen Kunden das wichtigste Ziel von Markenkooperationen. So könnte der Kooperationspartner beispielsweise seinen Kunden ein spezielles Angebot Ihres Unternehmens anbieten. Der Kooperationspartner gewährt Ihnen damit einen Zugang zu seinen Kunden. Zweitwichtigstes Ziel von Markenkooperationen ist, von dem Markenimage des Kooperationspartners zu profitieren. Damit dieses Ziel erreicht werden kann, ist es umso wichtiger, bei der Auswahl des Kooperationspartners den Fit der Marken zu berücksichtigen. Sie können aber auch Ihre Marke bei den eigenen Kunden profilieren, indem Sie Ihren Kunden einen besonders attraktiven Mehrwert des Partners anbieten und damit Kundenbindung erzeugen. Dieses ist das drittwichtigste Ziel von Markenkooperationen. Über Markenkooperationen können Sie auch neue Distributionskanäle und Absatzmärkte erschließen, indem die Distributionskanäle und Absatzmärkte des Kooperationspartners genutzt werden. Das Ziel der Kostensenkung beziehungsweise die effizientere Nutzung des Budgets ist nach den Erfahrungen der Autoren einer der zentralen Gründe, Markenkooperationen durchzuführen, auch wenn dieses Ziel in der Untersuchung nachrangig nur von 38 Prozent der Befragten genannt wurde. Bei einer Kooperation können Sie durch einen Tausch von Leistungen viele Kosten reduzieren oder vermeiden.

Abbildung 3: Wichtigste Ziele von Markenkooperationen; Quelle: connecting brands (2011)

Bei allen guten Gründen für eine Zusammenarbeit muss aber auch festgehalten werden, dass Markenkooperationen keinen Selbstzweck verfolgen und kein Allheilmittel sind. Eine Erfolgsbeurteilung während und nach der Zusammenarbeit ist unerlässlich. Eine Beurteilung der Zielerreichung sollte im Vergleich mit anderen Marketing-Maßnahmen erfolgen, denn eine erfolgreiche Kooperation ist weitaus wertvoller, wenn sie auch einen Leistungsvergleich mit anderen Marketing-Instrumenten besteht.

Ein häufiges Gegenargument ist die Angst davor, die Unabhängigkeit bei Marketingaktivitäten zu verlieren oder dass die Abstimmungsprozesse mit dem Partner zu aufwendig sind. Diese Ängste sind meist unbegründet und Sie können sie durch konkrete Absprachen und eine gründliche Vorbereitung mit dem Partner im Vorfeld abbauen. Auf mögliche Risiken von Markenkooperationen wird in den folgenden Kapiteln eingegangen und Sie erhalten Tipps, wie sie den Risiken einer partnerschaftlichen Zusammenarbeit am besten begegnen können.

Generell haben Markenkooperationen Vor- und Nachteile. Um von den Vorteilen profitieren zu können, ist die unternehmensinterne Entscheidung für die Durchführung von Kooperationen immens wichtig. Ist die Entscheidung für Markenkooperationen als Instrument gefallen, ist ein entschlossenes Handeln der nächste Schritt zur erfolgreichen Zusammenarbeit.

1.4 Wo soll es hingehen? Die Richtung einer Kooperation

Wo soll es hingehen? So in etwa lautet die Frage, die Sie beantworten müssen, wenn Sie sich mit der Kooperationsrichtung beschäftigen. Sie haben durchaus verschiedene Möglichkeiten. Wollen Sie einen Freund besuchen, der in Ihrer Straße wohnt, und einfach nur geradeaus einige Hausnummern weiterfahren? Oder wollen Sie auch mal einen Bekannten wiedersehen, der links beziehungsweise rechts in einer Nebenstraße, aber noch in der Nachbarschaft wohnt? Oder wollen Sie lieber eine neue Bekanntschaft schließen und in einen ganz anderen Stadtteil fahren? Geradeaus fahren, abbiegen oder einen ganz neuen Stadtteil erkunden, können mit den Begriffen der vertikalen, horizontalen oder lateralen Kooperationsrichtung in die kooperationsspezifische Fachsprache übersetzt werden und beziehen sich auf die Branchenzugehörigkeit und die Wertschöpfungsebene Ihres Kooperationspartners. Letztlich wird damit verdeutlicht, dass kooperierende Unternehmen nicht aus ein und derselben Branche stammen müssen und mittels der drei Richtungstypen eine große Vielfalt an Kooperationsprojekten entstehen kann.

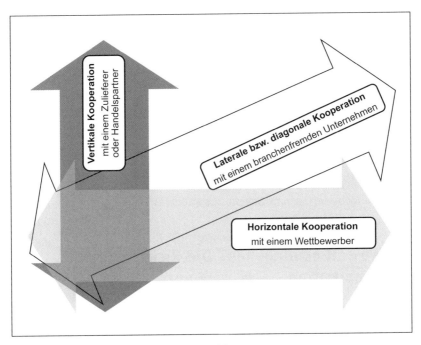

Abbildung 4: Drei unterschiedliche Kooperationsrichtungen

Die Fahrt geradeaus symbolisiert die sogenannte vertikale Kooperation. Diese Richtung der Partnerschaft beschreibt die Zusammenarbeit von Unternehmen, die in derselben Branche tätig sind, aber Produkte oder Dienstleistungen anbieten, die in der Wertschöpfungskette vor- beziehungsweise nachgelagert sind.

Bei einer vertikalen Markenkooperation arbeiten meist Zulieferer und Abnehmer oder Hersteller und Handel auf dem Gebiet des Marketings miteinander. Kooperationsbereite Unternehmen sind vorrangig bestrebt, mit einem Partner zu koalieren, der möglichst nah an die eigene Wertschöpfungs- beziehungsweise Produktions- oder Handelsstufe angrenzt.

Ein Hersteller von Computerchips ist beispielsweise in erster Linie daran interessiert, mit Computerherstellern zu kooperieren, da sich die jeweiligen Produkte direkt komplementär ergänzen lassen. Der Computerhandel selbst wäre für den Chiphersteller als Kooperationspartner nicht von vorrangigem Interesse. Der Computerhersteller hingegen kann sowohl von einer Kooperation mit einem Hersteller von Computerchips (vorgelagerte vertikale Kooperation) als auch von einer Zusammenarbeit mit einem Handelspartner (nachgelagerte vertikale Kooperation) profitieren.

Laterale Kooperation am Beispiel Intel Inside

Als neue Chip-Hersteller auf den Markt kamen, entwickelte Intel 1991 die „Intel Inside"-Kampagne, um die Marke Intel bekannt zu machen und sich von anderen Herstellern von Computerprozessoren zu differenzieren. Dazu startete Intel Kooperationen mit zahlreichen PC-Herstellern. Die Marke Intel wurde auf dem PC platziert und in die Werbung der PC-Hersteller integriert. Dafür zahlte Intel Werbekostenzuschüsse an die PC-Hersteller. Diese Form des Marketings wird auch als Ingredient Marketing bezeichnet.

Wenn Sie sich zu einer Zusammenarbeit mit einem Wettbewerber innerhalb Ihrer Branche entschließen, ist von einer horizontalen Kooperation die Rede. Die Zusammenarbeit mit einem Kooperationspartner in der Doppelrolle als Kompagnon und Konkurrent wird im Englischen mit dem Begriff Coopetition sehr treffend bezeichnet und verbindet die Begriffe Cooperation (Kooperation) und Competition (Wettbewerb). Diese Form der Verbindung ist häufig fragil und kann ohne kulturelle Basis aufgrund der natürlichen Konfliktsituation, die sich bei der Zusammenarbeit zweier Wettbewerber ergibt, schnell scheitern.

Die Partnerschaft mit einem Mitbewerber macht aber dennoch durchaus Sinn, wenn Sie durch die gemeinsame Bündelung von Ressourcen und Kompetenzen einen Wettbewerbsvorteil gegenüber den übrigen Konkurrenten innerhalb der Branche aufbauen und so für beide neue Marktanteile gewinnen können. Gleichzeitig gewinnen Sie gemeinsam Einkaufs- beziehungsweise Verhandlungsmacht gegenüber Zulieferern oder Handelspartnern. Hinsichtlich einer Einkaufskooperation ist es dabei zunächst unerheblich, ob Sie gemeinsam Vorprodukte beziehungsweise Bestandteile für die jeweils eigenen Produkte oder für ein gemeinsames Produkt, das im Rahmen der Kooperation neu konzipiert wurde, von einem Zulieferer beziehen. Horizontale Kooperationen sind häufig in der Automobilindustrie anzutreffen.

Aus dieser Form der Kooperation ergeben sich am häufigsten gesellschaftsrechtlich dauerhafte Verknüpfungen in Form von Joint Ventures oder gesellschaftsrechtliche Beteiligungen, die über die zeitlich befristete Projektarbeit hinausgehen.

Die als laterale beziehungsweise diagonale Kooperation bezeichnete Zusammenarbeit zwischen Firmen kann als Königsdisziplin der Kooperation betrachtet werden, da beide Partner weder als Wettbewerber noch als Wertschöpfungspartner innerhalb einer Branche in Verbindung stehen und oft nur wenige Überschneidungen in ihren originären Tätigkeitsbereichen haben. Die Partnerunternehmen müssen im Vorfeld trotz fehlender Konkurrenzbeziehungen den weitesten Weg der Annäherung und Abstimmung hinter sich bringen, um eine für beide Seiten erfolgreiche Kooperation realisieren zu können.

Diese Art der branchenfremden Zusammenarbeit kann durch die Neukombination von Ressourcen und Wissen aus unterschiedlichen Industriezweigen vollkommen neue Marktpotenziale hervorbringen. Insbesondere dann, wenn es den Partnern gelingt, branchenübergreifend einzigartige Produkte, Dienstleistungen oder Vermarktungskonzepte für eine neue Zielgruppe zu kreieren.

Die kreative Verknüpfung von Leistungen, die auf den ersten Blick weder kongruent noch komplementär sind, ist ein Balanceakt. Denn viele interne Kooperationsvorschläge oder externe Kooperationsanfragen sind auf den ersten Blick ungeeignet und werden deshalb schnell abgelehnt. Nur wer Offenheit und Flexibilität mitbringt und bewusst die Zeit für einen zweiten Blick erübrigt, hat die Chance, hiermit das eigene Leistungsangebot zu erweitern.

Merke

Wenn es Ihnen schwerfällt, die gewohnten Bahnen des Denkens zu verlassen, dann machen Sie sich im Unternehmen auf die Suche nach Querdenkern. Beziehen Sie andere Personen in die Beurteilung einer lateralen Zusammenarbeit mit ein und holen Sie sich über andere Personen Impulse für die potenziellen Chancen und Risiken einer solchen Partnerschaft. Wenn sich im Rahmen eines kleinen Workshops Ihre ursprüngliche Ablehnung bestätigt, dann können Sie die Kooperation leicht absagen. Trauern Sie nicht der investierten Zeit hinterher, die leichtfertige Ablehnung einer großartigen Chance wäre Ihrem Unternehmen in der Zukunft sicherlich teurer zu stehen gekommen.

1.5 Entdecke die Möglichkeiten! Wie Sie innovative Branchentrends identifizieren

Seien Sie unbesorgt, wir veranstalten kein Slogan-Quiz und werden nicht danach fragen, wer mit „Entdecke die Möglichkeiten" jahrelang erfolgreich geworben hat. Vielmehr möchten wir Ihnen verdeutlichen, wie wichtig der sprichwörtliche Blick über den eigenen Tellerrand ist, wenn es darum geht geeignete Kooperationspartner zu erkennen.

Die zentrale Frage, mit der Sie sich im Rahmen dieser Überlegungen auseinandersetzen sollten, lautet zunächst ganz allgemein: „Mit welchem Kooperationspartner kann ich die Marketingleistung meines Unternehmens optimieren, um unseren Kunden einen echten und glaubwürdigen Mehrwert zu bieten?"

Als Kooperationsverantwortlicher übernehmen Sie somit Teilaufgaben eines selbstständigen Unternehmers, der laufend gefordert ist, innovative und kreative Ideen für den Fortbestand seiner Unternehmung zu entwickeln. Sie sollten brancheninterne und branchenexterne Entwicklungen beobachten, relevante Gesellschaftstrends identifizieren und für den eigenen Kooperationsbedarf interpretieren können. Versuchen Sie, sich auf die Kooperationsgelegenheiten zu fokussieren, die nachhaltiger Natur und nicht lediglich ein kurzfristiger Hype sind. Auf diese Weise kann es Ihnen gelingen, ein langfristiges Innovationspotenzial im Marketing zu entwickeln, das von der Konkurrenz nicht auf Anhieb nachgeahmt beziehungsweise kopiert werden kann und von den Kunden in positiver Weise wahrgenommen wird.

Das hört sich anspruchsvoll an? Ist es in gewisser Hinsicht auch. Aber werfen Sie nicht gleich die Flinte ins Korn. Es wird sicherlich nicht von Ihnen erwartet, dass Sie ein Geschäftsmodell entwerfen, mit dem sich mindestens ein siebenstelliger Umsatz realisieren lässt. Es geht vielmehr darum, den Mut für neue Wege jenseits ausgetretener Pfade zu haben. Denken Sie hierbei nicht an die Schwierigkeiten, sondern an die Potenziale, die sich eröffnen können. Im Idealfall ermöglicht eine Partnerschaft eine aufmerksamkeitsstarke Abhebung vom Wettbewerb und bietet Ihren Kunden einen zusätzlichen Nutzen.

Stellen Sie sich die Wertschöpfungsstufe Ihrer Firma als Zentrum Ihres spezifischen Kooperationsuniversums vor. Der Wertbeitrag Ihres Unternehmens und Ihrer Mitbewerber zur branchenweiten Wertkette ist der Ausgangspunkt für die Suche nach Unternehmen mit einem komplementären Leistungsbereich oder einem vollständig neuartigem Kooperationspotenzial.

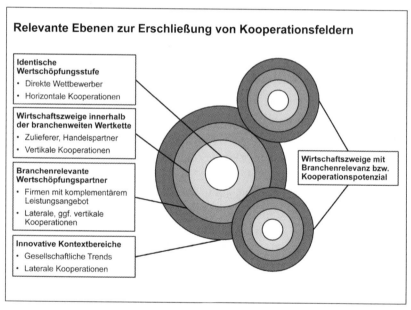

Relevante Ebenen zur Erschließung von Kooperationsfeldern

Identische Wertschöpfungsstufe
- Direkte Wettbewerber
- Horizontale Kooperationen

Wirtschaftszweige innerhalb der branchenweiten Wertkette
- Zulieferer, Handelspartner
- Vertikale Kooperationen

Branchenrelevante Wertschöpfungspartner
- Firmen mit komplementärem Leistungsangebot
- Laterale, ggf. vertikale Kooperationen

Innovative Kontextbereiche
- Gesellschaftliche Trends
- Laterale Kooperationen

Wirtschaftszweige mit Branchenrelevanz bzw. Kooperationspotenzial

Abbildung 5: Potenzielle Kooperationsbereiche im Marketing

Wie bereits geschildert, bieten sich auf der Wertschöpfungsstufe Ihres Unternehmens horizontale Verbindungen mit direkten Wettbewerbern, die eine weitgehend kongruente Leistung produzieren, an.

Die nächste Ebene auf der Suche nach kooperationsrelevanten Wirtschaftszweigen ist die gesamte Wertschöpfungskette der Branche, in die Ihr Unternehmen eingebettet ist. Ihre derzeitigen Lieferanten und Handelspartner sind nur eine beispielhafte Auswahl an Firmen, mit denen eine vertikale Kooperation möglich ist – auch deren Wettbewerber sind gegebenenfalls ein Ansatzpunkt zur vertikalen Zusammenarbeit.

Mit der dritten Sphäre Ihres Kooperationskosmos' erreichen Sie bereits Wirtschaftsbereiche, die nicht auf Anhieb naheliegend und logisch erscheinen wie die beiden vorherigen Wirtschaftszweige. Sie treffen auf vermeintlich ungeeignete Marken und Unternehmen, deren Branchenrelevanz Sie manchmal erst auf den zweiten Blick erkennen können. Viele Unternehmen, die Sie in diesen Bereich einsortieren können, weisen allerdings eine thematische Schnittmenge mit dem Betätigungsfeld Ihres Unternehmens auf. Es handelt sich dabei um Wirtschaftszweige, die mit Ihrer Branche aufgrund von neuen Marktbedürfnissen allmählich „zusammenwachsen" und dort bereits einen nennenswerten Beitrag zur Wertschöpfung leisten.

Ein Beispiel für die Annäherung von Branchen ist die zunehmende inhaltliche Schnittmenge zwischen der Gesundheitswirtschaft und der Tourismuswirtschaft. Der Urlaubstrend bei Wellnessreisen und der Gesellschaftstrend der Gesundheitsprävention haben für Krankenkassen und Touristikveranstalter völlig neue Kooperationspotenziale eröffnet, die vor einigen Jahren noch nicht denkbar waren. In aktuellen Urlaubskatalogen werden Gesundheitsreisen ins In- und Ausland beworben, die bei enthaltenen Bestandteilen zur Gesundheitsprävention von gesetzlichen und privaten Krankenkassen mit mehr als 100 Euro bezuschusst werden. Allerdings haben sich diese beiden Wirtschaftsbereiche noch nicht so weit angenähert, dass bereits von einer vertikalen Kooperation gesprochen werden kann.

Unternehmen aus beiden Branchen begegnen sich daher noch als laterale Kooperationspartner.

Ähnliche Verbindungen ergeben sich aus dem Bio-Trend in der Lebensmittelwirtschaft mit der Tourismuswirtschaft. So lässt sich beispielsweise eine gesunde und bewusste Ernährungsweise mit dem Erleben kulinarischer Urlaubsgenüsse verbinden.

Beide Beispiele sollen verdeutlichen, dass branchenrelevante und nachhaltige Entwicklungen den Aufbau neuartiger Kooperationsbereiche ermöglichen. Sie sollten aktuelle Entwicklungen benachbarter Branchen im Auge behalten und diese immer mal wieder auf Kompatibilität zu dem Geschäftsfeld Ihres Unternehmens überprüfen.

Schließlich bleibt noch der weite Horizont Ihres Kooperationsuniversums als letzte Ebene zur Entwicklung von Kooperationsfeldern. Aufgrund einer „großen Entfernung" geht es weniger um die sofortige und konkrete Identifikation von Marken oder Unternehmen. Vielmehr bieten soziokulturelle Megatrends die Chance, künftigen Konsumbedarf frühzeitig zu erkennen und mittels einer Kooperation die Vorreiterrolle für Ihre Branche einzunehmen. Langfristige Megatrends, die den Konsum noch einige Jahre beeinflussen werden, sind derzeit unter anderem die alternde Gesellschaft (demografischer Wandel), ökologisches und nachhaltiges Bewusstsein, Gesundheitsprävention und die Ausweitung des digitalen Lebens. Diese Megatrends beinhalten viele kleine Strömungen und können sich potenziell in sämtlichen Wirtschaftsbereiche entfalten. Zu den Ausprägungen des digitalen Lebens gehören beispielsweise das Web 2.0, das Social Web, die mobilen Endgeräte, die Verschmelzung der realen mit der digitalen Welt durch Augmented Reality.

Trends bringen boomende Unternehmen hervor und bieten hervorragende Kooperationsmöglichkeiten auf lateraler Ebene – zumindest dann, wenn der Trend nicht direkt Ihre Branche betrifft. Firmen in Trendmärkten weisen zudem meist eine hohe Kooperationsbereitschaft auf. Die höhere Affinität zur Kollaboration von Unternehmen in Boombranchen ist in dem Bestreben nach zügiger Markterschließung begründet.

Ideen, die im Rahmen eines Trends aufkommen, werden erst nach ihrer Implementierung im Markt zur Innovation. Damit sich aus einer Idee eine brauchbare Kooperation für Sie ergibt, muss das Leistungspotenzial Ihres Unternehmens mit dieser Idee durch einen glaubwürdigen Kontext in Einklang zu bringen sein. Entscheidend ist ein wahrnehmbarer Nutzen aus Sicht des Kunden.

1.6 Wie Sie Kooperationen im Marketing systematisch unterscheiden können

Der Einsatz von Markenkooperationen als Instrument im Marketing kann auf vielfältige Art und Weise erfolgen. Eine grobe Systematisierung, zum Beispiel nach den klassischen Disziplinen im Konsumgütermarketing (Produkt-, Preis-, Kommunikations- und Vertriebspolitik) oder den Kooperationsrichtungen, ist hilfreich um einen Überblick über die verschiedenen Formen zu erhalten. Eine Form zur groben Klassifizierung ist die Unterscheidung nach der Dauer und der Intensität der Zusammenarbeit.

Mit der Intensität wird die Aufgabe von Entscheidungsfreiheit trotz des Erhalts der rechtlichen Selbstständigkeit bezeichnet. In vielen Kooperationen ist die gegenseitige Abhängigkeit der Partner so groß, dass wichtige Entscheidungen nur gemeinsam getroffen werden können. Das Ausmaß der Intensität ist nicht direkt und eindeutig definierbar und unterliegt meist einem subjektiven Eindruck. In der Praxis sind die Abstufungen niedriger, mittlerer und hoher Intensität gängig. Bedeutende Faktoren der Intensität sind die Einbringung ökonomischer Ressourcen (finanziell, personell, materiell, zeitlich) sowie die Wahrnehmung psychologischer (Zufriedenheit, Vertrauen) und verhaltensbezogener (Umgang miteinander, gegenseitige

Offenheit) Kriterien. Mit steigender Intensität steigt in der Regel auch die Einbringung beziehungsweise die Wichtigkeit dieser Faktoren.

Die Realisierung von kurzfristigen Einzelprojekten (zum Beispiel eine Verkaufsförderungsmaßnahme) hat meist eine niedrige Intensität. Mit steigender Intensität nimmt die Bindung zwischen den Kooperationspartnern zu und die eigene Entscheidungsfreiheit ab. In Partnerschaften mit mittlerer und hoher Intensität erhalten schriftliche Vereinbarungen und Verträge als Regelwerk eine größere Bedeutung. Der steigende Aufwand zur Regelung der Zusammenarbeit und zur Abwicklung des Kooperationsprojektes geht aufgrund von Aufwand-Nutzen-Überlegungen mit einer mittelfristigen beziehungsweise langfristigen Kooperationsdauer einher.

Die Kooperationsdauer betrifft den zeitlichen Horizont der Zusammenarbeit (kurz-, mittel- oder langfristig) und bildet in gewisser Hinsicht auch die Häufigkeit der Zusammenarbeit ab. Je langfristiger eine Partnerschaft ausgelegt ist, desto häufiger setzen die Partner einzelne Teilmaßnahmen eines großen Kooperationsprojektes beziehungsweise mehrere eigenständige Kooperationsprojekte um.

1.7 Kooperationsformen im Marketing

Die Systematisierung von Kooperationen nach kurzfristiger, mittelfristiger und langfristiger Dauer sowie niedriger, mittlerer und hoher Intensität ergibt zunächst neun Kombinationsfelder für eine Zuordnung von unterschiedlichen Formen der Zusammenarbeit. Allerdings sind aus den erwähnten Kosten-Nutzen-Überlegungen beispielsweise Projekte von kurzer Laufzeit mit hoher Intensität eher unwahrscheinlich. Ebenso werden kaum Projekte mit langfristiger Dauer und niedriger Intensität durchgeführt, da lange Laufzeiten aufgrund des steigenden Ressourceneinsatzes eine gegenseitige Absicherung, beispielsweise in Form von aufwendigen Verträgen, notwendig machen.

Mit der Zunahme bilateral durchgeführter Marketingprojekte in den vergangenen Jahren hat sich gezeigt, dass die am häufigsten durchgeführten Kooperationen im Marketing auf drei Hauptebenen zusammengefasst werden können.

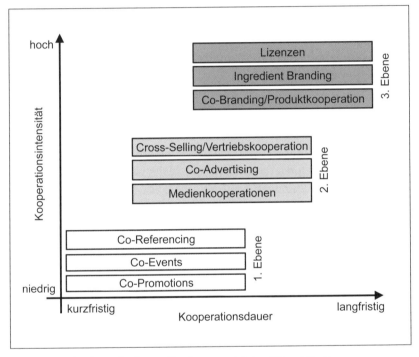

Abbildung 6: Einordnung der Kooperationsformen nach Intensität und Dauer; Quelle: www.connectingbrands.de

Kooperationen der 1. Ebene: kurzfristige Dauer und geringe Intensität

Auf der ersten Ebene befinden sich Kooperationen mit kurzer Laufzeit und niedriger Intensität. Hierbei handelt es sich meist um rein operative Einzelmaßnahmen zur Unterstützung der Marketingziele. Die Zusammenarbeit zwischen Marken hat auf dieser Ebene in der Regel nur einen kurzfristigen Effekt auf Absatz und Aufmerksamkeit bei der Zielgruppe, bietet aber die Möglichkeit, kurzfristigen Handlungsbedarf verhältnismäßig risikolos und mit geringen Kosten abzudecken.

Die Zusammenarbeit wird hinsichtlich des eigenen Aufwandes nach dem Prinzip „So viel wie nötig, so wenig wie möglich" abgewickelt. Oftmals ist auch die Vorlaufzeit dieser Projekte kurzfristig und geht mit einer geringeren Planungstiefe einher. Der realisierte Kundenmehrwert ist meist weniger innovativ als in langfristigen Kooperationsprojekten.

Co-Promotions/Couponing

Gemeinsame Kommunikations- und Verkaufsförderungsmaßnahmen (zum Beispiel Rabatt-Coupons, Onpack Promotion, Sammel-/Bonusaktionen, Verteilung von Warenproben/Samplings, Gewinnspiele) für bestehende Produkte. Co-Promotions sind unmittelbar auf den Kunden ausgerichtet und meist eine einmalige Aktion mit einzeln erkennbaren Marken.

Onpack Promotion der Deutschen Bahn auf Nutella-Gläsern

Im Sommer 2011 gab es auf allen Nutella-Aktionsgläsern einen 10-Euro-Gutschein für Reisen mit der Deutschen Bahn. Ein Code konnte auf einer Aktions-Website in einen eCoupon der Deutschen Bahn umgewandelt werden. In einem Gewinnspiel konnte der User weitere Gutscheine für die Deutsche Bahn erspielen.

Ziele: *Direkter Abverkauf am POS, Neukundengewinnung, Bekanntheitssteigerung.*

Co-Events
Kooperative Veranstaltung eines Events zur Ansprache einer gemeinsamen Zielgruppe.

Ein Herz für Kinder Spenden-Gala von ZDF und BILD
Über 4 Millionen Menschen sahen im Dezember 2012 die große „Ein Herz für Kinder"-Spenden-Gala, die gemeinschaftlich vom ZDF und der Hilfsorganisation „Ein Herz für Kinder" der BILD-Zeitung veranstaltet wurde. Insgesamt wurden über 14 Millionen Euro an Spenden für notleidende Kinder gesammelt.

Ziele: Imagetransfer, Kostenteilung.

Co-Referencing
Wechselseitige Präsentation und Empfehlung eines Partnerunternehmens bei den eigenen Kunden.

Waschmaschinenhersteller empfehlen Calgon
Führende Waschmaschinenhersteller wie Siemens, Bosch oder AEG empfehlen die Nutzung des Wasserenthärters Calgon der Firma Reckitt Benckiser, unter anderem mit Hinweisen auf den Geräten. Calgon wiederum empfiehlt die Marken der Waschmaschinenhersteller auf seinen Verpackungen.

Ziele: Bekanntheitssteigerung, Ansprache neuer Zielgruppen, Imagetransfer.

Kooperationen der 2. Ebene: mittelfristige Dauer und mittlere Intensität

Markenkooperationen der zweiten Ebene besitzen ein größeres Potenzial zur Generierung eines gemeinsamen Nutzens. Eine mittlere Kooperationsdauer und eine mittlere Intensität führen zur stärkeren Nutzung der Kollaboration als ein marketingstrategisches Instrument. Das bedeutet, dass Sie diese Kooperationsformen bereits in Maßnahmen- und Budgetplanungen für das kommende Geschäftsjahr berücksichtigen sollten. Zur Erreichung marketingstrategischer Ziele müssen diese Maßnahmen zudem stärker von der Leitungsebene des mittleren Managements begleitet und unterstützt werden. Mit den Vorteilen wachsen aber auch die Anstrengungen. Eine steigende Intensität erhöht auch die Ansprüche an den Partner. Sie sollten für die Auswahl eines Kooperationspartners mehr Zeit und Sorgfalt als auf der ersten Ebene einplanen.

Medienkooperationen

Kommunikationspolitische Zusammenarbeit eines Herstellers oder Händlers mit einem Medienunternehmen, zum Beispiel redaktionelle Berichterstattung im Partnermedium.

„Volks-Aktion" von BILD und einem Produktpartner

2002 kam mit einem Notebook das erste „Volks-Produkt" auf den Markt. Im November 2012 bringt die BILD-Gruppe vom Axel Springer Verlag mit einem Volks-Milchreis von Müller Milch bereits das 100. Produkt unter das Volk. Die Medienkooperation wird crossmedial über alle Titel der BILD-Gruppe kommuniziert.

Ziele: Nutzwertsteigerung des Mediums, Bekanntheitssteigerung, Abverkauf.

Co-Advertising

Kommunikationspolitische Zusammenarbeit zweier Marken zur Bewerbung bestehender Produkte, die über einen Verwendungs- oder Themenzusammenhang zusammengeführt werden. Die Marken bleiben einzeln erkennbar.

„Genießer-Frühstück" von Senseo und Schwartau Extra

Unter dem Motto „Genießer-Frühstück" wurden 2006 Senseo Kaffee Pads und Schwartau Extra Marmelade in einer Plakatkampagne gemeinsam vermarktet. Begleitet wurde die Aktion von einem gemeinsamen Gewinnspiel, in dem drei „Genießer-Frühstücks" in Paris verlost wurden.

Ziele: *Kosten für Werbung teilen, Imagetransfer, Bekanntheitssteigerung.*

Cross-Selling/Vertriebskooperation

Angebot der Produkte über die Vertriebskanäle des anderen Partners. Besonders wirksam bei innovativen Konzepten, die einen Überraschungseffekt beim Kunden haben.

Tickets der Deutschen Bahn bei Lidl

Das Lidl-Ticket ist eine Cross-Selling-Aktion vom Discounter Lidl und der Deutschen Bahn. Die Tickets umfassen zwei einfache Fahrten mit der Deutschen Bahn für einen günstigen Preis, die innerhalb eines vorgegebenen Reisezeitraumes genutzt werden müssen. Die Tickets gibt es nur in den Lidl-Filialen und im Lidl-Onlineshop.

Ziele: *Erhöhung der Anzahl der Vertriebskanäle (Ubiquität), Ansprache neuer Zielgruppen, Mehrwert für bestehende Kunden, Steigerung der Kundenfrequenz.*

Kooperationen der 3. Ebene: langfristige Dauer und hohe Intensität

Kooperationsformen dieser Kategorie sind durch intensive Anstrengungen für eine langfristige Zusammenarbeit geprägt. Der Aufwand zur Initiierung und Implementierung dieser markenstrategischen Maßnahmen ist sehr groß und bezieht meist weitere Unternehmensbereiche neben der Marketingabteilung mit ein. Die Ziele dieser Formen der Kollaboration sind viel stärker produktbezogen als auf den vorherigen Ebenen. Neben der gemeinsamen Kommunikation fokussieren die Partner die Etablierung eines gemeinsamen Produktes beziehungsweise einer gemeinsamen Leistung im Rahmen einer kooperativen Produktpolitik.

Mit dem hohen Bedarf an Engagement bei der Planung geht ein steigendes Risiko durch die Einbringung großer finanzieller, personeller und zeitlicher Ressourcen einher. Ohne Top-Management Commitment lassen sich diese strategischen Maßnahmen zur Erreichung von Wachstumszielen in der Regel nicht durchsetzen. Allerdings sind bei keiner anderen Ebene der zwischenbetrieblichen Zusammenarbeit die Chancen auf eine Steigerung der Wettbewerbsfähigkeit so groß wie bei diesen Kooperationsformen.

Co-Branding

Vereinigung von Kompetenzen zur gemeinsamen Produkt- oder Leistungsentwicklung auf horizontaler oder diagonaler Ebene. Die entstehende Marke oder das neue Produkt wird eigenständig mit beiden Markennamen am Markt positioniert.

Langnese Cremissimo mit Milka Schokolade

Schon seit 2003 kooperieren die Unilever Marke Langnese Cremissimo und die Marke Milka von Kraft Foods. Durch die „Verschmelzung" zweier großer Marken soll für den Verbraucher ein Mehrwert entstehen. TV-Spots, Marketing-Aktionen und Co-Promotions flankieren den Launch von „Langnese Cremissimo Milka Kuhflecken". Allein in fünf Millionen Milka-Tafeln wurde das Produkt angekündigt.

Ziele: Wettbewerbsdifferenzierung durch Kundennutzen, Ansprache neuer Zielgruppen, Bekanntheitssteigerung, positive Imageeffekte.

Ingredient Branding

Integration eines Zulieferproduktes als Bau- oder Bestandteil in ein anderes Produkt. Markierung des Bestandteils am Hauptprodukt. Wird auch als vertikales Co-Branding bezeichnet, da eine kooperative Produktentwicklung auf vertikaler Ebene stattfindet. Sollte mit einer kooperativen Kommunikationsmaßnahme kombiniert werden.

Shimano Fahrradkomponenten
Der japanische Hersteller hochwertiger Fahrradkomponenten Shimano hat es durch Ingredient Branding geschafft, dass ambitionierte Radfahrer beim Kauf eines neuen Fahrrads mehr auf die Marke der Bremsenanlage und Gangschaltung achten, als auf die Marke des Fahrrads.

Ziele: Imagetransfer, Bekanntheitssteigerung, Absatz.

Lizenzgeschäft

Das Lizenzierungsverfahren ist keine klassische Markenallianz, da der Lizenznehmer für die vorübergehende Nutzung von Lizenzrechten eine Gebühr bezahlt. Im Gegensatz zum Co-Branding und zum Ingredient Branding wird kein gemeinsames Produkt mit der Markierung von zwei Marken erstellt. Stattdessen besteht die Kooperation im Wesentlichen aus der Abstimmung und Zusammenführung von Produkt und Markierung. Der Fortbestand der Eigenständigkeit beider Partner und die vertraglich begrenzte Laufzeit des Lizenzgeschäfts führen dazu, dass Lizenzen nach der Definition der Markenkooperation hier zugunsten der Vollständigkeit aufgeführt werden.

Hugo Boss Parfüm
Der Konsumgüterkonzern Procter & Gamble erwirbt vom Modehersteller Hugo Boss eine Markenlizenz für den Vertrieb von Parfüms und anderer Körperpflegeprodukte unter der Marke Hugo Boss. Parfüms der Marken Hugo Boss, Boss Orange und Hugo gehören zu den meistverkauften Parfüms in Deutschland.

Ziele: Bekanntheitssteigerung, Imagetransfer, Wettbewerbsfähigkeit sichern.

Die vorgestellten Kooperationsformen werden in der Praxis ebenenübergreifend kombiniert. Allein der große Kommunikationsbedarf von Markenkooperationen führt dazu, dass viele Formen der Zusammenarbeit durch Co-Advertising-Konzepte begleitet werden.

1.8 Die Erstellung eines Kooperationsprofils

Ergänzend zur groben Systematisierung von Kooperationsformen entlang der Dimensionen Intensität und Dauer einer Zusammenarbeit, gibt es weitere relevante Merkmale zur Typologisierung von Kooperationsprojekten. Eine genauere Eingrenzung einer kooperativen Maßnahme ist hilfreich, um möglichst früh eine verlässliche Handlungsorientierung zur Vorbereitung und Durchführung einer Kooperation zu erhalten.

Es gibt eine Vielzahl an Kriterien zur differenzierten Ausgestaltung einer Kooperation. Diese Merkmale helfen Ihnen im Vorfeld beispielsweise die firmeninterne Grundhaltung zur Kooperation, die Anforderungen an den Kooperationspartner oder den beabsichtigten Kundennutzen festzulegen und intern zu dokumentieren. Zudem können Sie durch die Benennung der gewünschten Ausprägung eines Kriteriums potenzielle Bedarfsfelder und Zielkonflikte Ihres Kooperationsvorhabens aufdecken.

Die individuellen Ausprägungen innerhalb der vier Kategorien partnerrelevante, kundenrelevante, vertragsrelevante und projektrelevante Merkmale einer Markenkooperation ergeben ein detailliertes Kooperationsprofil Ihres geplanten Projektes. Sie können das Kooperationsprofil allein vor der Partnersuche oder gemeinsam mit dem Partner ermitteln. Zudem können Sie die Wunschvorstellungen Ihres Unternehmens mit den Wunschvorstellungen des Partners abgleichen. Die Betrachtung der gewünschten Kooperationsmerkmale ist somit auch ein geeignetes Hilfsmittel zum Vergleich unterschiedlicher Vorstellungen.

Das ermittelte Kooperationsprofil sollten Sie als Basis der Kooperationsplanung beziehungsweise als Ermittlung des eigenen oder gemeinsamen Kooperationsverständnisses verstehen. Im Verlauf einer genauen Konzepterstellung und der späteren Vertragsverhandlung werden häufig viele Merkmale wieder modifiziert oder weiter konkretisiert.

Partnerrelevante Merkmale einer Markenkooperation

Die Merkmale dieser Kategorie geben Ihnen einen ersten Überblick darüber, welche grobe Richtung Ihr Unternehmen im Rahmen einer unternehmensübergreifenden Zusammenarbeit anstrebt.

Eine ganz grundlegende Entscheidung müssen Sie bezüglich der Partneranzahl treffen. Mit einer zunehmenden Anzahl steigt die Komplexität in der Abstimmung mit multiplen Kooperationspartnern. Sollte Ihr Unternehmen die ersten Gehversuche auf dem Feld der Markenkooperationen wagen, dann ist es empfehlenswert zunächst nur mit einem Kooperationspartner zusammenzuarbeiten. Mit etwas Kooperationserfahrung können Sie auch die Anzahl der Kooperationspartner erhöhen.

Eine weitere Überlegung sollten Sie bezüglich der Vorgehensweise bei der Initiierung einer Markenkooperation anstellen. Wollen Sie aktiv mit einem eigenen Konzept an geeignete Kooperationspartner herantreten oder nehmen Sie lieber eine passive Rolle ein? Die aktive Herangehensweise gibt Ihnen die Möglichkeit, viel konkreter nach einem Wunschpartner zur Realisierung Ihrer Kooperationsziele zu suchen. Zu beachten ist, dass die notwendigen Ressourcen zur Erstellung eines Grobkonzeptes, zur Vorselektion potenziell geeigneter Marken und zur Erstansprache der Partner bereitgestellt werden. Falls Ihr Unternehmen nicht bereit ist, diesen Aufwand im Vorfeld zu betreiben – Sie haben ja letztlich keine Garantie dafür, dass Ihre Bemühungen mit dem besten Kooperationspartner belohnt werden –, haben Sie die passive Position als Alternative. Mit einer inaktiven Haltung müssen Sie darauf warten, dass ein geeigneter Kooperationspartner mit einem brauchbaren Konzept auf Sie zukommt. Prinzipiell kann man sagen, dass Sie einen aktiven Part bei der Initiierung einnehmen sollten, wenn Ihr Unternehmen sich intern auf Markenkooperationen als operativ, marketingstrategisch oder sogar unternehmensstrategisch geeignetes Instrument festgelegt hat.

Weitere partnerrelevante Merkmale betreffen Ihre Präferenzen bezüglich der Kooperationsrichtung, der Branche des Partners, die Dauer der Partnerschaft und die Häufigkeit, mit der Sie kooperieren wollen.

Partnerrelevante Merkmale einer Markenkooperation			
Kriterium	**Ausprägung**		
Partneranzahl	Ein Partner		Mehrere Partner
Initiierung der Kooperation	Eigenes Konzept und Partnerakquise (aktiv)		Fremdes Konzept durch Kooperationsanfrage (passiv)
Kooperationsrichtung	horizontal	vertikal	lateral
Branche des Partners	Industrie/Produktion	Handel/Vertrieb	Dienstleistung	Medien
Dauer der Partnerschaft	kurzfristig (Bis zu drei Monaten)	mittelfristig (Bis zu einem Jahr)	langfristig (Bis zu drei Jahren)	dauerhaft
Kooperations- häufigkeit	einmalig	gelegentlich		häufig

Abbildung 7: Partnerrelevante Merkmale einer Markenkooperation

Kundenrelevante Merkmale einer Markenkooperation

Alle Aktivitäten auf Marketingebene beinhalten stets den „Blick auf den Kunden" – so auch die Markenkooperation. Eine Hilfestellung zur Realisierung eines Kundenvorteils im Sinne der Win-win-win-Idee bieten Ihnen die kundenrelevanten Merkmale einer Markenkooperation.

Die übergeordnete Frage, die Sie sich beantworten müssen, lautet: Welchen Mehrwert können wir mit der Kooperation für unsere gemeinsamen Kunden realisieren? Hinsichtlich des Kundennutzens werden symbolische und funktionale Mehrwerte unterschieden. Der funktionale Nutzenaspekt bezieht sich auf Dimensionen, die direkt am Produkt ausgemacht werden können. Ein symbolischer Nutzen kann vorrangig mittels der eingesetzten Kommunikationsmittel realisiert werden und resultiert beispielsweise aus der Kombination der Partnerimages.

Sie können auch eine beziehungsorientierte Einordnung der Kooperation vornehmen. Die unterscheidbaren Ausprägungen dieser marktgerichteten Perspektive sind die Kundenbindung und die Kundenneugewinnung. Bei der Nutzung der Kooperation zur Kundenbindung fungiert sie als sogenannte Endorser (Unterstützer) Ihrer Bemühungen in Richtung Ihrer gegenwärtigen Kunden. Bei der Kundenneugewinnung fungiert die Kooperation aus Ihrer Sicht als sogenannte Enabler (Treiber) zur Erschließung neuer Zielgruppen über die Märkte Ihres Partners.

Welche zielgruppenspezifische Ausrichtung streben Sie mit einer partnerschaftlichen Zusammenarbeit an? Ist die adressierte Zielgruppe der Markenkooperation ein gemeinsamer Absatzmittler im mehrstufigen Vertriebsweg oder ein lieferndes beziehungsweise weiterverarbeitendes Unternehmen? In diesem Fall handelt es sich um B-2-B-Maßnahme (Business-to-Business). Die Alternative ist die Durchführung einer B-2-C-Kooperation (Business-to-Consumer), die auf die Adressierung der Endkunden des einen oder von beiden Partnern abzielt.

Des Weiteren können Sie an dieser Stelle überlegen, welche grundsätzliche Form der Kommunikation Sie vorrangig wählen wollen. In einer frühen Phase oder als reine Vorüberlegung treffen Sie natürlich noch keine Entscheidung über ein konkretes Kommunikationsmittel oder über dessen Gestaltung. Dennoch können Sie unterscheiden, ob Sie die Zielgruppe vorrangig über Offline-Medien und -Vertriebskanäle auf die Kooperation aufmerksam machen wollen oder ob Sie hauptsächlich Online-Medien und -Shops nutzen wollen. Als dritte Option haben Sie die Möglichkeit, eine crossmediale Vernetzung (integrierte Kommunikation) anzustreben, in der Sie beide Arten der Kundenkommunikation miteinander verzahnen. Sollten Sie Ihre ungefähre Wunschrichtung schon frühzeitig vordefinieren können, gewinnen Sie den Vorteil, dass Sie Ihre Partnersuche zusätzlich nach diesem Kriterium ausrichten können.

Der räumliche Zielmarkt der Kundenansprache bezieht sich auf die Verbreitung der Kooperationsbotschaft beziehungsweise -leistung. Kooperieren kleinere Unternehmen in einer Stadt, spricht man von einer lokalen Kooperation. Eine regionale Kooperation kann ganze Bundesländer mit einbeziehen. Die Durchführung einer flächendeckenden Kooperation in Deutschland kann als nationale Kooperation klassifiziert werden. Theoretisch ist eine sogar eine internationale bis hin zur globalen Ausweitung möglich.

Kundenrelevante Merkmale einer Markenkooperation			
Kriterium	**Ausprägung**		
Mehrwert aus Kundensicht	Funktional (Produkt, Dienstleistung, Service)		Symbolisch (Marke, Image, Bekanntheit)
Beziehungsorientierte Perspektive	Kundenbindung in bestehenden Märkten (Endorserwirkung)		Kundengewinnung in neuen Märkten (Enablerwirkung)
Art der Zielgruppe bzw. der Kommunikation	Business-to-Consumer (B-2-C)		Business-to-Business (B-2-B)
Kommunikationsform	Offline	Online	Crossmedial
Räumlicher Zielmarkt der Kundenansprache	lokal	regional	national	global

Abbildung 8: Kundenrelevante Merkmale einer Markenkooperation

Projektrelevante Merkmale einer Markenkooperation

Entscheidungen und Handlungen, die sich konkret auf Ihre internen Pläne und Prozessabläufe auswirken, werden hier als projektrelevante Merkmale zusammengefasst. Angeführt wird diese Aufstellung von der übergeordneten Zielkategorie, die Sie mit der Kooperation verfolgen wollen. Wollen Sie quantitative oder qualitative Marketing- und Vertriebsziele realisieren (siehe Kapitel 1.3 *Ziele von Markenkooperationen* ab Seite 15)?

Der nächste Schritt betrifft die übergeordnete Kooperationsabsicht Ihres Unternehmens bezüglich Ihrer Produkte und Leistungen. Sie können bestehende Produkte mithilfe einer Kooperation über die Instrumente des

Marketingmix pflegen oder die Leistung gar verbessern (Leistungspflege). Die weiteren Optionen betreffen den Bereich der Leistungsinnovation. Die Innovationsabsicht durch Kooperation kann auf verschiedenartige Kompetenzbereiche abzielen. Sie können nicht nur Produkte oder Dienstleistungen neu gestalten, sondern auch interne Prozesse im Marketing oder ergänzende Services mithilfe der Partnerkompetenzen aufbauen. Eine Partnerschaft kann Sie auf diesem Wege bei dem Aufbau eines Alleinstellungsmerkmals (USP) unterstützen, der von Ihren Wettbewerbern nicht umgehend kopiert werden kann.

Ferner sollten Sie schon frühzeitig abschätzen können, welche Teams der Marketing- und Vertriebsabteilung und welche weiteren Unternehmensbereiche von der Kooperation betroffen wären. In den meisten Projekten sind hauptsächlich die Kommunikationsabteilung, das Vertriebsmanagement und das Produktmanagement involviert.

Zusätzlich beeinflussen die Projektdauer und die Kooperationshäufigkeit die Beanspruchung von Zeit, Geld und Personal. Auch unter diesem Aspekt klaffen Wunsch und interne Wirklichkeit häufig weit auseinander. Sie sollten Ihre Kooperationsidee bezüglich zeitlicher Projektaspekte rechtzeitig gegen die tatsächlich bestehenden Möglichkeiten abwägen.

Projektrelevante Merkmale einer Markenkooperation				
Kriterium	**Ausprägung**			
Kooperationsziele	Quantitative/Ökonomische Ziele		Qualitative/Markenbezogene Ziele	
Übergeordnete Kooperationsabsicht	Marketing/ Kommunikation	Leistungs- verbesserung	Innovation, Kompetenz- erweiterung	Wettbewerbsvorteil, Alleinstellungsmerkmal, USP
Betroffene Abteilungen	Marketing und Vertrieb	Forschung und Entwicklung	Produktion	Weitere Unternehmensbereiche
Kooperationsebenen im Marketing	Kommunikation	Produkt	Vertrieb	Preis
Aktionszeitraum, Projektdauer	Bis zu vier Wochen	Bis zu drei Monaten	Bis zu sechs Monaten	dauerhaft
Kooperations- häufigkeit	einmalig		gelegentlich	häufig

Abbildung 9: Projektrelevante Merkmale einer Markenkooperation

Vertragsrelevante Merkmale einer Markenkooperation

Unweigerlich werden Sie und Ihr Kooperationspartner an den Punkt gelangen, an dem es um Verträge und Vereinbarungen geht (siehe Kapitel 3.1). Dieses Thema wird meist erst kurz vor der konkreten Umsetzung relevant, wenn es darum geht, Absprachen bezüglich der Inhalte, Timings, Leistungen usw. rechtlich abzusichern. Einzelne und genaue vertragsrelevante Merkmale sind ohne Partnerzusage zur Zusammenarbeit und ohne gemeinsame Konzeptabstimmung natürlich gar nicht möglich. Sie können im Vorfeld aber festlegen, wie weit Sie sich in eine Kooperation „hineinwagen" möchten. In einer Kooperation müssen Sie immer etwas Eigenständigkeit zugunsten des gemeinsamen Projektes aufgeben. Sie sollten also überlegen, wie fest Sie sich an einen Kooperationspartner binden und welche Bereiche der rechtlichen Selbstständigkeit Sie behalten wollen. Im Rahmen der Unternehmens- und Budgetverhältnisse im Marketing können Sie vielleicht auch schon abschätzen, ob Sie eher einen kleinen Teil des Budgets

Vertragsrelevante Merkmale einer Markenkooperation		
Kriterium	**Ausprägung**	
Verzicht auf Entscheidungsfreiheit	gering	mittel	hoch
Bindungsintensität	Vereinbarung/Vertrag	Kapitalverflechtung/-beteiligung
Gesellschaftsform	Vertragsbasierte Personengesellschaft (z.B. GbR, OHG, KG)	Kapitalgesellschaft (z.B. GmbH, AG)
Erhalt der rechtlichen Selbstständigkeit	Ja	Gemeinschaftsunternehmen	Nein
	Informations- und Erfahrungsaustausch im Marketing	Joint Venture	Mehrheitsbeteiligung eines Partners am anderen Unternehmen
	Gemeinsames Produkt-/ Leistungsprogramm		
	Gegenseitige Bereitstellung Projektmittel (z.B. finanziell, personell)		Fusion/Merger
	Minderheitsbeteiligung eines Partners am anderen Unternehmen		Kauf/Acquisition
Kapitaleinsatz, Kooperationskosten	eher gering	mittel - hoch	hoch - sehr hoch

Abbildung 10: Vertragsrelevante Merkmale einer Markenkooperation

für eine Kooperation im Marketing ausgeben wollen oder ob Sie auch bereit sind, eine größere Summe Ihres Budgets in die Kooperation zu investieren.

1.9 Die Managementphasen einer Markenkooperation

Das Verständnis von Markenkooperationen in diesem Buch schließt eine zeitliche Befristung mit ein. Der Aspekt der zeitlichen Begrenzung resultiert aus der Erfahrung, dass Kooperationsprojekte zwar meist einen fließenden Beginn, aber ein vertraglich definiertes Ende haben. Alle Tätigkeiten, die zwischen Beginn und Ende des Kooperationsprojektes liegen, können sachlich und zeitlich sechs unterscheidbaren Phasen zugeordnet werden. Die Bezeichnung einer Phase ergibt sich aus dem Resultat des jeweiligen Abschnitts. Jede Phase enthält inhaltliche Schwerpunkte, die dem Kooperationsverantwortlichen und den Projektteilnehmern präsent sein sollten, da sie ihr Handeln auf diese Inhalte ausrichten und auch danach priorisieren sollten. Für den verantwortlichen Projektmanager ergibt sich aus den Aufgaben einer Phase ein ganz konkretes Managementfeld, das er als Führungskraft fokussieren muss, um der Kooperation als deren Architekt zum Erfolg zu verhelfen.

Die Managementphasen einer Markenkooperation, die den gesamten Ablauf einer partnerschaftlichen Zusammenarbeit darstellen, können in zwei Blöcke mit jeweils drei Einzelabschnitten unterteilt werden.

Jede erfolgreiche Partnerschaft im Marketing setzt eine gründliche Planung voraus. Im ersten Block werden deshalb alle konzeptionellen Schritte zusammengefasst, die der Planung eines Kooperationsprojektes (Planungsphasen) zuzuordnen sind. Der zweite Block beinhaltet alle Phasen der operativen Umsetzung (Umsetzungsphasen).

Die Planungsphasen

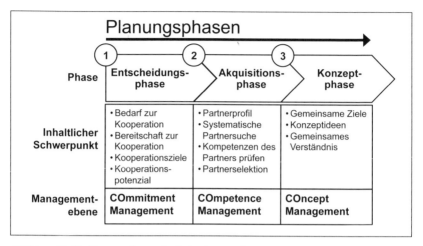

Abbildung 11: Die Planungsphasen der Markenkooperation

Für den Einstieg in die Welt der Markenkooperationen ist zunächst eine interne Entscheidung für oder gegen die Durchführung einer zwischenbetrieblichen Zusammenarbeit notwendig. Das Ergebnis der Entscheidungsphase erstickt die Idee zur Kooperation entweder im Keim oder ist der Auftakt für ein konkretes Projekt.

Schwerpunkte dieser Phase sind die Identifizierung von Bedarf, Bereitschaft und Ziel des Unternehmens zur Durchführung einer Markenkooperation. Ohne echte Bereitschaft der Verantwortlichen und Mitarbeiter im Marketing zur partnerschaftlichen Kollaboration, sind andere Maßnahmen sicherlich besser geeignet, um die Ziele im Marketing zu erreichen. Wenn Sie konkrete Kooperationsbedürfnisse und -ziele ermittelt haben, sollten Sie die Kooperationspotenziale Ihres Unternehmens ermitteln. Zu prüfen ist, was Sie an Kooperationsleistungen Ihres Unternehmens einem potenziellen Kooperationspartner anbieten können. Dieser Vergleich zwischen Kooperationsbedarf – was Ihr Unternehmen sucht – und dem Kooperationspotenzial – was Ihr Unternehmen zu bieten hat – gibt Ihnen einen

Aufschluss über die Eignung Ihres Unternehmens zur Kooperation. Je ausgeprägter die Eignung zur Kooperation, desto höher ist die Wahrscheinlichkeit, dass Sie Ihrem Kooperationspartner auf Augenhöhe begegnen und ein ebenbürtiger Partner sein können.

Die Aufgabe der Personen, die firmenintern eine Kooperationsmaßnahme initiieren wollen, ist, in dieser Phase vor allen Dingen dafür zu sorgen, dass sich Kollegen und Vorgesetzte zum Thema Markenkooperationen bekennen (COmmitment Management). Die frühzeitige Identifikation der Mitarbeiter mit einer zwischenbetrieblichen Zusammenarbeit und ein sogenanntes Top-Management Commitment auf der Führungsebene bewirkt, eine erste Absicherung des späteren Bedarfs an Engagement und Ressourcen (Geld, Zeit und Personal) zur Durchführung des Kooperationsprojektes.

An eine positive Entscheidung zur Durchführung einer Kooperation schließt sich die Akquise eines geeigneten Kooperationspartners an. Die zweite Planungsphase wird deshalb als Akquisitionsphase bezeichnet.

Das Ergebnis dieser Phase – die Auswahl eines Kooperationspartners – ist von entscheidender Bedeutung für den weiteren Kooperationsverlauf und für den Erfolg des Kooperationsprojektes insgesamt. Aufgrund dieser Tatsache sollten Sie die Erstellung eines Partnerprofils, die Suche nach potenziellen Partnerunternehmen und die Beurteilung der Kooperationskompetenzen verschiedener Marken besonders gründlich und gewissenhaft auszuführen. Je professioneller Sie diese anspruchsvolle Phase gestalten, desto höher ist die Wahrscheinlichkeit, dass Sie die attraktivste Partnermarke identifizieren und auch für eine Zusammenarbeit gewinnen können.

Das wesentliche Handlungsfeld der Mitarbeiter, die diese Phase gestalten, ist das COmpetence Management. Der Begriff bezeichnet das Management sämtlicher Aktivitäten und Entscheidungen rund um die Identifikation und Gewinnung der Partnerkompetenzen, die für das Kooperationsvorhaben benötigt werden.

Der Übergang von der Akquisitionsphase in die Konzeptphase, die letzte der drei Planungsphasen, ist sehr fließend. Häufig haben sich die potenziellen Kooperationspartner noch gar nicht für ein gemeinsames Projekt entschieden und schmieden in einem ersten Kennenlerntreffen bereits fleißig konzeptionelle Pläne.

Die Schwerpunkte dieser Phase sind die Darlegung der jeweiligen Kooperationsziele, die Zusammenführung der Kooperationsabsichten zu einem gemeinsamen Verständnis und schließlich die kreative Entwicklung von Marketingmaßnahmen zur Zielerreichung. Am Ende dieser Phase sollten die Partnerunternehmen ein gemeinsam ausgearbeitetes Detailkonzept in den Händen halten, das den jeweiligen Erwartungen gerecht wird und eine echte Win-win-win-Situation verspricht. Es ist in dieser Phase nicht entscheidend, ob beide Unternehmen die gleichen Ziele haben. Wichtig ist, dass sich die Ziele konfliktfrei kombinieren lassen.

Zur erfolgreichen Bewältigung dieser Phase sollten die verantwortlichen Personen über ausgeprägte Methoden- und Führungskompetenzen verfügen. Die Anforderungen des COncept Managements beinhalten die Leitung und Moderation von Ideenworkshops und die frühzeitige Einbeziehung von Mitarbeitern, die gegebenenfalls von der Umsetzung des Kooperationskonzeptes betroffen sind. Selbst wenn die operative Umsetzung noch in weiter Ferne zu sein scheint, ist es wichtig, dass betroffene Mitarbeiter am Entstehungsprozess des Projektes beteiligt werden.

Die Umsetzungsphasen

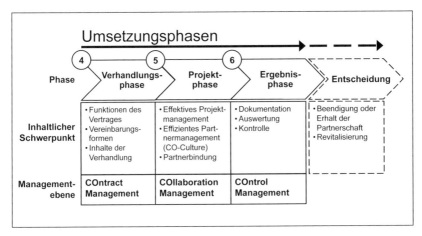

Abbildung 12: Die Umsetzungsphasen der Markenkooperation

Mit der Einigung über ein konkretes Kooperationskonzept und der ernsthaften Absicht zur Zusammenarbeit beginnen die Umsetzungsphasen der Markenkooperation. Zu Beginn dieser drei Phasen muss ein letzter Härtetest absolviert werden: die Verhandlung eines Kooperationsvertrags.

Die Verhandlungsphase hat selten den lockeren Charakter der Konzeptphase. Statt der ungezwungenen Atmosphäre eines Brainstormings erwartet Sie oftmals eine angespannte Situation, in der beide Kooperationspartner versuchen müssen, die potenziellen Risiken und Nachteile der Kooperation für das eigene Unternehmen weitgehend zu reduzieren. Wichtig ist, dass Sie sich über die Funktionen eines Vertrages, die möglichen Vereinbarungsformen und die relevanten Verhandlungsinhalte eines Kooperationsvertrages bewusst sind. Fertige Vorlagen für den unterschriftsreifen Vertrag gibt es nicht, jeder Vertrag muss individuell ausgehandelt und angepasst werden.

Die Verhandlungsführer der Kooperationspartner benötigen im Rahmen des COntract Management viel Fingerspitzengefühl. Sie stehen vor der Herausforderung, die potenziellen Risiken, mit denen das eigene Unternehmen konfrontiert werden könnte, konsequent abzusichern, ohne dabei die menschliche Beziehungsebene zum Kooperationspartner zu belasten. Fairness und Kompromissbereitschaft sind auf dem Weg zum Kooperationsvertrag bessere Berater als Egoismus und Eigennutz.

Der unterschriebene Vertrag gibt den Startschuss für die operative Umsetzung der Kooperation. Die Projektphase beinhaltet die Erledigung der Aufgaben mit der Absicht, die festgelegten Ziele zu erreichen. Die zweite elementare Säule neben dem klassischen Projektmanagement ist ein effizientes Partnermanagement (CO-Culture). Die zwischenmenschliche Beziehungsebene ist verantwortlich für einen reibungslosen Ablauf und ermöglicht eine loyale Partnerschaft über das Projekt hinaus.

Grundlage für eine erfolgreiche Projektphase ist die Fähigkeit des Projektmanagers die zwischenmenschlichen Beziehungen firmenübergreifend so zu beeinflussen, dass eine gemeinsame Kooperationskultur auf Basis von Vertrauen entsteht. Die sozialen Kompetenzen für den Umgang mit Menschen sind elementar für das sogenannte COllaboration Management. Eine Interaktion zwischen den Mitarbeitern der kooperierenden Firmen findet auch schon in den vorherigen Phasen statt. Allerdings ist die Beziehungsqualität auf Basis gemeinsamer Werte in den Planungsphasen nicht so entscheidend für den Erfolg der Kooperation.

Die letzte Umsetzungsphase beginnt bereits während der Projektphase und ist somit zeitlich nicht eindeutig von dieser zu trennen. Die Ergebnisphase beinhaltet die kontinuierliche Kontrolle der Projektfortschritte und die abschließende Dokumentation der Kooperation. Die laufende Überprüfung von Planabweichungen während der Projektphase (Meilenstein-Termine) hat den Vorteil, dass gegebenenfalls nachgesteuert werden kann, um die Ziele zu erreichen. Im Rahmen einer abschließenden Ergebniskontrolle nach der Projektphase wird der Gesamterfolg der Zusammenarbeit ermittelt.

Das COntrol Management erfordert von den dafür verantwortlichen Personen eine gute Methodenkenntnis zur Feststellung des Kooperationserfolges. Der Soll-/Ist-Abgleich der Ziele kann nur erfolgen, wenn die notwendigen Daten und die geeigneten Messinstrumente vorhanden sind.

Der Ergebnisphase folgt die Entscheidung über eine weitere Zusammenarbeit. Dieser Schritt stellt keine eigenständige Phase dar, sondern ersetzt die „normale" Entscheidungsphase für den Fall, dass die Kooperation mit dem Partner intensiviert wird. Statt einem grundsätzlichen Bekenntnis zur Durchführung von Markenkooperationen, ist nun ein Commitment für oder gegen den aktuellen Kooperationspartner das Resultat dieser Phase. Wenn Sie sich für die Revitalisierung der Zusammenarbeit entscheiden, durchläuft die Kooperation die Managementphasen erneut – allerdings entfällt die Akquisitionsphase.

Teil 2
Die Planungsphasen einer
Markenkooperation

Drei Planungsphasen bilden die konzeptionelle Basis einer Markenkooperation. Aus Sicht des Initiators einer überbetrieblichen Zusammenarbeit ergibt sich eine idealtypische Reihenfolge der Phasen. Auf die interne Entscheidungsphase folgt die Akquisitionsphase zur Suche und Auswahl eines geeigneten Kooperationspartners. Gemeinsam mit einem akquirierten Unternehmen werden die planerischen Schritte mit der Konzeptphase abgeschlossen.

Sollte Ihre Firma von einem Unternehmen für eine partnerschaftliche Zusammenarbeit akquiriert werden, befindet sich der Initiator der Kooperationsanfrage bereits in der Akquisitionsphase. Nachdem Sie ein Kooperationskonzept vom Initiator zur Bewertung erhalten haben, treffen Sie intern die Entscheidung, ob Sie kooperieren wollen oder nicht.

2.1 Das COmmitment Management in der Entscheidungsphase

Eine Kooperation beginnt in der Regel zunächst etwas ungewöhnlich. Obwohl das Wesen einer Markenkooperation unter anderem durch die Zusammenarbeit zwischen zwei Unternehmen definiert ist, startet ein Kooperationsprojekt für das initiierende Unternehmen ohne einen Kooperationspartner. Den Schwerpunkt der Entscheidungsphase bilden Tätigkeiten zur Entscheidungsvorbereitung, die letztlich zu einem freiwilligen Bekenntnis zugunsten der Durchführung einer Markenkooperation führen sollen. Allerdings kann das Ergebnis der internen Entscheidungsfindung auch gegen die Durchführung einer zwischenbetrieblichen Zusammenarbeit ausfallen.

Im Wesentlichen können vier Handlungsfelder zum Management des kooperationsbezogenen Commitments (Commitment Management) identifiziert werden. Der Kooperationsbedarf, die Kooperationsbereitschaft auf Leitungs- und Mitarbeiterebene, die unternehmens- und marketingrele-

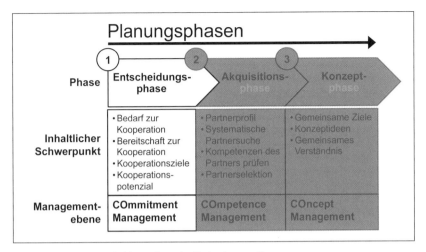

Planungsphasen

Phase	① Entscheidungs-phase	② Akquisitions-phase	③ Konzept-phase
Inhaltlicher Schwerpunkt	• Bedarf zur Kooperation • Bereitschaft zur Kooperation • Kooperationsziele • Kooperations-potenzial	• Partnerprofil • Systematische Partnersuche • Kompetenzen des Partners prüfen • Partnerselektion	• Gemeinsame Ziele • Konzeptideen • Gemeinsames Verständnis
Management-ebene	**COmmitment Management**	**COmpetence Management**	**COncept Management**

Abbildung 13: Die Entscheidungsphase der Markenkooperation

vanten Kooperationsziele und die Kooperationspotenziale der Marke beziehungsweise des Unternehmens sollten vorab untersucht werden, um zu einem Entschluss für oder gegen eine Kooperation zu gelangen.

Keine Kooperation ohne Bedarf

Wie bereits geschildert (siehe Kapitel 1.1 auf Seite 12), steigt der allgemeine Kooperationsbedarf aufgrund von Marktgegebenheiten und Kundenbedürfnissen. Im ersten Schritt bedeutet das, dass Sie ganz konkret für die Unternehmensmarke, für die Sie eine Kooperation anstreben, die Notwendigkeit einer Zusammenarbeit prüfen sollten.

Ein möglicher Kooperationsbedarf lässt sich unter anderem durch eine Analyse von Schwächen im Marketing feststellen. Eine Ziellücke ist somit ein potenzieller Grund für die Suche nach einem Kooperationspartner, der im Rahmen seiner Kompetenzen das Leistungspotenzial und die geplanten Ziele Ihrer Marke ergänzen kann. Allerdings kann bereits zu diesem Zeitpunkt eine Entscheidung zugunsten eines alleinigen Vorgehens bei der Erhöhung der Marketingaktivitäten gefällt werden. Wenn Sie Marketing- oder Innovationsziele aus eigener Kraft besser erreichen können als in einer Partnerschaft, dann sind Marketingkooperationen für das aktuelle Anliegen kein geeignetes Instrument.

Als Partner benötigen Sie mehr als nur gute Absichten

Sobald Sie einen Handlungsbedarf im Marketing auch als einen denkbaren Kooperationsbedarf identifizieren und eine Kooperation gegenüber dem alleinigen Handeln bevorzugen, sollten Sie die generelle Bereitschaft und Eignung Ihres Unternehmens bezüglich einer zwischenbetrieblichen Partnerschaft einschätzen. Gute Absichten allein sind kein Garant für eine erfolgreiche Zusammenarbeit. Es ist wichtig, dass die interne Bereitschaft und das partnerschaftliche Engagement für eine Markenkooperation nicht nur anfänglich signalisiert werden, sondern auch während der gesamten Projektdauer aufrechterhalten werden. Besonders langfristige Kooperationen leben in nicht unerheblichem Maße von einem ausdauernden Willen zur Zusammenarbeit.

Es gibt vielfältige Kriterien, die zur Überprüfung der Kooperationsbereitschaft herangezogen werden können. Sie erleichtern sich die Einschätzung etwas, wenn Sie zwischen einer internen und einer externen Perspektive unterscheiden.

Die internen Kriterien der Kooperationsbereitschaft und -eignung beziehen sich auf die Einstellung der Mitarbeiter und Führungskräfte zur Kollaboration und die organisatorischen Strukturen.

Die Motivation zur Zusammenarbeit sollte nicht in der Absicht begründet sein, den eigenen Nutzen zu maximieren. Mehrheitlich sollte die interne Kooperationsbereitschaft der Maxime folgen, eine firmenübergreifende Marketingmaßnahme aktiv und für beide Seiten erfolgreich gestalten zu wollen.

Eine zentrale Marketingabteilung wirkt sich gegenüber einer dezentralen Marketingstruktur positiv auf die Eignung zur Kooperation aus. In der Praxis kommt es mitunter vor, dass Mitarbeiter unterschiedlicher Marketingabteilungen eines Unternehmens den gleichen Kooperationspartner akquirieren wollen. Viel fataler ist die dezentrale Vereinbarung von Kooperationsprojekten mit Partnern, die in Konkurrenz zueinander stehen. Damit Ihr Unternehmen Kooperationsprojekte besser koordinieren kann, sollten bei dezentralen Strukturen sämtliche Aktivitäten in einer Kooperationsabteilung oder bei einem Kooperationsverantwortlichen gebündelt werden. Durch eine einheitliche Regelung des internen Austausches über Kooperationsprojekte wird ein professioneller Auftritt nach außen gewährleistet.

Bitte berücksichtigen Sie auch, dass die Kooperationsbereitschaft vorübergehend erheblich gemindert sein kann, zum Beispiel durch betriebliche Veränderungsprozesse. Sobald abzusehen ist, dass in naher Zukunft beispielsweise bedeutende Umstrukturierungen oder große Marketingprojekte realisiert werden, sollten Sie überlegen, inwiefern die Fähigkeit zur Kooperation dadurch beeinträchtigt wird.

Die externe Perspektive bezeichnet die Kooperationsbereitschaft eines Unternehmens in Bezug auf freiwilliges Verhalten im Umgang mit dem Kooperationspartner. Unternehmen, die bereitwillig kooperationsrelevante Informationen weitergeben, frühzeitig Pläne gemeinsam abstimmen, für eine reibungslose Zusammenarbeit interne Prozesse nach Bedarf anpassen und notwendige Ressourcen bereitstellen, haben tendenziell eine höhere Eignung zur Kooperation als Unternehmen, die nur eine geringe Anpassungsfähigkeit und Flexibilität aufweisen.

Die eigenen Kooperationsziele definieren und priorisieren

Mithilfe von Markenkooperationen lassen sich sehr vielfältige Ziele verfolgen. Sie können Ziele für eine Kooperation entweder direkt aus den Marketing- und Vertriebszielen Ihres Unternehmens ableiten oder sich von kurzfristigen und dringenden Handlungsbedarfen, zum Beispiel bei einer drohenden Zielverfehlung, leiten lassen.

Damit Kooperationsziele konfliktfrei zu realisieren sind, sollten sie einerseits den inhaltlichen Anforderungen der SMART-Formel und andererseits einigen kooperationsrelevanten Ansprüchen genügen. Im Rahmen des internen Entscheidungsprozesses für oder gegen eine firmenübergreifende Zusammenarbeit sollten Sie die eigenen Kooperationsziele frühzeitig so präzise wie möglich beschreiben und in einen konkreten Zusammenhang zu den möglichen Optionen einer Markenkooperation bringen.

Der Begriff SMART-Formel setzt sich aus den Anfangsbuchstaben der fünf wichtigsten Eigenschaften von Zielen zusammen: Ziele sollen **S** = spezifisch, **M** = messbar, **A** = ausführbar, **R** = realistisch und **T** = terminierbar sein. Spezifische Ziele sind präzise und eindeutig definiert. Die Messbarkeit erfordert Kennzahlen, die tatsächlich erfasst und gemessen werden können. Ausführbare und realistische Ziele sind anspruchsvoll formuliert, aber dennoch erreichbar. Zu jedem Ziel gehört zudem eine konkrete Vorgabe, bis zu welchem Termin das Ziel durch welche Person(en) erreicht werden soll.

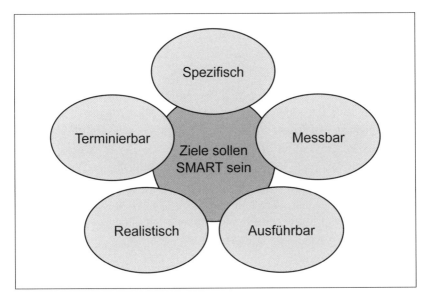

Abbildung 14: Die SMART-Formel in Anlehnung an George T. Doran

Alle Ziele, die zunächst als Kooperationsziele geeignet scheinen, sollten jeweils mit einer Priorität versehen werden. Legen Sie fest, welche Ziele im Rahmen einer Partnerschaft unbedingt realisiert werden „müssen" und welche realisiert werden „sollten". Das Ende der Auflistung bilden die „Kann-Ziele", die eine geringe Priorität haben. Die Unterscheidung zwischen Muss-, Soll- und Kann-Zielen ist eine wertvolle Hilfestellung für die Beurteilung der Nützlichkeit einer Kooperation.

Kann-Ziele eignen sich in zähen Partnerverhandlungen als Kompromiss beziehungsweise als Zugeständnis an den Partner. Ziele mit hoher Priorität sollten in Partnergesprächen konsequent verfolgt werden.

Im letzten Schritt werden die SMARTen und priorisierten Ziele auf ihre Widerspruchsfreiheit in Bezug auf einige kooperationsrelevante Merkmale untersucht. Sobald Sie potenzielle Kooperationsziele definiert haben, ergeben sich zwangsläufig einige neue Erkenntnisse, die Einfluss auf die Entscheidungsphase nehmen und Ihnen bereits eine ganz grobe Tendenz für ein Kooperationsprojekt geben.

Eine Vorabprüfung der Ziele gibt Ihnen Aufschluss darüber, ob eine Markenkooperation unter den gegenwärtigen Herausforderungen für Ihre Marke geeignet ist. Nicht jedes Ziel ist mit jeder Kooperationsform gleich gut zu erreichen. Sie sollten deshalb überprüfen, welche Form der kooperativen Zusammenarbeit für die wichtigsten Ziele am besten geeignet ist. Sobald Sie die optimale Form der Kooperation identifiziert haben, sollten Sie diese auch mit den Vorteilen und Stärken einer Marketingmaßnahme ohne Kooperationspartner abgleichen. Hält die Kooperation auch diesem Vergleich stand, haben Sie ein weiteres Argument für eine partnerschaftliche Zusammenarbeit.

Generell bietet das Spektrum der Kooperationsformen viele optionale Handlungsmöglichkeiten. Dennoch ist die partnerschaftliche Zusammenarbeit kein universelles Allheilmittel für sämtliche Handlungszwänge auf Marketingebene. Ziele und Prioritäten geben Ihnen einen Aufschluss darüber, in welchem Maße die Durchführung einer Kooperation für Ihre Ziele im Marketing geeignet ist.

Potenzialanalyse für eine Zusammenarbeit auf Augenhöhe

Die Auflistung der Vorteile, die Ihre Firma einem Kooperationspartner anbieten kann, ist ein weiterer Bestandteil der internen Entscheidungsfindung. Je größer Ihre Leistungsfähigkeit ist, desto höher ist die Wahrscheinlichkeit, dass Sie Ihren Wunschpartner für ein geplantes Kooperationsvorhaben akquirieren können.

Eine Benennung sämtlicher Leistungspotenziale zur Vorbereitung einer Markenkooperation ist sicherlich mit einigem Aufwand verbunden. Der Nutzen reicht allerdings über die Entscheidungsphase hinaus, wenn Sie sich zur Durchführung eines Kooperationsprojektes entschließen. Der Begriff Kooperationspotenzial bezeichnet Ihre Stärken im Marketing als Gegen- beziehungsweise Mehrwert aus Sicht eines Kooperationspartners. Für jedes Partnerunternehmen ist möglicherweise etwas anderes von Wert. Für den einen ist das Image Ihrer Marke eine wertvolle Ergänzung für das eigene Produkt, für einen anderen ist die Integration in den Newsletter oder das Kundenmagazin ein Mehrwert und für einen dritten Partner ist die Größe Ihres Filialnetzes ein entscheidendes Argument für eine Zusammenarbeit. Insofern ist es wichtig, dass Sie alle potenziellen Vorteile und Integrationsmöglichkeiten für Kooperationspartner auflisten und kategorisieren.

Kooperationen scheitern in der Regel nicht an den Zielen selbst, sondern an der Zielverfehlung aufgrund ungenutzter Möglichkeiten. Somit entscheiden Ihre Kooperationspotenziale, ob Ihr Unternehmen für den Kooperationspartner als Partner in einer Kooperation überhaupt interessant ist. Wenn Sie Ihre Kooperationspotenziale kennen und diese realistisch einschätzen, können Sie einem Kooperationspartner selbstbewusst gegenübertreten und einen entsprechenden Gegenwert für Ihre Leistungsfähigkeit einfordern. Können beide Partner ihre Kooperationspotenziale realistisch einschätzen, ist das eine gute Basis für eine erfolgreiche Verhandlung.

Die folgende Darstellung enthält Kategorien und Kriterien zur Ermittlung Ihrer Kooperationspotenziale. Sie können für alle Bestandteile Ihres Marketings hinterfragen, welchen konkreten Vorteil ein Kooperationspartner von einer Integration beziehungsweise Nutzung haben könnte.

Kernkompetenzen	(Kooperations-)Management, Prozesse, Produktion, Einkauf etc.
USP Ihrer Marke(n)	Funktionaler oder emotionaler Nutzen, kundenrelevante Mehrwerte
Produkt(e)	Qualität, Preis, Design, Funktionen, Innovationsgrad
Marktstellung	Marktanteil, Umsatz, Markenbekanntheit, Image, Imageattribute
Point of Sale	Filialen, Online-Shop, Franchisepartner, Shop-in-Shop, Außendienst, Firmenverkauf, Telefonverkauf, TV-Shopping etc.
Reichweite	Kunden, Mitglieder, Kontakte zu potenziellen Kunden, Werbekontakte, Medienreichweiten, Mitarbeiter, Branchenkontakte, Geschäftspartner etc.
Print-Medien	Mailings, Kundenmagazin, Broschüren, Flyer, Produktbeileger, Produkt-verpackungen, Verkaufsdisplays, Plakate, Poster, Zeitungsanzeigen etc.
Online-Medien	Homepage, Apps, Newsletter, Social Media, Werbebanner, Intranet etc.
Marketingrelevante Produktionsmöglichkeiten	Grafikabteilung, interne Marktforschung, interne Druckerei, Versand- und Lettershopabteilung, Mediaabteilung, PR-Abteilung
Weitere Kooperationspotenziale	Firmen- und markenindividuelle Vorteile für Kooperationspartner

Abbildung 15: Kooperationspotenziale im Marketing

Die interne Entscheidung

Auf Basis der vorliegenden Informationen ist nun eine grundsätzliche Entscheidung darüber möglich, ob eine Markenkooperation eine geeignete
Option ist, um die Wunschposition im Markt zu erreichen beziehungsweise
einen Zugang zu benötigten Ressourcen zu verwirklichen. Ein tatsächli-
cher Kooperationsbedarf, die unternehmensweite Bereitschaft zur Kollaboration, die wichtigsten Ziele und die eigenen Potenziale als Gegenwert
der Zusammenarbeit sind die Parameter, die zu einer ausgewogenen und
weitgehend objektiven Entscheidung führen.

Neben den Möglichkeiten, Ziellücken über den Aufbau eigener Kompetenzen oder den Zukauf von Fremdleistungen zu schließen, ist die Kooperation
die dritte Alternative im Rahmen einer make-or-buy-or-cooperate-Ent-
scheidung.

2.2 Das COmpetence Management in der Akquisitionsphase

Die Akquisitionsphase ist nach vorherrschender Meinung in Theorie und
Praxis die wichtigste Phase im gesamten Kooperationsprozess. Die Auswahl eines geeigneten Kooperationspartners ist der wichtigste Erfolgs- wie
auch Misserfolgsfaktor einer Markenkooperation, wie eine Befragung von
Marketingentscheidern ergeben hat (connecting brands 2011). Sämtliche
Entscheidungen in diesem Stadium haben direkte Auswirkungen auf die
folgenden Managementphasen und können im weiteren Verlauf der Kooperation nur sehr schwer korrigiert werden. Wenn die Umsetzung des
Kooperationsprojektes erst einmal gestartet ist, dann können Sie den Kooperationspartner nicht kurzfristig wieder austauschen.

In dieser Phase müssen Sie den Übergang von der Planung zur Durchführung der Partnerakquise bewältigen. Das bedeutet, dass Sie den internen
Mikrokosmos Ihres Unternehmens verlassen und extern auf die Suche nach
dem „Märchenprinzen" gehen. In dem Teich der möglichen Kooperationspartner tummeln sich etliche Frösche, die sich als geeigneter Partner für
Ihr Kooperationsvorhaben präsentieren. Auf den ersten Blick oder ganz
zufällig werden Sie Ihren Traumprinzen vermutlich nicht erwischen. Sie
können aber auch nicht alle Frösche küssen. Deshalb sollten Sie auf systematische Weise einige Frösche vorab auswählen, unter denen sich dann der
gewünschte Kooperationspartner befindet.

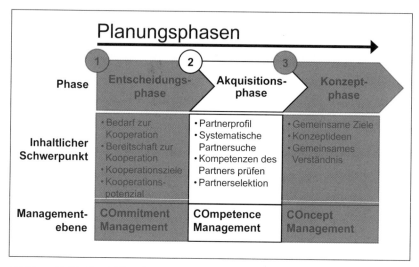

Planungsphasen			
Phase	**1** Entscheidungs-phase	**2** Akquisitions-phase	**3** Konzept-phase
Inhaltlicher Schwerpunkt	• Bedarf zur Kooperation • Bereitschaft zur Kooperation • Kooperationsziele • Kooperations-potenzial	• Partnerprofil • Systematische Partnersuche • Kompetenzen des Partners prüfen • Partnerselektion	• Gemeinsame Ziele • Konzeptideen • Gemeinsames Verständnis
Management-ebene	COmmitment Management	COmpetence Management	COncept Management

Abbildung 16: Die Akquisitionsphase

Die inhaltlichen Schwerpunkte auf dem Weg zur Auswahl eines Koope-rationspartners knüpfen an die Zielüberlegungen der Entscheidungsphase an. Ihre Kooperationsziele sind die Grundlage für ein erstes Grobkonzept und für die Formulierung eines Partnerprofils. Sobald Sie eine Liste mit potenziellen Partnern erstellt haben, gehen Sie auf Partnersuche. Sie nehmen Kontakt zu den Unternehmen auf und führen erste Gespräche beziehungsweise vereinbaren gemeinsame Termine. Im Anschluss an die Gespräche bewerten Sie die in der engeren Auswahl verbliebenen Marken und ermitteln deren Eignung (Fit) zur Partnerschaft im Rahmen Ihrer Er-wartungen. Das Ergebnis der Akquisitionsphase ist die Auswahl einer Mar-ke mit einem hohen Kooperations-Fit. In der Hoffnung, dass Ihr Interesse an einer Zusammenarbeit auch erwidert wird.

Grobkonzept und Anforderungsprofil

In einer aussichtsreichen Zusammenarbeit ergänzen sich unverzichtbare Gemeinsamkeiten und gewünschte Unterschiede zwischen den Partnern. Zu den unabdingbaren Gemeinsamkeiten zählt ein einheitliches Verständnis von Sinn und Zweck einer Kollaboration. Dazu zählen unter anderem die gemeinsame Bereitschaft zur Kooperation und ein ausgeglichenes Verhältnis von Geben und Nehmen.

Optimal ist die Schnittmenge, wenn die Gemeinsamkeiten den Aufbau einer glaubwürdigen Kommunikation gegenüber dem Endkunden ermöglichen und die Unterschiede den Aufbau einer Win-win-win-Situation zulassen. Die Erkenntnisse der Entscheidungsphase liefern Ihnen für dieses Spannungsfeld die wichtigsten Informationen, um ein erstes Konzept auf Grundlage der Kompetenzen und Leistungen, die Sie suchen, und der Potenziale, die Ihre Marke bietet, zu erstellen.

Im ersten Schritt der Grundkonzeption können Sie ein Brainstorming mit Führungskräften und Kollegen aus den relevanten Marketingteams oder weiteren Unternehmensabteilungen durchführen. Während des Brainstormings sind alle Ideen und Vorschläge der beteiligten Personen erlaubt. Erst im Anschluss an eine kreative Phase werden die Ideen strukturiert und auf ihre Realisierbarkeit geprüft. Ideen, die zu hohe Kosten verursachen oder aus rechtlichen Gründen nicht umsetzbar sind, werden wieder aussortiert. Aus dem verbleibenden Themenfächer sollten Sie eine favorisierte Idee ausarbeiten. Die übrigen Vorschläge behalten Sie als Alternativen in der Hinterhand.

Alternativ gibt es auch die Möglichkeit, mithilfe einer innovativen Crowdsourcing-Maßnahme Kooperationsideen durch die Konsumenten entwickeln zu lassen. Im Rahmen einer Online-Befragung schlagen Konsumenten Kooperationsideen für Ihre Marke vor. Eigene Kooperationsideen können ebenfalls in die Erhebung eingebracht werden. Gleichzeitig bewerten die

Konsumenten ihre Ideen untereinander, sodass der Selektionsprozess direkt in den Test integriert ist (Ipsos 2010).

Das erste Konzept sollte eine ungefähre Inhaltsbeschreibung der aussichtsreichsten Kooperationsidee und die Vorteile für die eingebundenen Partner sowie den Kundennutzen beinhalten. Geben Sie der Kooperationsmaßnahme ein eingängiges Motto. Für die spätere Partneransprache ist ein griffiges Schlagwort eine große Hilfe, um Aufmerksamkeit zu erlangen. Achten Sie darauf, dass Sie Ihre Ziele und Leistungen sowie die Vorteile und Gegenleistungen des Partners übersichtlich gegenüberstellen und sich beide Seiten wertmäßig entsprechen. Sie werden keinen Partner gewinnen, wenn Sie nur Vorteile haben und der Partner die ganze Arbeit leistet. Auch umgekehrt rufen Sie eher Skepsis als Begeisterung für Ihre Kooperationsanfrage hervor. Ein gegenseitiger Nutzen macht Ihr Anliegen glaubwürdig und seriös.

Ablaufmechaniken und erste Ideen für gemeinsame Kommunikationsmaßnahmen können Sie skizzieren beziehungsweise als Layout hinzufügen. Bilder sind eingängiger als Text und vermitteln Ihre Vision der Zusammenarbeit innerhalb weniger Augenblicke. Das Grobkonzept können Sie mit einem groben Zeitplan abrunden.

Auf konkrete Budgetpläne und detaillierte Abläufe sollten Sie im ersten Konzept verzichten, sonst vermitteln Sie dem Partner den Eindruck, dass Sie nur einen Erfüllungsgehilfen suchen und keinen Raum für eine gemeinsame Gestaltung eingeplant haben. Das Grobkonzept ist lediglich ein Angebot an Ihren zukünftigen Kooperationspartner. Sie werden es fast nie schaffen, mit dem ersten Konzept die Kooperationserwartungen eines Partners zu 100 Prozent zu treffen. Betrachten Sie die Konzeptarbeit als Hilfsmittel für die Partnerakquise und nicht als unabdingbare Vorgabe für das Kooperationsvorhaben. Manchmal kommt es vor, dass Grobkonzepte in den Partnerverhandlungen komplett umgestellt und verändert werden. Da Überarbeitungen eher die Regel als die Ausnahme sind, sollten Sie flexibel und anpassungsbereit sein.

Im nächsten Schritt werden die gewünschten Eigenschaften und Fähigkeiten des Kooperationspartners formuliert. Ein projektspezifisches Anforderungsprofil ist die Grundlage für die einheitliche Bewertung potenzieller Partnermarken.

Ein kompetenter Kooperationspartner ergänzt Ihre Marke in den Bereichen, in denen Sie Ihre Marketing- und Vertriebsziele nicht im Alleingang erreichen können. Eine Partnerschaft mit einer Marke, die Ihre Leistungsdefizite in vollem Umfang ergänzt, ist eher die Ausnahme. Vielmehr geht es darum, einen Partner zu finden, der Ihrem Anforderungsprofil am stärksten entspricht.

Die erforderlichen Kompetenzen eines Kooperationspartners können in vier relevante Kategorien einsortiert werden. Die Marke, die Ihre Anforderungen in möglichst vielen der vier Kompetenzfelder abdecken kann, ist der Kooperationspartner mit der höchsten Eignung zur Kooperation. Im Idealfall wird ein potenzieller Kooperationspartner identifiziert, der in allen vier Feldern kompatibel zu Ihren Bedürfnissen ist und die höchste Schnittmenge mit dem Anforderungsprofil aufweist.

Unter dem Aspekt „Produkt und Kundennutzen" werden Ihre Anforderungen zusammengefasst, die Sie hinsichtlich der Kombination von Produkten, Services oder Marketingleistungen haben, um einen Kundenmehrwert zu erzeugen. Der Kunde honoriert die Kooperation nur, wenn er einen persönlichen Nutzenzuwachs über die Produktdimensionen Qualität, Preis, Funktionalität oder Design erwarten kann.

Über das Kompetenzfeld „Marke und Image" legen Sie die gewünschte Ähnlichkeit der Partnermarke mit Ihrer Marke fest. Die Markenwerte und das Image der beiden Partner müssen nicht zwangsläufig deckungsgleich sein. Ein Minimum an Verträglichkeit ist notwendig, damit die Zusammenarbeit aus Kundensicht nachvollziehbar und glaubwürdig ist.

Abbildung 17: Vier Kompetenzfelder zur Erstellung eines
Anforderungsprofils

Ihre Erwartungen an die strategischen Ziele und Zielgruppen des künftigen Kooperationspartners legen Sie über das Kompetenzfeld „Strategie und
Zielgruppe" fest. Auch hier gilt, Ziele und Zielgruppe müssen nicht sym-
metrisch sein. Sie dürfen sich aber auch nicht gegenseitig ausschließen.
Wenn Sie weibliche Kunden erreichen wollen und der Kooperationspartner
nur eine männliche Zielgruppe bedient, ist eine Zusammenarbeit ohne die
Veränderung der Ziele unmöglich. Die Zielgruppen und der Kundenstamm
des einen Partners sollten mindestens im erweiterten Fokus des anderen
Partners stehen.

Die Betrachtung des Bereiches „Kultur und Zusammenarbeit" rundet das
Anforderungsprofil ab. Die jeweiligen Wertstrukturen und Unternehmenskulturen werden die Kunden der beiden Partner nur geringfügig interessie-

ren, jedoch ist der KulturFit für die Zusammenarbeit nicht unwichtig. Ihre Anforderungen an die Kultur des Kooperationspartners wirken sich auf die Eignung zur Projektarbeit aus. Die Kooperation wird nicht erfolgreich sein, wenn die Chemie zwischen den Partnern nicht stimmt. Harmonieren beide Partner im Umgang miteinander, ist die Wahrscheinlichkeit für einen gemeinsamen Erfolg deutlich größer.

Weitere Kriterien für das Anforderungsprofil sind die Auflistung geeigneter Branchen in Abhängigkeit der gewünschten Kooperationsrichtung, die bevorzugten Kooperationsformen und die räumliche Ausdehnung. Für nationale Kooperationen scheiden beispielsweise alle Marken aus, die nur eine regionale Bekanntheit haben.

Zusätzlich können Sie weitere Vorbereitungen zur Partnersuche treffen, indem Sie nach der Erstellung eines Anforderungsprofils nicht nur nach Kriterien suchen, die der Partner mitbringen sollte, sondern Ausschlusskriterien festlegen, die ein Kooperationspartner auf gar keinen Fall haben darf. Häufig können Sie einzelne Unternehmen oder sogar ganze Branchen im Vorfeld ausschließen, um so die Anzahl der möglichen Partnermarken etwas überschaubarer zu gestalten. In der Praxis werden zum Beispiel Marken für die Partnerakquise ausgeschlossen, die gesundheitsschädliche Produkte (zum Beispiel Tabak oder Alkohol) produzieren oder vertreiben oder aufgrund Ihres negativen Images die Partnermarke schädigen können.

Die systematische Vorauswahl potenzieller Partner

Bevor Sie Kontakt zu potenziellen Unternehmen aufnehmen, empfiehlt es sich, vorab eine Liste mit Wunschpartnern aufzustellen, von denen Sie glauben, dass diese Marken Ihrem Anforderungsprofil überwiegend entsprechen. Zusätzlich sollten Sie aktuelle Branchen- und Firmennachrichten zu den Unternehmen sammeln und lesen. Eine Vorabrecherche führt in den meisten Fällen dazu, dass Sie einige Firmen von Ihrer Wunschliste streichen und einigen Marken eine größere Priorität geben können. Firmen, die intern massiv umstrukturieren oder von akuten Krisen betroffen sind, haben oftmals nur eine geringe Kooperationsbereitschaft. Im Gegensatz dazu sind Marken, die neue Produkte launchen oder innovative Wege im Marketing gehen, häufig sehr kooperationsaffin.

Bei der Suche nach geeigneten Marken und Unternehmen tauchen Firmenkontakte mit bestehenden Geschäftsbeziehungen meist als Erstes auf der Partnerliste auf. Jedoch ist es wichtig, dass auch diese Kontakte in erster Linie das erstellte Anforderungsprofil erfüllen. Das bloße Vorhandensein eines persönlichen Kontaktes sollte niemals das entscheidende Kriterium für eine Partnerschaft sein. Besonders für die sogenannten „Golfplatz-Kooperationen" gilt das Motto „Erst Konzept und Anforderungsprofil, dann der qualifizierte Kontakt".

Neben bestehenden Kontakten stehen weitere interne und externe Informationsquellen für die Recherchearbeit und Bildung eines Partner-Pools zur Verfügung.

Nach der Sichtung und Auswertung der gesammelten Informationen, haben sich einige Marken herauskristallisiert, die möglicherweise für eine Kooperation geeignet sind. Die vorliegenden Informationen reichen nicht für eine abschließende Beurteilung aus. Nur durch ein Gespräch können Sie ermitteln, ob der Wunschpartner überhaupt an der Kooperationsidee und einer Zusammenarbeit mit Ihrem Unternehmen interessiert ist. Sie können die Chancen bei der Partnersuche erhöhen, wenn Sie gleichzeitig mit mehreren potenziellen Partnern in Kontakt treten.

Für einen Erstkontakt mit hoher Qualität benötigen Sie eine Kontaktperson auf Partnerseite. Im Idealfall ermitteln Sie einen Ansprechpartner mit Entscheidungskompetenz im Marketing. Dafür bietet sich beispielsweise eine Recherche über das soziale Business-Netzwerk XING an. Versuchen Sie, einen Ansprechpartner auf einer möglichst hohen Managementebene

Internet	• www.xing.com • www.linkedin.com • www.wer-zu-wem.de • www.markt-studie.de • Internetrecherche zum Stichwort „Kooperationspartner"
Vermittler, Berater und Verbände	• Kooperations-, Werbe- und Promotionagenturen • Unternehmensberatungen • Marketing- und Business-Clubs • Industrie- und Handelskammern (IHK), Handwerkskammern (HK) • Bundes- und Branchenverbände (z.B. BVMW, BDI, BITKOM)
Fachmessen und Kooperationsbörsen	• Fachmessen (z.B. Anuga, CeBIT, IFA, ITB, Mailingtage) • Kongresse (z.B. Deutscher Handelskongress) • Kooperationsevents (z.B. CO-BRANDS) • Kooperationsbörsen (z.B. Perspektive Mittelstand, IHK, Biz-Trade, christliche Kooperationsbörse)
Markenrankings	• „best brands – das deutsche Markenranking" (GfK) • „european trusted brands" (Reader's Digest) • „best global brands" (Interbrand) • „Brandz" (Millward Brown)
Marktstudien	• „Typologie der Wünsche" (IMUK) • „Verbraucheranalyse" (Axel Springer Verlag und Bauer Media Group) • „Top 500 Unternehmen in Deutschland" (Welt Online) • „Stern Markenprofile" (Gruner + Jahr)
Firmeninterne Quellen	• Bestehende Geschäftskontakte • Interne Kundendatenbank • Interne Kooperationsdatenbank • Kollegen fragen

Abbildung 18: Informationsquellen für die Partnersuche

zu kontaktieren. In einem vertraulichen Gespräch oder Telefonat mit dem Marketing- oder Vertriebsleiter wecken Sie Interesse für eine Zusammenarbeit und loten die generellen Möglichkeiten für eine Partnerschaft aus.

Der Erstkontakt prägt die gesamte spätere Kooperationsbeziehung. Die Partnerbeziehung beginnt im Moment der Erstansprache per E-Mail oder Telefon. Wie in anderen Lebensbereichen haben Sie auch hier keine zweite Chance für einen ersten Eindruck. Präsentieren sie sich als professioneller und vertrauenswürdiger Partner. Selbstverständlich sollten Sie Ihren Kontakt auch konkret nach dessen aktuellen Interessen und Schwerpunkten im Marketing fragen. Ihr Interesse an den gegenwärtigen Herausforderungen des potenziellen Partners schafft eine vertrauliche Atmosphäre. Nicht nur Sie werden versuchen, sich ein Bild vom Partner zu machen, auch Ihr Gesprächspartner macht seine Entscheidung zur Zusammenarbeit vom Eindruck des ersten Gespräches abhängig. Deswegen ist es wichtig, dass der Erstkontakt nie ohne konkreten Kooperationsansatz stattfindet. Nach einem Gespräch ist es hilfreich, das Gespräch in einer E-Mail oder Brief kurz zusammenzufassen und dem Gesprächspartner das vorher verfasste Grobkonzept mit einigen Charts zu schicken. Damit unterstreichen Sie noch einmal Ihr Interesse an dem Kooperationspartner und übermitteln Ihre Kontaktdaten.

Dem meist fernmündlichen Erstkontakt sollte bei grundsätzlichem Interesse auf beiden Seiten zeitnah ein persönliches Treffen zwischen den Verantwortlichen folgen. Alle Inhalte des Grobkonzeptes werden für den ersten gemeinsamen Termin in Form einer unverbindlichen Präsentation aufbereitet. Erkenntnisse über akute Handlungsbedarfe des Partners aus dem ersten Telefonat sollten bereits in die Präsentation eingearbeitet werden. Der Partner soll das Gefühl bekommen, dass Sie auf dessen Anregungen eingehen und Gestaltungsspielräume für die gemeinsame Ausarbeitung des Detailkonzeptes zulassen.

Das erste persönliche Treffen hat nicht nur die Funktion, den potenziellen Kooperationspartner von sich zu überzeugen, sondern Sie sollten auch die Gelegenheit nutzen, fehlende relevante Informationen zur Beurteilung der Partnereignung zu sammeln. Sie sollten herausfinden, ob das Unternehmen Ihre Erwartungen, die Sie im Anforderungsprofil zusammengestellt haben, erfüllen kann. Der bisherige Kommunikationsfluss zum Partner und der Umgang der Kollegen auf Partnerseite untereinander vermitteln Ihnen auch einen ersten Eindruck über kulturelle Aspekte.

Im ersten Gespräch können Sie auch kritische Themen ansprechen. Wenn Sie beispielsweise einen hohen Warenwert in die Kooperation einbringen und deshalb erwarten, dass der Partner die Kosten der gemeinsamen Kommunikation trägt, dann sollten Sie ihn auch darauf ansprechen. Es bringt nichts, Dinge zu verheimlichen, die Sie später ohnehin ansprechen müssen. Offenheit und Vertrauenswürdigkeit in der frühen Phase des Kennenlernens sind ein gutes Fundament für die Kooperationsbeziehung.

Beim Austausch sensibler Daten und strategischer Informationen ist zu Beginn der gemeinsamen Gespräche zunächst Vorsicht geboten. Solange nicht feststeht, wie vertrauenswürdig der potenzielle Partner ist und keine Geheimhaltungsvereinbarung unterzeichnet wurde, sollten Sie die Offenlegung von innovativen Ideen, Entwicklungen in der Forschung, Herausgabe von Daten etc. vermeiden.

Ein geeignetes Hilfsmittel als Gesprächsleitfaden und -protokollierung ist die „TANDEM-Checkliste". Hier können Sie wichtige Eckdaten der angestrebten Kooperation sowie die Sichtweisen und Ideen des Initiators und des potenziellen Partners dokumentieren. Die Dokumentation der Partnergespräche erlaubt Ihnen später einen Vergleich der verschiedenen Kooperationspartner untereinander. Eine Vorlage zum Download finden Sie im Anhang.

Merkmal der Kooperation	Erläuterung	Initiator	Potenzieller Partner
Thema	Welche thematische Klammer soll gegenüber der Zielgruppe kommuniziert werden?		
ANsatz	Konkrete Ideen zur Kooperationsform (z.B. Co-Promotion)?		
Dauer	Welcher Zeitraum der Zusammenarbeit ist geplant?		
Ergebnis	Das (messbare) Wunschergebnis der Kooperation (Imageverbesserung, Anzahl Neukunden)?		
Maßnahmen	Konkrete Maßnahmen/Leistungen die um-/eingesetzt werden können (z.B. gemeinsame Werbung)?		

Abbildung 19: TANDEM-Checkliste für Kooperationsgespräche nach Noshokaty, Döring & Thun (2010)

Die Eignung der potenziellen Partner bewerten

Im Anschluss an den Erstkontakt und das gemeinsame Treffen mit mehreren potenziellen Partnern, bewerten Sie alle Marken, die es in Ihre engere Auswahl geschafft haben, nach einem einheitlichen Leitfaden. Ansatzpunkt für die abschließende Bewertung sind die vier Kompetenzfelder, die Sie bei der Erstellung des Anforderungsprofils verwendet haben.

Im Folgenden sind jedem der vier Kompetenzfelder drei relevante Bewertungskriterien zugeordnet. Wichtig bei dieser Vorgehensweise ist, dass die Anzahl an Kriterien überschaubar und das Bewertungsverfahren praktikabel bleiben. Die Erfahrungswerte aus der Praxis zeigen, dass das Tagesgeschäft einen unverhältnismäßig großen Aufwand zur Bewertung mehrerer potenzieller Partner nicht zulässt.

Durch die Vergabe von Punkten für die Bewertung (5, 2 oder 0 Punkte) und die Gewichtung jedes Kriteriums (5, 2 oder 1 Punkt) können Sie die Eignung des potenziellen Partners für eine Kooperation ermitteln. Die Gewichtung fungiert als Gradmesser, ob ein Kriterium bei der Auswahl des Kooperationspartners ein Kann-Kriterium oder ein Muss-Kriterium darstellt. Je nach Ziel und Zweck der Kooperation kann ein Bewertungsfaktor mal unabdingbar (Muss-Kriterium), mal „nice to have" (Kann-Kriterium) oder sogar vollständig unwichtig sein. Anschließend wird für jedes Kriterium eine Punktzahl aus der Multiplikation von Bewertung und Gewichtung ermittelt. Als Gesamtpunktzahl für ein Kompetenzfeld kann sich eine Zahl zwischen 0 und 75 ergeben. Den Quickcheck als Formular zum Download finden Sie im Anhang.

Das Kompetenzfeld „Produkt und Kundennutzen"

Im Vordergrund dieses Kompetenzfeldes steht die thematische beziehungsweise die sachlich-funktionale Verknüpfung der Partnerprodukte. Entscheidend ist die aus Kundensicht nachvollziehbare Begründung des Produkt-Fits zweier Marken. Es sollte sich mindestens eine thematische

Nutzenklammer konstruieren lassen, die die Produkte der Kooperationspartner über ein Motto zusammenhält. Die Kommunikation eines gemeinsamen Themas hat für die Zielgruppe einen symbolischen Mehrwert, der möglichst um einen konkreten Produktnutzen ergänzt werden sollte. Die Produkte, Dienstleistungen und Kompetenzen lassen sich im Idealfall also immer so kombinieren, dass dabei auch ein kreativer und innovativer Mehrwert für die gemeinsamen Kunden entsteht.

Bewertungskriterien "Produkt und Kundennutzen"	Bewertung: Ja (5 Pkt.) Bedingt (2 Pkt.) Nein (0 Pkt.)	Gewichtung: Muss (5 Pkt.) Kann (2 Pkt.) Unwichtig (1 Pkt.)	Punktzahl: Bewertung mit Gewichtung multiplizieren.
Das Produktangebot des Partners ergänzt das Angebot/die Services Ihrer Marke.			
Die beiden Marken lassen sich über ein gemeinsames Thema verknüpfen.			
Mit dem Kooperationspartner lässt sich ein innovativer Kundenmehrwert kreieren.			
Gesamtpunktzahl Kompetenzfeld Produkt und Kundennutzen (0 - 75 Punkte)			

Abbildung 20: Bewertungskriterien „Produkt und Kundennutzen"

Das Kompetenzfeld „Marke und Image"

Der Marken-Fit zwischen den kooperierenden Marken und dem Image der Partner stellt ein wichtiges Kriterium zur Überprüfung der Partnereignung dar. Ein Vergleich der Imageattribute beider Marken ist deswegen unabdingbar. Unter Imagegesichtspunkten ist beispielsweise eine Kooperation zwischen einem Luxusguthersteller und einem Discounter fragwürdig. In der Regel profitiert in einer solchen Konstellation die Discountmarke vom Qualitätsimage des Luxusgutes, während die Wahrnehmung des Partners durch die Nähe zum „Billigheimer-Image" an Ansehen verliert.

Welche emotionalen und funktionalen Markenwerte verkörpert Ihre Marke? Welche Attribute zeichnen die Partnermarke aus? Wenn Ihre Marke moderne und innovative Werte transportiert, können Sie nur bedingt mit einer konservativen und altbackenen Marke kooperieren. Marken passen dann zueinander, wenn die Markenwerte durch die Partnerschaft stimmig ergänzt werden.

Vorliegende Ergebnisse von Imagemessungen sind die Grundlage für einen Abgleich der Markenprofile. Liegen keine Informationen über das eigene Image oder dem des Partners vor, können einige Kunden der Unternehmen unabhängig voneinander nach den Markenwerten befragt werden. Fragen Sie ganz gezielt nach Eigenschaften, die auf beide Marken passen könnten. Sie zählen beispielsweise zehn Imageeigenschaften auf (vertrauenswürdig, verlässlich, serviceorientiert, modern, dynamisch etc.) und fragen die Kunden, welche Begriffe sie der Marke zuordnen würden. Ein Abgleich der beiden Imageprofile ergibt ein ziemlich konkretes Bild hinsichtlich der Eignung.

Bewertungskriterien „Marke und Image"	Bewertung: Ja (5 Pkt.) Bedingt (2 Pkt.) Nein (0 Pkt.)	Gewichtung: Muss (5 Pkt.) Kann (2 Pkt.) Unwichtig (1 Pkt.)	Punktzahl: Bewertung mit Gewichtung multiplizieren.
Die Markenwerte und -bekanntheit des Partners passen zu Ihrer Marke und überstrahlen diese nicht.			
Die Zusammenführung der Markenimages ist aus Kundensicht glaubwürdig.			
Die Imageausrichtung des Partners weist zentrale Gemeinsamkeiten zum Image Ihrer Marke auf.			
Gesamtpunktzahl Kompetenzfeld Marke und Image (0 - 75 Punkte)			

Abbildung 21: Bewertungskriterien „Marke und Image"

Das Kompetenzfeld „Strategie und Zielgruppe"

Zu große Unterschiede in der Zielgruppe machen die Kooperation in der Wahrnehmung vieler Kunden unglaubwürdig. Deshalb hat der Zielgruppen-Fit eine große Bedeutung. Der Kundenstamm des Kooperationspartners sollte eine relevante Zielgruppe für Ihre Marke darstellen oder eine Erweiterung der bisherigen Zielgruppen ermöglichen.

Für eine Zielgruppenanalyse empfiehlt es sich, dass beide Unternehmen die bestehenden Kundengruppen so präzise wie möglich beschreiben. Ein Abgleich der Zielgruppen über soziodemografische Daten der Kunden (Alter, Geschlecht, Ausbildung, Einkommen etc.) ist nicht allein ausschlaggebend. Daneben stehen die sogenannten psychografischen (Einstellung, Lebensstil etc.) und verhaltensorientierten Kriterien (Kauf-, Mediennutzungs- und Freizeitverhalten etc.). Unter diesen Aspekten müssen die Zielgruppen zwar nicht identisch sein, aber zentrale Gemeinsamkeiten aufweisen. Zur Durchführung einer Zielgruppenanalyse bietet sich beispielsweise das Online-Auswertungstool der Verbraucheranalyse (www.verbraucheranalyse.de/auswertung/online) an.

Bewertungskriterien „Zielgruppe und Strategie"	Bewertung: Ja (5 Pkt.) Bedingt (2 Pkt.) Nein (0 Pkt.)	Gewichtung: Muss (5 Pkt.) Kann (2 Pkt.) Unwichtig (1 Pkt.)	Punktzahl: Bewertung mit Gewichtung multiplizieren.
Die Zielgruppen beider Partner sind zueinander kompatibel, da sie sich überschneiden bzw. sich ergänzen.			
Die Ausrichtung der Marketingziele beider Unternehmen schließen sich nicht gegenseitig aus.			
Der Kooperationspartner eröffnet Ihrer Marke neue Vertriebswege und Zielgruppen.			
Gesamtpunktzahl Kompetenzfeld Zielgruppe und Strategie (0 - 75 Punkte)			

Abbildung 22: Bewertungskriterien „Zielgruppe und Strategie"

Das Kompetenzfeld „Kultur und Zusammenarbeit"

Die Qualität der persönlichen Beziehung zwischen den Kooperationspartnern ist von großer Bedeutung. Bereits das erste Treffen gibt Ihnen Aufschluss darüber, ob die Zusammenarbeit auf der menschlichen Ebene grundsätzlich funktionieren kann oder nicht.

Welchen Eindruck haben Sie von der Führungskultur des Partners gewonnen? Offene Türen auf den Fluren und kurze Kommunikationswege zu Vorgesetzten deuten darauf hin, dass beim Kooperationspartner eine kooperative Führungskultur herrscht. Kurze und direkte Kommunikationswege auf Partnerseite erhöhen die Wahrscheinlichkeit, dass der zwischenbetriebliche Austausch mit Ihnen auch reibungslos und zügig funktioniert.

Die Unternehmenswerte und die Unternehmenskultur der Partnerunternehmen sollten weitgehend zueinander passen. Gehen Vorstellungen über Fairness, Qualitätsstandards und Kundenorientierung zu weit auseinander, wird es in der operativen Umsetzung schwierig werden, auf einen gemeinsamen Nenner zu kommen. Werte und Vorstellungen sollten im Vorfeld offen und ehrlich angesprochen werden.

Für die Zusammenarbeit ist es weiterhin hilfreich, wenn beide Kooperationspartner über Kooperationserfahrung verfügen. Einem Partner, der bisher nur wenig oder gar keine Kooperationen durchgeführt hat, sollten Sie Geduld entgegenbringen und an Ihrem Erfahrungsschatz teilhaben lassen.

Bewertungskriterien „Kultur und Zusammenarbeit"	Bewertung: Ja (5 Pkt.) Bedingt (2 Pkt.) Nein (0 Pkt.)	Gewichtung: Muss (5 Pkt.) Kann (2 Pkt.) Unwichtig (1 Pkt.)	Punktzahl: Bewertung mit Gewichtung multiplizieren.
Die Unternehmenskultur und -werte des Kooperationspartners begünstigen eine reibungslose und partnerschaftliche Zusammenarbeit.			
Der Kooperationspartner zeichnet sich in seinem Denken und Handeln durch eine hohe Partner- und Kundenorientierung aus.			
Der Partner bringt Kooperationsbereitschaft und Kooperationserfahrung mit.			
Gesamtpunktzahl Kompetenzfeld Kultur und Zusammenarbeit (0 - 75 Punkte)			

Abbildung 23: Bewertungskriterien „Kultur und Zusammenarbeit"

Auswahl eines Partners und gegenseitige Bereitschaft

Zählen Sie nun die Gesamtpunktzahlen aller Kompetenzfelder zusammen. Alle Marken, deren abschließende Gesamtbewertung die Marke von 200 Punkten übersteigt, sind geeignete Kooperationspartner. Punktzahlen zwischen 100 und 200 Punkten stehen für potenziell geeignete Kandidaten.

Unternehmen mit weniger als 100 Punkten sind für eine Kooperation ungeeignet.

Da Sie die Gewichtung der Kriterien in Abhängigkeit von der geplanten Kooperationsform und -intensität flexibel festlegen können, wird es Kooperationsideen geben, bei denen keiner der Partner mehr als 200 Punkte erhält. Sie können also nicht nur aufgrund der absoluten Gesamtpunktzahl einen Partner auswählen, sondern Sie müssen die Endergebnisse aller bewerteten Marken und Unternehmen auch untereinander vergleichen. Das Unternehmen mit der höchsten Punktzahl in Relation zu den Punktzahlen der anderen Firmen hat die größte Eignung für das geplante Kooperationsprojekt.

Sollten Sie sich bei der Auswahl des geeigneten Kooperationspartners noch nicht sicher sein, bietet es sich gerade bei Kooperationen mit einer mittleren bis hohen Intensität beziehungsweise Dauer an, die Auswahl des Kooperationspartners und die gemeinsame Kooperationsidee in einer Marktforschung zu testen. Beispielsweise lassen sich mithilfe einer Online-Studie jeweils eine Kooperationsidee und die potenziell beteiligten Kooperationspartner durch Konsumenten bewerten. Als Ergebnis erhält der Auftraggeber die zentrale Einstellung der Konsumenten zu dieser Kooperation, mit der sich die Attraktivität und Mehrwert der Kooperation bewerten lässt. Haben Sie mehrere Kooperationsideen und -partner in der engeren Wahl, können Sie mehrere Kooperationen testen und auf Basis des Tests die aus Verbrauchersicht attraktivste Kooperation auswählen (Ipsos 2010).

Nach der Auswahl eines geeigneten Partners entscheidet letztlich die Wunschmarke, ob die Bereitschaft zur Durchführung der geplanten Kooperation auf Gegenseitigkeit beruht. Beide Partner sollten nach der ersten Kontaktaufnahme ein gleich großes Interesse an einer Zusammenarbeit haben und können ihre Kooperationsbereitschaft in einer gemeinsamen Erklärung, dem Letter of Intent (LOI), festhalten. Der LOI ist ein Meilenstein und beendet die Partnersuche mit der schriftlichen und bestätigten Absichtserklärung zur Zusammenarbeit.

Für kurzfristige Einmal-Aktionen ohne finanzielle Risiken und geringem Personaleinsatz für beide Partner sollte die Gegenbestätigung der vereinbarten Kooperationsinhalte per E-Mail ausreichen. Wenn Sie unsicher sind, fragen Sie die Rechtsabteilung.

Mit der Auswahl eines Partnerunternehmens und der gegenseitigen Absichtserklärung zur Zusammenarbeit haben Sie das notwendige Fundament geschaffen, um die Planungsphasen im nächsten Schritt abschließen zu können. Die Detailplanung einer Markenkooperation beinhaltet die gemeinsame Konzeptentwicklung und -abstimmung sowie die zeitliche, personelle und finanzielle Konfiguration der Partnerschaft.

2.3 Die gemeinsame Konzeptentwicklung

Auch bei Markenkooperationen geht es früher oder später an den Plan, das Konzept, die Organisation. Die beginnende Konzeptphase ist gekennzeichnet durch das gemeinsame Definieren von Zielen, die Erarbeitung von Konzeptideen und das Erreichen eines gemeinsamen Verständnisses für die Zusammenarbeit. Grundsätzlich sollten Sie hierbei wie bei allen Projekten nach den gültigen Standards für das Projektmanagement (vergleiche DIN 69901-5:2009 Nr. 3.63) vorgehen. Es liegt jedoch im Kern der Sache einer Kooperation, dass es gewisse Besonderheiten zu beachten gibt, gilt es doch, eine Zusammenarbeit im engeren Sinne zwischen mindestens zwei, meist gleichberechtigten Partnern zu organisieren. Gemeinsam werden Sie Ideen entwickeln, ein Timing festlegen und den Wert Ihrer eingebrachten Leistungen gegenrechnen, einen Interessenausgleich schaffen. Dies erfordert einiger, vorausschauender Planung, dem COncept Management, dem wir uns in diesem Teil des Kapitels widmen wollen. Die gemeinsame Entwicklung eines konkreten Kooperationskonzeptes stellt die letzte Stufe der Konzeptphase dar.

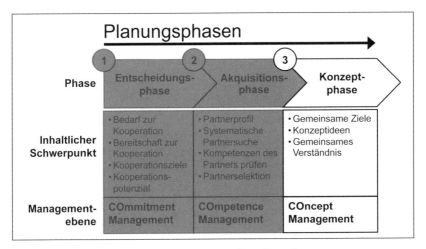

Abbildung 24: Planungsphase COncept Management, eigene Darstellung

Die Kooperation planen und organisieren

In dieser frühen Phase der Kooperation empfiehlt es sich, so oft wie möglich gemeinsame Treffen zur Planung zu vereinbaren. Es tut dem weiteren Verlauf der Zusammenarbeit gut, dass die Mitarbeiter der beiden Marken sich persönlich kennenlernen. Gemeinsame Termine sind einer fernmündlichen Absprache unbedingt vorzuziehen. Beide Partner sollten sich Zeit für einen ganztägigen Workshop nehmen und jeweils drei bis vier Mitarbeiter mit Entscheidungskompetenz aus den relevanten Unternehmensbereichen für diesen Termin freistellen. In diesem Workshop können Sie kreative und frei gestaltbare Elemente mit sachlichen und konkreten Diskussionen verbinden.

Die oberste Priorität hat in dieser Phase die Definition der gemeinsamen Ziele. Die präzise ausformulierten Ziele der Kooperationspartner bilden den Erwartungshorizont der Zusammenarbeit. Über den messbaren Erfolg oder Misserfolg der Kooperation entscheidet am Ende der Erreichungsgrad dieser

Ziele. Die Zielvorstellungen beider Unternehmen sind in der Regel nicht deckungsgleich. Damit eine Win-win-win-Situation für beide Partner und die Kunden realisiert werden kann, sollten sich die Ziele aber auch nicht vollständig ausschließen, sondern sich gegenseitig ergänzen und von beiden Partnern akzeptiert sein. Alle Ziele sollten Sie dabei nach der SMART-Regel formulieren. Fertigen sie zum Beispiel eine tabellarische Übersicht an, in der alle Ziele der Markenkooperation aufgelistet werden. Daneben sollten Sie festhalten, welcher Partner das Ziel in welchem Umfang erreichen möchte. Diese Auflistung dokumentiert den Erwartungshorizont der Partner, sollte beiden Partner vorliegen und der Kooperationsvereinbarung beigefügt werden.

Merke

Haben beide Marken sehr wenig Erfahrung in der Planung von Kooperationen oder sieht die Kooperationsplanung sehr viele und komplexe Maßnahmen vor, dann empfiehlt es sich, einen externen Kooperationsberater in Form einer spezialisierten Agentur oder Unternehmensberatung zurate zu ziehen (siehe Abschnitt *Die Einbindung von Agenturen*, Seite 101).

Ernennung der Kooperationsmanager

Kooperationsmanagement kostet Zeit und ist pflegeintensiv, nicht zuletzt wegen der über ein klassisches Käufer/Verkäufer-Verhältnis hinausgehenden Beziehung der Kooperationspartner. Machen sie nicht den Fehler, das Themenfeld als „Nebenbei-Job" zu betrachten, das Sie auf beliebige Schultern als Zusatzaufgabe verteilen können. Es erfordert vielmehr eine feste Bezugsperson, die alle Fäden in der Hand hält. Für eine reibungslose

Kommunikation im weiteren Verlauf der Kooperation benennen Sie daher einen zentralen Ansprechpartner, den Kooperationsmanager. Dies sollten Sie bereits am Anfang der Umsetzung in der Phase COntract Managment (siehe Kapitel 3) festlegen und sich Gleiches von Ihrem Kooperationspartner einfordern. Die ernannten Kooperationsmanager samt Kontaktdaten und Vertretungsregelung sind dann anschließend in die Kooperationsvereinbarung aufzunehmen. Diese Personen sind jeweils der Knotenpunkt für ein- und ausgehende Informationen in den kooperierenden Unternehmen und wissen somit zu jeder Zeit über den aktuellen Status der Kooperation Bescheid. Beide Personen sind mit entsprechenden Entscheidungskompetenzen, Aufgaben und auch Verantwortung auszustatten, damit das Projekt in operativen Angelegenheiten von den Kooperationsverantwortlichen selbstständig koordiniert werden kann. Die Ansprechpartner werden bei langfristigen und umfangreichen Projekten während einer Abwesenheit von Kolleginnen oder Kollegen vertreten. Stellen Sie den Kooperationsmanager idealerweise im notwendigen Umfang für die Kooperation von anderen Aufgaben frei, sollten Sie ihn nicht sowieso hauptberuflich als solchen einsetzen. Neben der Weisungsbefugnis und Informationspflicht des Kooperationsmanagers müssen dessen Aufgaben möglichst genau definiert werden. Dazu sollten Sie ein detailliertes Profil erstellen und die Berichtskette festlegen. Bedenken Sie dabei: Ein Kooperationsmanager hat eine übergeordnete Schnittstellenfunktion inne und sollte von entsprechender Stelle geführt werden.

Merke

Neben den fachlichen Fähigkeiten sind in der Position als Manager der Kooperation auch soziale Kompetenzen, wie zum Beispiel Zuverlässigkeit, Vertrauenswürdigkeit, Konfliktfähigkeit und Begeisterungsfähigkeit, wichtige Eigenschaften. Dabei kommt es nicht auf eine Spezialisierung im Sinne von Fortbildung zum Thema Markenkooperationen an, auch wenn diese bei einer strategisch angelegten Verflechtung von Markenkooperationen in die Marketingstrategie empfehlenswert ist.

Fachliche Eigenschaften

Kenntnisse der Marketing- und Kommunikations-strategie	Eine Markenkooperation abseits der sonstigen Marketingaktivitä-ten eines Unternehmens macht nur wenig Sinn, das Potenzial der Konvergenz zu anderen Kampagnen und Aktionen ginge verloren. Der Kooperationsmanager sollte die Planung daher aus dem Effeff kennen und sinnvoll mit der Kooperation verflechten können.
Cross-Media-Erfahrung	Die genutzten Medien zur Kommunikation und Durchführung einer Kooperation können durchaus von den üblicherweise im Unterneh-men zur Verfügung stehenden Mittel abweichen. Es bieten sich hier eventuell Möglichkeiten, Medien zu nutzen, die einem sonst nicht zur Verfügung stehen. Zum Beispiel könnten kleinere Unternehmen von TV-Spots größerer Partner profitieren, oder Aktionen am POS mithilfe des Partners durchführen, obwohl diese Möglichkeit sonst nicht besteht. Der Kooperationsmanager sollte daher alle Möglich-keiten im Umgang mit dem Marketing- und Media-Mix kennen und in der Lage sein, crossmedial zu denken.
Sicherer Umgang mit den internen Strukturen und Schnittstellen	Nur selten werden bei Planung und Durchführung einer Kooperation nicht diverse Abteilungen berührt. Schnittstellen, Ansprechpartner und interne Prozesse sollten vom Manager der Kooperation daher sehr klar beherrscht werden, um Verzögerungen und Missverständ-nisse, aber auch interne Befindlichkeiten zu vermeiden. Ihm sollten die Interessen und Ziele aller eingebundenen Abteilungen gleich wichtig sein, damit keine Ziele bevorzugt behandelt werden.
Erfahrung im Projektmanagement	Zur Steuerung einer Kooperation sollte sich der Kooperationsmana-ger der Methoden aus dem klassischen Projektmanagement bedienen können.
Sehr gute Kenntnisse über die Produkte und Services	Eine Markenkooperation basiert in der Regel auf einem Interessen-ausgleich. Um die eigenen Stärken und möglichen Potenziale für eine Zusammenarbeit einbringen zu können, sind fundamentale Kenntnisse der eigenen Produkte und Services unumgänglich. Das gilt auch für interne Services, wie zum Beispiel eigene Druckerei, Grafikabteilung, Produktionsstätten, IT etc.

Das idealtypische Profil eines Kooperationsmanagers

Persönliche Eigenschaften

Hohes Selbstbewusstsein	Um viele Schnittstellen zu bedienen und um die eigenen Potenziale für einen Interessensausgleich einbringen zu können, sollte ein Kooperationsmanager nicht gerade introvertiert veranlagt sein. Zum erforderlichen Selbstbewusstsein gehört auch ein gewisses Standing im eigenen Unternehmen, um die Anforderungen der Kooperation auch an alle Beteiligten mit dem nötigen „Drive" vermitteln zu können und der Kooperation auch bei weniger involvierten Unternehmensteilen ein Gewicht zu verschaffen. Verhandlungsgeschick, um die Positionen aller Beteiligten in den möglichst effizientesten Modus zu bringen, spielt hier ebenfalls eine große Rolle.
Hohe soziale Kompetenz	Kooperationen funktionieren nicht ohne die „richtigen" Menschen dahinter. Die Chemie zwischen den Beteiligten muss stimmen, verschiedene Menschen aus unterschiedlichen Unternehmenskulturen sollen an einem Strang ziehen und müssen entsprechend gesteuert, verstanden, eingebunden und „abgeholt" werden.
Empathie/ emotionale Intelligenz	Um im Verlauf der Zusammenarbeit nicht in kommunikative Fallen zu laufen, Signale für Unmut oder Verstimmung rechtzeitig zu erkennen und rechtzeitig darauf reagieren zu können, ist ein Verstehen auf der Meta-Ebene notwendig. Es kann außerdem sein, dass Konflikte ausgetragen und geschlichtet, im schlimmsten Fall die Zusammenarbeit beendet werden muss. Ein Kooperationsmanager sollte daher in der Lage sein, möglichst ohne emotionales Porzellanzerschlagen auszukommen und auf zwischenmenschlicher Ebene „lesen zu können".

Die Adressaten der Kooperation festlegen

Um einen Ansatz für eine Zusammenarbeit mit einer anderen Marke zu finden und auf Ideensuche zu gehen, ist es zunächst mal erforderlich zu bestimmen, an wen sich die gemeinsame Arbeit eigentlich richten soll. Die Grundlage hierfür bildet das Kooperationsziel. Wollen Sie mithilfe der Kooperation eher neue Kundensegmente erreichen, Marktanteile erhöhen, oder streben Sie eine Diversifikation an? Anschließend leiten Sie aus den bestehenden Kundenstrukturen beider Kooperationspartner die gemeinsame Zielgruppe für die Markenkooperation ab. Eine Möglichkeit ist, dass Sie einer Kundengruppe einen Mehrwert bieten möchten, und der Kooperationspartner genau diese Kunden als Neukunden umwerben möchte. Hilfreich ist es hierbei, die Zielgruppen aller Beteiligten in Einklang mit den Motiven zum Kaufverhalten und bestehenden Produkten, Services oder Kommunikationsmaßnahmen zu bringen.

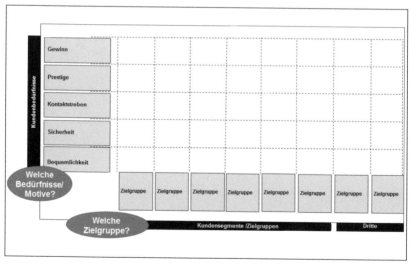

Abbildung 25: Matrix Kaufmotive versus Zielgruppe versus Produkt, Service oder Maßnahme

Befüllen Sie nun die Matrix mit Ihren Produkten oder Maßnahmen in der jeweiligen Zielgruppe. Sie werden auf diese Art Angebotslücken entdecken, die sich für ein Kooperationsthema eignen könnten.

Die konkreten Maßnahmen definieren

Nach der Übereinkunft, welche Ziele und welche Zielgruppe(n) erreicht werden sollen, ist zu überlegen, welche Maßnahmen zur Zielerreichung realisiert werden sollen. Jedes vereinbarte Ziel kann der Frage „Mit welcher Maßnahme kann das Ziel XY erreicht werden?" ausgesetzt werden. Die Kooperationspartner bringen zur Beantwortung der vielen Fragen vielfältige Erfahrungswerte und Umsetzungsideen aus vorherigen Marketingmaßnahmen mit. Doch die innovativsten Ideen für Kooperationen sind oft die, die man auf den ersten Blick nicht zusammenkriegt. Da kooperiert eine Krankenkasse mit einem Computerspielehersteller, eine Getränkemarke mit einer Juwelierkette oder ein Autohersteller mit einer Kosmetikmarke. Um die Kraft dieser „Cross-Innovations" zu entfalten, hilft es, gemeinsam abseits der eingefahrenen Denkmuster Ideen zu entwickeln und Maßnahmen zur Umsetzung und zur Kommunikation zu ermitteln und zu besprechen. Für diesen Schritt ist ein kreativer Ideenaustausch zwischen beiden Partnern wünschenswert. Im Anschluss werden die tatsächlich machbaren und gemeinsam gewünschten Maßnahmen ausgewählt. Bei der Ideenfindung helfen Kreativ-Techniken. Sie sollen allesamt Folgendes erreichen:

- Aufbrechen starrer Denkweisen
- Abbau von Denkblockaden
- Förderung von Analogien und Assoziationen
- Vermittlung neuer Perspektiven und Sichtweisen
- Neuartige Kombinationen bekannter Elemente

Merke: Kreativitätstechniken

Grundsätzlich kann man hier zwischen zwei Ansätzen von Kreativ-Techniken unterscheiden, den systematisch-analytischen Methoden, die strengen Gesetzmäßigkeiten und logischen Prinzipien folgen, sowie denen zur Anregung intuitiver Denkprozesse.

Bei den systematisch analytischen Methoden werden Problemstellungen zergliedert, Lösungsprozesse gegliedert und alle Denkvorgänge systematisch ausgerichtet. Dies ermöglicht es, sich auf das Wesentliche zu konzentrieren und komplexe Aufgaben zu lösen. Leider bleiben bei diesen Methoden originelle Lösungen eher Zufall und Innovationen sind in den Denkkategorien der Technik „gefangen". Die intuitiven Methoden hingegen sollen die Fantasie anregen, die Spontaneität und gruppendynamische Effekte fördern. Auf diesem Weg gelingt es Ihnen, eingefahrene Denk-Schemata zu überwinden. Sie steigern so den Output an originellen Ideen, aber auch die Ideensterblichkeit. Zusätzlich werden Prozesse zur Entscheidungsfindung benötigt. Im Folgenden erhalten Sie Einblick in einige Techniken auf beiden Seiten.

Kreativitätstechniken	
Systematisch-analytisch	**Intuitiv**
Morphologischer Kasten	Brainstorming
Osborn-Checkliste	Zufallstechnik
KJ-Methode (auch Cluster-Methode)	po-Methode (auch „de Bono")
	Mind Mapping
	Gamification

Abbildung 26: Überblick Kreativitätstechniken

Der Morphologische Kasten

Mit dieser Methode (Fritz Zwicky 1959) können Sie durch die genaue Analyse eines Problems und seines inneren Aufbaus ein Lösungssystem entwickeln, das alle möglichen Ansätze in strukturierter Form beinhaltet. Dies erreichen Sie, indem Sie die bestimmenden und voneinander unabhängigen Grund-Parameter herausarbeiten und dann untereinander in die linke Spalte einer Matrix eintragen. Zu jedem der Parameter werden nun alle seine denkbaren Ausprägungen in den rechts liegenden Spalten der Matrix vermerkt. Durch die senkrechte und diagonale Kombination der Ausprägungen werden nun neue Lösungen entwickelt.

Morphologischer Kasten				
Parameter	**Ausprägungen**			
Farbe	Gelb	Grün	Blau	Rot	Violett
Material	Alu	Stahl	Karbon	Holz	Zink
Art	Mountain	Renn	Trekking	Klapp	Elektro

Abbildung 27: Morphologischer Kasten (Idee – ein gelbes Klapprad aus Holz, das nachhaltig produziert und leicht zu verstauen ist)

Diese Methode ist für Einzelpersonen und Gruppen geeignet und dient eher zum Analysieren, Konstellieren und Bewerten.

Die Osborn-Checkliste

Die Checkliste wird wegen Ihrer Einfachheit oft als Methode unterschätzt, eignet sich aber laut Ihrem Erfinder Alex F. Osborn, der auch das Brainstorming ersann, hervorragend, um für existierende Produkte und Prozesse systematisch Einfälle zu generieren.

Osborn-Checkliste

1. Anders verwenden	Wie kann die Idee anders verwendet werden? Gibt es andere Gebrauchsmöglichkeiten? Lässt sie sich an einem anderen Ort verwenden?
2. Anpassen	Welche Parallelen lassen sich zu der Idee ähnelnden Parameter ziehen? Was könnte man nachahmen? Was verbessern?
3. Ändern	Können Sie die Parameter verändern oder umgestalten (Bedeutung, Form, Farbe, Größe, Klang etc.)?
4. Vergrößern	Lässt sich der Idee etwas hinzufügen (Häufigkeit, Stärke, Höhe, Wert, Reichweite etc.)?
5. Verkleinern	Können Sie der Idee etwas wegnehmen (kleiner, tiefer, kürzer, punktueller, aufteilen etc.)?
6. Ersetzen	Was könnten Sie an der Idee austauschen (anderer Prozess, kulturelle Hintergründe etc.)?
7. Umstellen	Können Teile oder Passagen ausgetauscht werden (Ursache und Wirkung austauschen, Reihenfolgen, Anordnungen etc.)?
8. Umkehren	Lässt sich das Gegenteil machen (oben statt unten, innen statt außen, spiegeln, umdrehen etc.)?
9. Kombinieren	Können Sie die Idee in Einheiten kombinieren (Absichten verbinden, mischen, integrieren, teilen etc.)?
10. Transformieren	Können Sie Ihre Idee grundsätzlich verändern (verkleiden, dehnen, verflüssigen, durchsichtig machen, weicher, härter etc.)?

Die Checkliste eignet sich für die Einzelpersonen, die Ergebnisse können in der Gruppe kumuliert und diskutiert werden. Sie beschäftigen sich anhand der Punkte auf der Checkliste mit allen Aspekten bezogen auf ein Produkt, einen Prozess, oder eine Aktion.

K-J-Methode
Diese vom japanischen Anthropologen Jiro Kawakita erfundene Methode wird auch Cluster-Methode genannt und ist vielen Moderatoren auch als „Pinnwand-Moderation" bekannt. Einzelfaktoren und deren Wechselbeziehungen können gesammelt und später zugeordnet, „geclustert" werden.

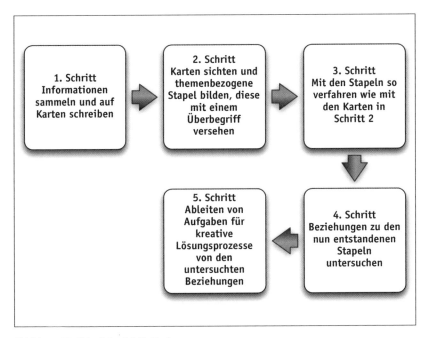

Abbildung 28: Ablauf der K-J-Methode

Die Stapel können Sie auch unter die jeweiligen Überbegriffe an eine Pinnwand heften, sodass maximal zehn Überbegriffe übrig bleiben. Karten, die keiner Kategorie zuordbar sind, fassen Sie nun ebenfalls zusammen. Dies erleichtert das Erkennen von Zusammenhängen und Beziehungen. Die Methode können Sie alleine oder in Gruppenarbeit anwenden. Sie eignet sich zu Erarbeitung von Lösungen für Auswahl- und Konstellationsprobleme.

Brainstorming

Auch diese Methode wurde von Alex F. Osborn entwickelt. Mit Brainstorming können Sie, systematisch-analytische Methoden vorbereiten (K-J-Methode). Das Ziel ist es hier, möglichst viele Ideen zu entwickeln, Quantität geht vor Qualität. Assoziationen, Analogien und Synektik kommen zum Einsatz und es darf „gesponnen" werden. Zum Brainstorming bilden Sie eine Gruppe mit möglichst vielen unterschiedlichen Wissensgebieten:

- Fordern Sie die Gruppe auf, alle Ideen und Gedanken zu einem Problem zu äußern, die ihr einfallen.
- Es folgt die Storming-Phase, in der alle Ideen genannt werden. Kritik ist hier nicht erlaubt.
- Genannte Ideen sollen nun auch von anderen weitergeführt werden, die Ergebnisse protokollieren Sie (schriftlich, Video, Pinnwand etc.)
- Abschließend werden die Ideen gesichtet, strukturiert, analysiert und bewertet.
- Lohnenswert erscheinende Ideen verfolgen Sie weiter.
- Diese Methode eignet sich für Gruppen bis zu zwölf Personen und dient zur Stimulation von Assoziationen, spontanen Einfällen und dem Durchbrechen eingefahrener Denkstrukturen.

Zufallstechnik

Diese Technik bietet ein breites Spektrum an Kreativität. Zufällig ausgewählte Bilder oder Wörter aus zufällig ausgewählten Quellen werden hier als Anregung zur Lösung einer Ideenfindungsaufgabe verwendet. Das Zufallselement dient dazu, völlig neue Assoziationen und Ideen zu produzieren, auf die man bei einer Betrachtung des Problems allein nicht gekommen wäre. Als Quelle für die erforderlichen Reize können Zufallswörter (Reizwortanalyse), ein Warenangebot (Katalogtechnik) oder ein Lexikon (Lexikon-Technik) dienen. Wenn Sie besonders kreativ sind, kann hier auch der Spaziergang durch einen Supermarkt oder eine Einkaufspassage genügen. Stellen Sie sich nun ein Objekt mit einer Story darum herum vor. Dieses Bild dient als Ausgangsposition. Sie verknüpfen nun Ihre Aufgabe mit dem Objekt. Was könnte man nun vom Objekt übernehmen?

Beispiel
Sie wollen ein neues Modell Ihres Produktes, eine elektrische Zahnbürste entwickeln. Sie sehen mit Ihrer Gruppe eine Fernsehsendung und stoppen diese an einem willkürlichen Zeitpunkt, zum Beispiel wenn jemand „halt" ruft. Das letzte zu hörende Wort dient nun als Reizwort. Angenommen, es fiel das Wort Reise, könnte die Assoziation auf die Idee einer elektrischen Reisezahnbürste mit Batterien führen.

Zufallstechniken eignen sich gut für die Gruppenarbeit und können viele Impulse, auf die man selbst nicht gekommen wäre, generieren. Ungeübten Menschen fällt jedoch manchmal der Transfer der zufälligen Anregungen auf die Aufgabenstellung schwer. Dies kann zu Frustrationen führen. Gelingt diese Übertragung des Öfteren nicht, führt dies zu hohen Streuverlusten.

Die po-Methode (de Bono)

Die po-Methode (de Bono) Provokation ist das Mittel der provocative-operation-Methode (Edward de Bono: Serious Creativity. Die Entwicklung neuer Ideen durch die Kraft lateralen Denkens oder kurz po-Methode). Im Wesentlichen geht es dabei um das Aufstellen von provokanten Gegenthesen zu „Selbstverständlichkeiten eines Problems. Sie arbeiten dabei mit „Was wäre, wenn"-Thesen, die durchaus unrealistisch sein dürfen. Die Thesen können Sie mit folgenden Ansätzen erarbeiten:

- Annahme aufheben (Ich brauche keine EC-Karte zum Geld abheben)
- Idealfall (Alle Menschen haben Arbeit)
- Umkehrung (Man wird erst nach dem Arztbesuch krank)
- Übertreibung (Eine Ausbildung dauert zwanzig Jahre)
- Zufall (Ein Zufälliger Begriff wird neben die Ausgangsituation gestellt, „Produkt PO Mütze")
- Verfälschung (Das Büro ist aus Legosteinen)

Vorgehensweise:

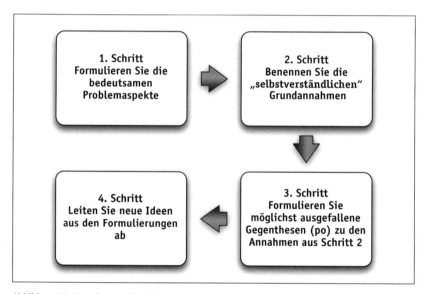

Abbildung 29: Vorgehen po-Methode

Beispiel:

An einer Universität sollen neue Lehrmethoden entwickelt werden (Aus-gangssituation). Die Professoren unterrichten die Studenten (Selbstver-ständlichkeit). Was wäre, wenn die Studenten die Professoren unterrichten würden (po-These). Es entsteht die Idee, die Studenten in regelmäßigen Ab-

ständen Vorlesungen halten zu lassen, um ihr Wissen zu überprüfen und die Fähigkeit des Vortragens und Vermittelns von Inhalten zu fördern.

Diese Methode eignet sich für Einzelarbeit und kleine Gruppen. Sie hebt wirksam die Gedanken aus den geübten Mustern und hinterfragt die Denkroutinen jedes Einzelnen. Absurde po-Thesen (entstehen häufig durch Hinzuziehen von nicht-Fachleuten) können Sie auf überraschende Ideen bringen.

Mindmapping

Bei dieser Methode werden Assoziationsketten visualisiert und können so strukturiert werden. Dabei kann man die Assoziationen schriftlich auf Karten fixieren oder sich mit Mindmapping-Software behelfen. Zusammenhänge einzelner Assoziationen zur Ausgangssituation werden so klar und ermöglichen schnell den Transfer von intuitiv erarbeiteten Lösungsansätzen zur systematisch-analytisch abgeleiteten Lösung.

Vorgehensweise:
Schreiben Sie einen mit der zu lösenden Aufgabenstellung in Verbindung stehenden Begriff in die Mitte eines Blattes Papier und kreisen Sie ihn ein. Nun lassen Sie sich treiben und bilden Assoziationen zu dem Begriff, die Sie um den Begriff herum niederschreiben, unterstreichen und mit einer Linie verbinden. Wiederholen Sie den Vorgang, bis das Blatt mit Assoziationsketten vollgeschrieben ist. Nun analysieren Sie die Ketten, werten sie aus, konstellieren sie neu und leiten daraus Ihre Idee ab.

Abbildung 30: Beispielhaftes Mindmapping zur Entwicklung einer Produktidee

Aus obiger Konstellation könnte sich die Idee eines speziellen Entertainment-Programms für Menschen mit Flugangst entwickeln, ein autogenes Training per Video oder Audio etwa. Grundlage für eine Kooperation zwischen einer Fluggesellschaft und einem Gesundheitsdienstleister.

Mindmapping ist eher eine Methode für Einzelpersonen und für das Verdeutlichen von Konstellationen und deren Analyse geeignet.

Gamification
Der Mensch lernt durch das Spiel und durch Spielen können Sie die maximale Kapazität an Kreativität und Ideenreichtum abrufen. Diese Erkenntnis führte dazu, dass es bereits einige spielerische Ansätze gibt, die Ihnen mit oben genannten Kreativitätstechniken bei der Generierung von Innovationen helfen sollen. Exemplarisch stellen wir hier zwei davon vor.

Cross-Innovations
Dieser Ansatz stammt vom Zukunftsinstitut (www.zukunftsinstitut.de) in Frankfurt und soll dazu führen, die eigene Perspektive zu verlassen und so überraschende Ideen für Produkte und Kooperationen in kurzer Zeit zu entwickeln. Die „Cross-Innovations" WorkBox beinhaltet neben einigen Arbeitshilfen Karten mit Megatrends, Branchen und Zielgruppen. Spielerisch werden diese Karten nun mit Assoziationen verbunden und verknüpft. Durch das Zusammenbringen zweier unterschiedlicher Branchen entwickeln Sie zunächst „Cross-Innovations". Die Ideen, die durch die Kombination entstehen, werden dann mithilfe der Trend- und der Typologiekarten (Zielgruppen) ausgebaut, verbessert und in immer konkretere Konzepte verwandelt. Inspirationskarten sorgen für zusätzliche Anregungen und lassen Sie in der Gruppe alltägliche Denkmuster verlassen. Zum Schluss entscheidet sich das Team für die „Goldene Idee", von der entweder Teile verwendet oder die ganze Idee umgesetzt werden kann.

Ein Beispiel aus der Spielanleitung des Vorgängers:
Zuerst ziehen Sie aus den zehn Branchenkarten zwei Karten, zum Beispiel
Tourismus und Food. Jetzt sammeln Sie circa fünf Minuten erste Assoziatio-
nen zu den beiden Branchen, wie zum Beispiel Familienurlaub, Städtereisen,
Balkonien, Fast Food, Bio-Food, essbare Landschaften. Listen Sie auch be-
kannte Marken auf, wie zum Beispiel TUI, Studiosus, Zotter, Biolüske etc.
Notieren Sie anschließend innerhalb von fünf Minuten Cross-Innovationen
der beiden Branchen, wie zum Beispiel Hochland-Käse-Reisen, Global-Food-
Restaurant, Zotter & Studiosus – der Schoko-Lehrgang in Österreich. Ziehen
Sie jetzt eine der zehn Konsumtrendkarten und entwickeln sie weitere Ideen.
Wenn Sie zum Beispiel die Konsumtrendkarte „Authentic" ziehen, könnten
Sie Regionale-Gastro-Reisen, bei der auch Produktionsstätten beziehungswei-
se Anbaugebiete besucht werden, erfinden. Jetzt kombinieren Sie die bishe-
rigen Ergebnisse mit einer der zehn Lebensstilgruppenkarten, zum Beispiel
„Inbetweens". Ein Ergebnis könnte zum Beispiel Hollyworks by Schwartau
(50 Prozent Ferien, 50 Prozent Urlaub) sein. Aus den letzten Ideen wählen
Sie dann abschließend die „Goldene Idee" aus.

Diese Methode ist für die Gruppenarbeit gedacht und eignet sich zum Beispiel als Warm-Up für Kreativsessions oder als Brainstorming-Ersatz.

The Radical Game

Die Trendagentur TrendOne (www.trendone.de) bietet einen ähnlichen Ansatz in Form eines begleiteten Workshops an. Microtrends werden durch
Assoziationen ergänzt, miteinander kombiniert und sollen so zu einer innovativen Idee führen. In einem Workshop werden dabei die aktuellen
Trends Ihrer Branche vorgetragen (Inspiration). Im Anschluss daran werden mit „The Radical Game" Ideen abgeleitet (Ideation), die später mit verschiedenen Methodenmodulen, je nach Ihrer Zielsetzung, weiterentwickelt
werden können (Transformation).

Die Microtrends aus der Keynote werden für das Radical Game als Spielkartenset aufbereitet. Ihre Gruppe teilen Sie nun in mehrere Teams ein, die je ein Kartenset mit Microtrends erhalten. Ein Teammitglied startet eine Innovationskette, indem es die erste Spielkarte ausspielt. Jetzt kann jeder weitere Spieler eine oder mehrere Spielkarten hinzulegen. Die Idee wird nun abgleitet und schriftlich auf einem „One-Pager", also einem einseitigen Dokument, festgehalten. Alle erörtern nun gemeinsam die Ideen in einem Elevator-Pitch. Nach dem Prinzip „Was würden Sie sagen, wenn Sie im Fahrstuhl einem Kollegen begegnen und ihn in 60 Sekunden von der Investition in Ihre Idee überzeugen müssten?" werden die besten Ideen herausgefiltert. Nun bewertet die gesamte Workshop-Gruppe mithilfe von Pokerchips, die als „Investitionskapital" für die jeweilige Idee gesehen werden sollen, die besten Ideen der Teams. Die Workshop-Ergebnisse werden nun dokumentiert und für die weitere Verwendung aufbereitet.

The Radical Game eignet sich vor allem für größere Gruppen und kann die eigenen Denkweisen und Strukturen aufbrechen. Vor allem durch die Moderation eines externen Anbieters kann hier Potenzial geweckt werden, das „im eigenen Saft" eventuell verborgen geblieben wäre.

Natürlich gibt es noch wesentlich mehr Kreativtechniken und Methoden zur Ideengenerierung. Auf diese einzugehen, würde den Umfang dieses Buches sprengen würde. An dieser Stelle verweisen wir deshalb auf das Internet und einschlägige Literatur. Welche der Techniken in Ihrem Fall die beste ist, können Sie nur durch eigene Erfahrung ermitteln.

Die richtige Idee wählen

Wenn Sie alles richtig gemacht haben, sitzen Sie nun vor einem ganzen Haufen hochwertiger Ideen. Natürlich lassen sich nicht alle Ansätze sofort umsetzen, manche eventuell gar nicht. Je mehr Ideen Sie haben, desto größer ist der Bedarf an einem System zur Auswahl, samt Beurteilungskriterien. Bewährt hat sich hier die DON-Methode (dies ist nur eines von vielen Beurteilungs- und Auswahlsystemen). Mit diesem Beurteilungssystem filtern Sie aus einer großen Anzahl von Ideen nach folgenden Kriterien die richtigen aus:

Durchführbarkeit – ist die Idee mit den Mitteln aller Partner oder von der Sache her überhaupt durchführbar?
Originalität – ist die Idee durchführbar und originell? Innovativ? Bildet sie einen USP?
Nutzen für den Kunden – kann die Idee einen Mehrwert für meine Kunden abbilden?

Aufgabenpakete schnüren

Haben Sie durch die eine oder andere Technik einige Ideen generiert und gefiltert, so müssen Sie nun mit Ihrem Kooperationspartner Aufgabenpakete generieren und zuordnen, um die Maßnahmen umzusetzen. Zur Steigerung der Aufmerksamkeit sollten erfahrungsgemäß mehrere Maßnahmen unter dem Dach der gemeinsamen Nutzenklammer beziehungsweise des gemeinsamen Themas miteinander kombiniert werden. Auf diese Weise verstärkt sich für die Kunden der Eindruck von einem durchgängigen und nachvollziehbaren Konzept.

Das kann auch dazu führen, dass unterschiedliche Kooperationsformen miteinander kombiniert werden. Allerdings sollten die Inhalte einer Markenkooperation schwerpunktmäßig einer Kooperationsform zuzuordnen sein.

Merke

Auch für diesen Part der Konzeptentwicklung sollte eine vollständige Liste mit den vereinbarten Maßnahmen schriftlich verfasst werden. Die Liste enthält in übersichtlicher Form die Maßnahmen, die von Ihrer Seite koordiniert werden, und die Maßnahmen, die vom Partner koordiniert werden. Auf dieser Liste sollten nur die Maßnahmen erfasst werden, von denen Sie auch wirklich beide überzeugt sind. Bei Unzufriedenheit muss das Maßnahmenpaket noch einmal überarbeitet werden.

Der Budgetplan der Kooperation

Ist die Idee erst in ein Maßnahmenpaket umgewandelt, wird es Zeit sich mit einem weiteren Eckpunkt der konkreten Ausgestaltung der Kooperation zu beschäftigen: der Betrachtung der Einnahmen und Ausgaben der Kooperation. Meistens handelt es sich dabei um Kosten, die kalkuliert und partnerschaftlich verteilt werden müssen. Prüfen Sie alle anfallenden Kosten sorgfältig. Auch absehbare Preiserhöhungen und Zusatzkosten sollten Sie als Budgetpuffer mit einplanen. Nachträglich anfallende Kosten, die nicht berücksichtigt wurden, führen oftmals zu Konflikten in der Zusammenarbeit und sollten vermieden werden.

Die Zusammenarbeit funktioniert nach dem Prinzip „Geben und Nehmen". Die in die Kooperation eingebrachten Werte und Leistungen sollten sich deshalb einander im Wert entsprechen. Stellen Sie sich eine Waage vor, auf der jeder Partner seine zu erbringenden Leistungen legt. Im Sinne des gemeinsamen Interessenausgleichs sollte die Waage in keine Richtung pendeln, sondern das Gleichgewicht behalten. Prinzipiell zahlt jeder Partner erst einmal die Leistungen, die er in die Kooperation einbringt. Die Berücksichtigung von Leistungen, die einem Geldwert entsprechen, aber selber erbracht werden können, kann aber dazu führen, dass nicht beide Partner exakt gleiche Rechnungsbeträge zahlen müssen. Nahezu alles, was Sie als Unternehmen in eine Kooperation einbringen können, angefangen bei der Reichweite über die Produktion bis hin zu Material oder Personal lässt sich monetär berechnen. Sollten Sie interne Dienst- oder Sachleistungen zu Verfügung stellen, wie zum Beispiel die Nutzung Ihrer hausinternen Grafiker, dann sollten Sie einen entsprechenden Eurobetrag hinter die Leistung setzen und der Kooperationspartner sich darauf einlassen, eine anderweitig anfallende Rechnung in Höhe des erbrachten Wertes zu begleichen oder eine gleichwertige Leistung zu verrechnen (Bartering). Gleiches gilt auch, wenn der Kooperationsnutzen ungleich verteilt ist. Profitieren Sie im Verhältnis zum Kooperationspartner überproportional hoch von der Zusammenarbeit, dann sollte gerechterweise vereinbart werden, dass Sie einige Rechnungen zusätzlich übernehmen, damit die Kosten und Nutzen wieder fair verteilt sind.

Bartering in Zeiten knapper Budgets

Unter Bartering versteht man verschiedene Formen bargeldloser Verrechnung. Gerade in Zeiten knapper Budgets ist Bartering (Engl.: barter = Tausch, Austausch) eine Möglichkeit, zusätzliche Umsätze zu tätigen und das eigene Budget zu schonen. Beim Bartering werden Waren und Leistungen zwischen gewerblichen und/oder privaten Nutzern ausgetauscht. Dabei wird der Wert der jeweiligen Waren oder Dienstleistungen unter den Partnern verrechnet. Dadurch wird Bartering zu einem attraktiven Marketinginstrument unter anderem zur Gewinnung neuer Kunden. In dieser Form ist Bartering steuerrechtlich relevant und es wird Umsatzsteuer auf den Wert der eingebrachten Leistung fällig.

Kooperation auf Gegenseitigkeit

Eine Markenkooperation kann auch das gemeinsame Erreichen eines Ziels unter Einsatz der jeweils zur Verfügung stehenden Mittel beinhalten. In dieser Form besteht kein Betrieb gewerblicher Art und deshalb sind solche Kooperationen nicht unbedingt steuerrechtlich relevant. In dieser Form wird dann weder etwas berechnet noch ausgetauscht. Allerdings müssen Sie die Aufgabenpakete schon im Vorfeld klar definiert und dokumentiert haben. Diese Form der Kooperation findet sich häufig bei Körperschaften des öffentlichen Rechts.

Merke

Die Aufteilung der Kosten, Leistungen und Erlöse sollte unbedingt so präzise wie möglich formuliert und schriftlich fixiert werden. Übernimmt einer der beiden Partner einen höheren Teil der Kosten oder erbringt einen größeren Anteil der Leistungen, sollte er auch stärker von den Einnahmen profitieren.

Die operative und zeitliche Planung der Kooperation

Die Konzeptionsphase sollten Sie mit der Festlegung und Verteilung von Arbeitspaketen und der Erstellung eines Zeitplanes abschließen. Alle anfallenden Maßnahmen werden dabei in Teilaufgaben zerlegt und unter Berücksichtigung des zeitlichen Aufwands in sinnvollen Aufgabenpaketen wieder gebündelt und auf die dafür zuständigen Personen verteilt (siehe Abschnitt *Kooperieren bedeutet koordinieren – Das COordination Management* auf Seite 116). Die Kooperationsmanager koordinieren dann die Aufgaben und überwachen die Einhaltung der Zuständigkeiten. Die zeitliche Planung können Sie in Form einer Rückwärtsplanung vom geplanten Start der Kooperation angehen. Im Zeitverlauf sollten Sie regelmäßige Meilenstein-Termine zur laufenden Kontrolle der Umsetzung festlegen, an denen die Kooperationsmanager auf jeden Fall Kontakt zueinander aufnehmen und prüfen, ob alle Termine und Aufgaben im Plan sind. Für den regelmäßigen Kontakt vereinbaren Sie, wer sich bis wann bei wem meldet.

Die Planung der Aufgaben und der Termine sollten Sie realistisch und angemessen angehen. Der Umsetzung sollten Sie zeitlich und personell den notwendigen Bedarf einräumen. Unter einer zu schnellen Umsetzung, oft zu Lasten der Qualität, leidet die gesamte Kooperation und deren Ergebnis.

Merke

Die Planung sollte verbindlich sein und nicht zu viele Freiheiten lassen, die dazu führen, dass einige wichtige Aufgaben vernachlässigt werden. Der kombinierte Aufgaben- und Zeitplan ist ebenfalls schriftlich zu dokumentieren.

Der Umgang mit Verzögerungen

Sollten Abweichungen in Form von Verzögerungen vorliegen, muss geprüft werden, worin die Abweichungen begründet sind. Gründe können fehlende Motivation, ein Mangel an Ressourcen (Personal, Zeit, Geld) oder Kommunikationsprobleme (intern oder zwischen den Partnern) sein. Hier ist es besonders wichtig, auf die Fähigkeiten des Kooperationsmanagers auf zwischenmenschlicher Ebene bauen zu können. Sie müssen rechtzeitig erkennen, wo Gründe liegen könnten und diese offen ansprechen. Nur so können Sie die notwendige Kultur zwischen den Partnern aufbauen, die für ein Gelingen Ihres gemeinsamen Vorhabens existenziell wichtig ist (siehe Abschnitt *Das „Miteinander" der Partner – Das CO-Culture Management* auf Seite 119). Nach Identifikation des Grundes sollte schnell an einer Lösung gearbeitet werden, die das Einhalten des Timings gewährleistet. Idealerweise haben Sie bereits einen kleinen Puffer für alle Eventualitäten eingeplant.

Die Einbindung von Agenturen

Spezialisierte Agenturen können die Planung und Durchführung der Kooperation bei geringer Erfahrung unterstützen. Agenturen sollten neutral gegenüber beiden Partnern sein und können so bei Bedarf auch eine Rolle als Moderator oder Schlichter einnehmen. Das Outsourcing einiger Aufgaben verursacht zwar Kosten, stört aber die internen Arbeitsabläufe weniger. Greifen Sie hier auf Dienstleister zurück, die sich auch nachweisbar auf das Themenfeld Kooperation spezialisiert haben. Wenn sie regelmäßig auf Kooperationen zurückgreifen möchten oder den Bedarf an kurzfristig umzusetzenden Kooperationsformen, wie zum Beispiel Sampling haben, empfiehlt es sich generell, den Kontakt zu solchen spezialisierten Agenturen zu suchen. Sie haben oft Kunden im Portfolio, die auf der Suche nach geeigneten Partnern sind. Sie sind außerdem in der Lage, auf Basis ihrer Erfahrung und des Kundenkreises maßgeschneiderte Konzepte zu entwickeln. Für diesen Fall sollten Sie allerdings auf jeden Fall mit Budget planen.

Teil 3
Die Umsetzungsphasen einer Markenkooperation

Mit der Verhandlung des Kooperationsvertrags beginnen die Phasen, die die Umsetzung der Kooperationsabläufe regeln. Die Verhandlungsphase, die Projektphase und die Ergebnisphase können deswegen auch unter dem Begriff Umsetzungsphasen zusammengefasst werden.

3.1 Das COntract Management in der Verhandlungsphase

Die folgenden Erläuterungen zur Vertragsverhandlung beruhen auf den Erfahrungen der Autoren und sollen Ihnen ein Grundverständnis von den Funktionen eines Kooperationsvertrags, den üblichen Vereinbarungsformen und relevanten Inhalten der Verhandlung vermitteln. Die Begriffe Vertrag und Vereinbarung werden synonym verwendet.

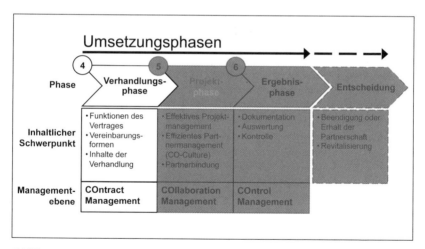

Abbildung 31: Die Verhandlungsphase

Die Ausführungen ersetzen allerdings keine Rechtsberatung bei der Erstellung von Kooperationsvereinbarungen. Häufig gelangen Sie firmenintern oder über externe Quellen (Kooperationspartner, Internet etc.) an Musterverträge für Kooperationen, die Ihnen eine erste Orientierung geben. Sie sollten für die individuelle Vertragsgestaltung allerdings eine rechtliche Beratung fest einplanen. Besonders die langfristigen und finanzintensiven Markenkooperationen sollten mit einem Juristen erörtert werden.

Das COntract Management dient der Vermeidung unerwarteter Situationen, unklarer Zuständigkeiten, zwischenmenschlicher Probleme oder unerwünschter Handlungen des Kooperationspartners. Ein Ausschluss aller Eventualitäten ist vor Beginn der Umsetzung trotz schriftlicher Fixierung nicht möglich. Das Wichtigste ist, dass Sie die Risiken rechtlicher Unwägbarkeiten im Interesse Ihres Unternehmens konsequent minimieren. Allerdings sollten Sie Spielraum für die Entfaltung einer Vertrauensbasis auf der zwischenmenschlichen Ebene zulassen und bereit für Kompromisse sein.

Funktionen des Kooperationsvertrags

Die Verhandlungsphase dient vorrangig der Regelung rechtlicher Aspekte und der Absicherung von Haftungsfragen im Außenverhältnis durch einen formalrechtlichen Vertrag. Ergänzend werden Vereinbarungen des Miteinanders als „Spielregeln" im Innenverhältnis festgelegt.

Der Vertrag erfüllt darüber hinaus weitere Funktionen beim Aufbau einer Partnerschaft: Er dokumentiert gemeinsame Ziele, berücksichtigt individuelle Partnerinteressen und als „Gründungsakt der Kooperation" grenzt er die Zusammenarbeit von einer normalen Geschäftsbeziehung ab.

Der Vertragsschluss gibt den Partnern Sicherheit in Bezug auf das zu erwartende Handeln des anderen. Trotz Ihrer Erfahrungen in den Planungsphasen ist Ihnen das künftige Verhalten des Partners weitgehend unbekannt. Erst durch die zuverlässige Einhaltung von Vereinbarungen entsteht Vertrauen. Ein Vertragsbruch hingegen würde mühsam aufgebautes Vertrauen in wenigen Augenblicken zerstören.

Verhandlungen sind zudem eine vorgezogene Absicherung und Regelung von Ereignissen in der Zukunft, wie zum Beispiel die Aufteilung der Kosten und Erlöse, die Beschränkung von Haftungsrisiken, gegenseitige Sanktionen etc. Die Klärung dieser Fragen dient der Konfliktprävention in beiderseitigem Interesse und sollte nicht als Misstrauen gewertet werden.

Die Verabschiedung eines schriftlichen Vertrags schafft Verbindlichkeit für das Verhalten der Partnerunternehmen und dokumentiert die mündlichen Absprachen der Konzeptphase.

Vereinbarungsformen

Je nach Intensität der Zusammenarbeit fällt auch die Vertragsgestaltung unterschiedlich umfangreich aus. Vorgespräche sollten Sie immer protokollieren. Die unverbindliche Absicht zur Zusammenarbeit kann mit einem Letter of Intent schriftlich festgehalten werden. Für einmalige Kooperationsprojekte mit kurzer Laufzeit, wie zum Beispiel Gewinnspielkooperationen, sind individuell angepasste Musterverträge meist ausreichend. Sie sollten den Aufwand für die Vertragsgestaltung möglichst gering halten.

Kommt es zur Nutzung von geistigem Eigentum (Patente, Rezepturen etc.) eines Partners, zur Einbringung großer Budgets oder zur Bereitstellung nennenswerter Produktionskapazitäten, sind Musterverträge nicht ausreichend. In diesen Fällen sollten Sie den juristischen Rat der internen Rechtsabteilung oder einer externen Kanzlei für den Entwurf des Kooperationsvertrags einholen.

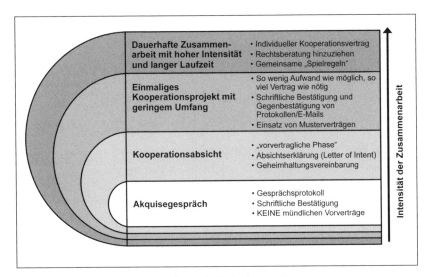

Abbildung 32: Gängige Vereinbarungsformen in Markenkooperationen

Form und Inhalt eines Kooperationsvertrags sind aufgrund der bestehenden Vertragsfreiheit nicht vorgeschrieben. Jede Kooperation kann auch per Handschlag oder mündlich und somit ohne schriftlichen Vertrag vereinbart werden. Allerdings ist von dieser Vorgehensweise abzuraten. Mit der Verinnerlichung des Credos „Keine Kooperation ohne schriftliche Vereinbarung!" fahren Sie erfahrungsgemäß besser.

Für die Ausarbeitung einer schriftlichen Vereinbarung, die die individuellen Anforderungen berücksichtigt, sollten Sie ausreichend Zeit einplanen. Der abgestimmte Entwurf ist von beiden Kooperationspartnern zu unterzeichnen.

Inhalte der Verhandlung

In der Praxis ist es häufig so, dass Verhandlung und Unterzeichnung auf unterschiedlichen Hierarchieebenen erfolgen. Die Prüfung und Freigabe der Kooperationsvereinbarung ist auf einer höheren Managementebene allerdings nicht immer von höchster Priorität. Planen Sie daher ausreichend Zeit für Abstimmung und Unterzeichnung der schriftlichen Vereinbarung vor dem Beginn der operativen Umsetzung ein. Sie sollten es vermeiden, aufgrund von Terminzusagen gegenüber dem Partner mit der Umsetzung beginnen zu müssen, obwohl der Vertrag noch nicht von beiden Seiten unterzeichnet wurde.

Für die Erarbeitung der Vertragsinhalte gibt es keine allgemeingültige Struktur, die auf alle Branchen, Firmen und Kooperationsformen angewendet werden kann. Es gibt aber einige (Rechts-)Quellen, an denen Sie sich orientieren können, um alle relevanten Inhalte zu berücksichtigen.

Die schriftlichen Ergebnisse der Konzeptphase sind eine wichtige Quelle für die Regelung von Zielen, Kooperationsinhalt sowie Rechten und Pflichten der Zusammenarbeit. Alle bereits vorliegenden Pläne (Termin-, Aufgaben-, Budgetplan etc.) erleichtern Ihnen den Einstieg in die Vertragsverhandlungen und sind die Grundlage weiterer Vereinbarungen.

Gesetzliche Rechtsvorschriften

Weitere Quellen sind allgemeine Gesetze und branchenspezifische beziehungsweise interne Richtlinien. Sie sollten darauf achten, dass die geplante Zusammenarbeit mit bestehenden Geschäftsbeziehungen und beabsichtigte Kommunikationsmaßnahmen mit dem Wettbewerbsrecht vereinbar sind.

Zur Absicherung von Haftungsrisiken sind die Quellen des Gesellschaftsrechts (BGB, HGB, gegebenenfalls GmbHG und AktG) auf notwendige Regelungen zu überprüfen. Selbst ohne ausdrückliche Erwähnung bilden Ihr Unternehmen und der Kooperationspartner für die Dauer eines Projekts mit dem Zweck der gemeinsamen Zielerreichung eine Gesellschaft. Je nach Kooperationsinhalt beziehungsweise je nach Umfang der Geschäftsaktivitäten entsteht mit Aufnahme der Kooperationstätigkeit gegenüber Kunden oder Lieferanten eine GbR (Gesellschaft bürgerlichen Rechts) zuweilen auch eine OHG (Offene Handelsgesellschaft). Bei beiden Gesellschaftsformen können die Gesellschafter gemeinschaftlich und gesamtschuldnerisch haftbar gemacht werden. Alle Haftungsausschlüsse, die gegenüber Dritten und innerhalb der Kooperation gesetzlich zulässig sind, sollten Sie deshalb auch schriftlich fixieren.

Für umfangreiche und langfristige Projekte kann es sinnvoll sein, eine Gesellschaft für die Zusammenarbeit zu gründen. Im Rahmen von Kooperationen werden nicht selten Gesellschaften (GbR, OHG, KG), Vereine oder Genossenschaften etabliert. Kapitalgesellschaften (zum Beispiel GmbH oder AG) sind für dauerhafte Zusammenschlüsse in Form von Joint Ventures oder Fusionen die richtige Wahl.

Für die Vermeidung von Unterlassungsklagen oder Schadenersatzansprüchen Dritter ist das Gesetz gegen den unlauteren Wettbewerb (UWG) relevant. Betreiben Sie oder Ihr Kooperationspartner beispielsweise vergleichende Werbung mit irreführenden Inhalten, kann diese zum Beispiel von Wettbewerbern per Klage auf Unterlassung unterbunden werden. Entstehen durch wettbewerbswidrige Werbung Schadenersatzansprüche, kann oftmals keiner der Partner die Schuld von sich weisen, da in der Regel beide die Möglichkeit besaßen, die Veröffentlichung zu verhindern.

Einige Elemente der Verkaufsförderung fallen ebenfalls unter das UWG und müssen unter diesem Aspekt rechtlich geprüft werden. Unverhältnismäßige Verkaufszugaben oder Produktbündel dürfen kein sogenanntes „übertriebenes Anlocken" verursachen. Die Unverhältnismäßigkeit einer Zugabe ist beispielsweise dann gegeben, wenn die Kaufentscheidung des Verbrauchers nicht mehr auf rationalen Gründen beruht, sondern durch das Streben nach dem unentgeltlichen Geschenk ausgelöst wird.

Zusätzlich wettbewerbswidrig kann die Kopplung einer Gewinnspielteilnahme an einen Produktkauf sein. Bei Gewinnspielen ist es ratsam, kostenfreie Teilnahmemöglichkeiten einzurichten und in den Teilnahmebedingungen darauf hinzuweisen.

Das Sammeln und der Austausch von Kundendaten zu werblichen Zwecken haben in Kooperationen an Bedeutung gewonnen. Grund dafür sind sowohl die Möglichkeiten der digitalen Medien als auch die Intensivierung betrieblicher Aktivitäten im Bereich des Customer Relationship Managements (CRM). Gesetzlich sind die Kooperationspartner bei der Erhebung, Speicherung, Verarbeitung und Weitergabe von Kundendaten an das Bundesdatenschutzgesetz (BDSG) gebunden. Ist während der Kooperation der Austausch oder die Erhebung von Kundendaten geplant, so sollten Sie sich von den Datenschutzbeauftragten der kooperierenden Unternehmen beraten lassen.

Unproblematischer ist die gegenseitige Einbindung in die unternehmenseigenen Kundenmedien, um die Kunden des Partners zu erreichen. Die Verteilung erfolgt meist nur an Kunden, die ihre ausdrückliche Zustimmung gegeben haben.

Ein letzter Aspekt, der auf Basis bestehender Gesetze geregelt werden sollte, ist der gewerbliche Rechtsschutz. Es ist dringend zu klären, wie beispielsweise mit Markenrechten, Patentrechten, Geschmacksmustern etc. umgegangen wird. Diese Regelungen sollten sich nicht nur auf das vor der Kooperation vorhandene geistige Eigentum beziehen, sondern auch geistiges Eigentum berücksichtigen, das während der Kooperation entsteht.

Empfohlene Vertragsbestandteile
Eine individuelle Vereinbarung ist auch bezüglich der Vertragslaufzeit zu treffen. Sie sollten aber nicht nur das Inkrafttreten und das reguläre Ende regeln, sondern auch die Vertragsauflösung bei Vertragsverstößen und außerordentliche Kündigungsmöglichkeiten klären. Trotz anfänglicher

Euphorie über die Zusammenarbeit dürfen Sie nicht die Augen vor dem Thema „Trennung" verschließen. Die Vereinbarung von Sonderkündigungsrechten ist kein Zeichen von fehlender Ernsthaftigkeit, sondern in beiderseitigem Interesse.

Bei einmaligen und kurzfristigen Projekten, zum Beispiel bei Sampling-Aktionen oder bei Gewinnspielen, endet die Kooperation in der Regel mit dem Ablauf des Aktionszeitraums.

Bei langfristigen Partnerschaften sollten Sie individuelle Kündigungsmodalitäten vereinbaren. Die Zusammenarbeit kann beispielsweise auf zwölf Monate begrenzt werden oder Kündigungsfristen enthalten. Durch eine Laufzeitbegrenzung sichern sich beide Partner die Möglichkeit, die Kooperation verlassen zu können, falls sich der erhoffte Erfolg nicht einstellt. Verläuft die Partnerschaft allerdings erfolgreich, kann die Zusammenarbeit nach Ablauf der Laufzeit verlängert werden. Im Gegensatz zum befristeten Vertrag ist ein Ausstieg aus einem unbefristeten Vertrag nicht ohne Weiteres möglich.

Sie können auch ein Sonderkündigungsrecht im Vertrag verankern, das Ihnen bei Verstößen des Partners den Ausstieg aus der Partnerschaft ermöglicht. Das Recht zur Sonderkündigung kann unter anderem dann entstehen, wenn ein Partnerunternehmen in einen Skandal verwickelt ist, der sich negativ auf das Image des anderen Partners auswirkt.

Abschließend beinhaltet der Kooperationsvertrag eine Reihe formaler Vertragsbestandteile, wie die Salvatorische Klausel, die Festlegung des Gerichtsstands, eine Schiedsklausel, die Namen und die Unterschriften der Vertragsparteien beziehungsweise deren Vertreter.

Im Außenverhältnis sind beide Partner an gesetzliche Vorgaben gebunden. Sämtliche Vereinbarungen, die Aktivitäten gegenüber Dritten (Kunden, Lieferanten etc.) betreffen, sind ein verbindlicher Handlungsrahmen für die Zusammenarbeit. Das gilt besonders für Regelungen bezüglich der Beauftragung von Zulieferern, der Weitergabe von Wissen über den Partner (Geheimhaltung, Vertraulichkeitserklärung), der Absicherung von Haftungsrisiken, des Umgangs mit Kundendaten und bestehende Konkurrenzausschlussvereinbarungen im Rahmen anderer Partnerschaften.

Die Regelungen im Innenverhältnis sind als Orientierungsrahmen zu verstehen. Organisatorisches, Terminpläne, Aufgaben etc. können im Vorfeld der Umsetzung nicht vollständig geplant werden. Die vereinbarten Abläufe der Zusammenarbeit sind deshalb allenfalls ein optimales Szenario. Anpassungen können durch einen abweichenden Verlauf nachträglich notwendig werden. Beide Partner sollten Abweichungen einkalkulieren und auf diese in zumutbarem Rahmen flexibel reagieren.

Der Kooperationsvertrag auf einen Blick

Die folgende Auflistung beinhaltet die wichtigsten Punkte, die im Rahmen der Verhandlungsphase zwischen Ihnen und Ihrem Kooperationspartner geregelt werden sollten. Je nach Kooperationsform sind nicht immer alle Punkte relevant und müssen nicht zwingend in der Vereinbarung enthalten sein.

1. Name und Sitz der Vertragsparteien (Formalrechtliche Regelung)
2. Präambel, Zweck, Ziel(e) und Zielgruppe(n) der Kooperation hinsichtlich Art und Tätigkeitsfeld der Zusammenarbeit (Zielregelung)
3. Leistungsumfang der Partner bezüglich Aufgaben, Kommunikationsmittel, Maßnahmen, Einsatzgebiete und Termine (Leistungsregelung)
4. Höhe und Verteilung der Kosten und Finanzierung (Beitragsregelung)

5. Wert und Verrechnung von Eigenleistungen bei Kompensations- beziehungsweise Barteringgeschäften (Beitragsregelung)

6. Verteilung und Verrechnung der Einnahmen (Ergebnisregelung)

7. Umgang mit Verlusten (Ergebnisregelung)

8. Rechte und Pflichten der Partner bezüglich Ansprechpartner, Verhaltenskodex, Auftragserteilung und -annahme, Weisungsbefugnisse, Umfang gegenseitiger Kontrolle und Information, Pflicht zur Mitgestaltung, Vertrags- und Termintreue, Bereitstellung von Kapazitäten, Vertretungsbefugnisse, Verantwortlichkeiten, Ablauf und Häufigkeit gemeinsamer Treffen etc. (Regelung der Organisation)

9. Konkurrenzausschluss und Exklusivitätsklauseln (Wettbewerbsregelung)

10. Wettbewerbsverbot für einen festen Zeitraum nach der Kooperation (Eintritt eines Partners in den Markt des anderen beziehungsweise identische Weiterführung der Kooperation mit einem Wettbewerber) und Sanktionen bezüglich der Abwerbung von Kunden (Wettbewerbsregelung)

11. Geheimhaltungs-/Vertraulichkeitsvereinbarung (Regelung zum Umgang mit Informationen)

12. Rechtliche Prüfung der Kooperation und Kommunikation auf Wettbewerbswidrigkeit und Unzulässigkeit mittels Richtlinien, Wettbewerbsrecht, Kartellrecht, UWG etc. (Regelung nach Rechtsvorschrift)

13. Haftung und Gewährleistung, zum Beispiel gegenseitige Haftungsfreistellung und Absicherung etwaiger Haftungsrisiken nach Gesellschaftsrecht und UWG (Regelung nach Rechtsvorschrift)

14. Schutz der Kundendaten nach dem Bundesdatenschutzgesetz (Regelung nach Rechtsvorschrift)

15. Recht zur Verwendung (Dauer, Gebiet, Medien) geistigen Eigentums und Lizenzen, zum Beispiel Patente, Geschmacksmuster, Marke, Logo, Bildmaterial des Kooperationspartners (Regelung nach Rechtsvorschrift)

16. Vertragsdauer (Inkrafttreten, Ende) und Maßnahmendauer (Aktionszeitraum, Regelung der Laufzeit)

17. Außergerichtliches Konfliktmanagement, zum Beispiel Schlichtung durch interne Schiedsrichter beziehungsweise externen Mediator oder Juristen (Konfliktregelung)

18. Sanktionen, Sonderkündigungsrecht oder Partnerausschluss bei Vertragsverstößen (Konfliktregelung)

19. Salvatorische Klausel, Gerichtsstand, Schlussbestimmungen (Formalrechtliche Regelung)

20. Ort, Datum, Namen und Unterschrift der Kooperationspartner (Formalrechtliche Regelung)

3.2 Das COllaboration Management in der Projektphase

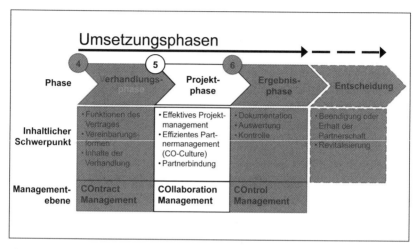

Umsetzungsphasen

Phase	④ Verhandlungs-phase	⑤ Projekt-phase	⑥ Ergebnis-phase	Entscheidung
Inhaltlicher Schwerpunkt	• Funktionen des Vertrages • Vereinbarungs-formen • Inhalte der Verhandlung	• Effektives Projekt-management • Effizientes Part-nermanagement (CO-Culture) • Partnerbindung	• Dokumentation • Auswertung • Kontrolle	• Beendigung oder Erhalt der Partnerschaft • Revitalisierung
Management-ebene	COntract Management	COllaboration Management	COntrol Management	

Abbildung 33: Die Projektphase

Jede Managementphase beinhaltet erfolgsrelevante Bestandteile. Dennoch entscheidet sich erst in der Durchführung, ob die Kooperation ein Erfolg wird und beide Partner die geplanten Ziele erreichen. Der Handlungsrahmen für die Koordination und Umsetzung der Kooperationsaufgaben ist der Projektplan. Die exakte Durchführung der vereinbarten Maßnahmen erhöht zwar die Wahrscheinlichkeit, dass die Ziele erreicht werden, ist aber keine Garantie für ein optimales Resultat.

Der Erfolg der Umsetzungsphase ist besonders von der zwischenmenschlichen Zusammenarbeit abhängig. Neben einem zielorientierten Projektmanagement (Effektivität) ist somit auch eine partnerschaftliche Zusammenarbeit (Effizienz) während der Umsetzung notwendig.

Im Anschluss an die Vertragsunterzeichnung rückt im idealtypischen Managementprozess das COllaboration Management, das sowohl das koordinations- und aufgabenorientierte Projektmanagement (COordination) als auch das verhaltens- und umgangsbezogene Partnermanagement (CO-Culture) beinhaltet, in den Mittelpunkt der Aktivitäten. Beide Managementansätze werden auf den folgenden Seiten separat betrachtet.

Partnermanagement

Das Partnermanagement beinhaltet die weichen und schwer steuerbaren Faktoren einer Kooperationskultur. Die zentralen Elemente der zwischenmenschlichen Beziehungen sind Vertrauen (COnfidence), Kommunikation (COmmunication), Konfliktfähigkeit (COnflict) und gemeinsames Wissen (CO-Learning).

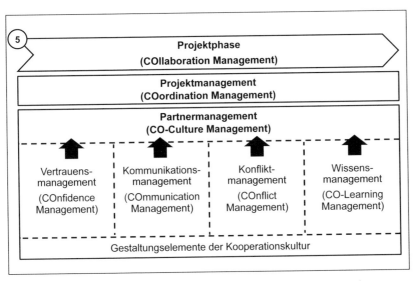

Abbildung 34: Gestaltungselemente des Partnermanagements

Im Gegensatz zu den explizit formulierten Handlungsabläufen des Projektmanagements ist das Miteinander der Partner informeller Natur. Die kulturellen Elemente bedingen das Projektmanagement allerdings kausal, das heißt, scheitern die zwischenmenschlichen Beziehungen, scheitert in der Regel auch die erfolgreiche Umsetzung der Kooperation.

In Wissenschaft und Praxis werden noch immer Aspekte einer gemeinsamen Kooperationskultur stiefmütterlich behandelt. Allerdings gewinnen die kulturellen Gestaltungselemente an Bedeutung. Es ist daher empfehlenswert, die Relevanz des Partnermanagements in die eigene Kooperationsphilosophie zu integrieren.

Kooperieren bedeutet koordinieren – das COordination Management

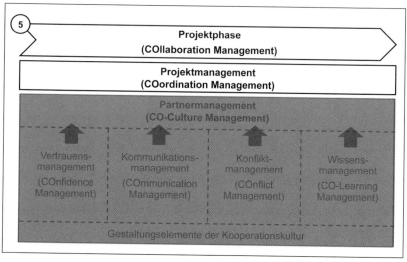

Abbildung 35: Das Projektmanagement

Die Vorgehensweise bei der Steuerung und Erledigung operativer Aufgaben variiert von Projekt zu Projekt stark in Abhängigkeit von der Kooperationsform, den Zielen, den Verantwortlichkeiten, dem Terminplan usw. Die Vielfalt der individuellen Projektschritte kann im Rahmen dieses Buchs nicht vollständig erörtert werden. Dieser Abschnitt konzentriert sich auf allgemeingültige Inhalte, die Sie für die individuelle Konfiguration des Projektmanagements der Kooperation berücksichtigen sollten.

Der Auftakt der Umsetzung kann mit einem Event oder einem Workshop (Kick-off) gestaltet werden. Sowohl ein Event als auch ein Arbeitsmeeting mit allen beteiligten Personen sind Maßnahmen zur Teambildung, zur Identifikation der Mitarbeiter mit dem Projekt und zur positiven Beeinflussung des Arbeitsklimas.

Kooperationen verändern die gewohnte Arbeitsweise der beteiligten Personen, deshalb benötigen Mitarbeiter in Veränderungsprozessen mehr Orientierung als sonst üblich. Wenn Sie „Betroffene frühzeitig zu Beteiligten" machen, erhöhen Sie die Wahrscheinlichkeit, dass die involvierten Mitarbeiter das Kooperationsprojekt mit freiwilligem Engagement voranbringen.

Im Verlauf der Projektphase bringen die handelnden Personen ihre fachlichen und organisatorischen Kompetenzen zur Erledigung der unternehmensübergreifenden Projekt- und Zeitpläne ein. Bei großen Projekten kann eine hierarchische Arbeitsstruktur (Kooperationsorganigramm) verabschiedet werden, damit die Übernahme von Aufgaben und die Ergebnisverantwortung für alle Projektmitglieder eindeutig definiert ist. Die verantwortlichen Projektmanager benötigen die notwendigen Ressourcen und Entscheidungskompetenzen zur Erledigung beziehungsweise zur Delegation der Aufgaben.

Wichtige Eigenschaften von Mitarbeitern mit Aufgabenverantwortung sind Teamfähigkeit und Termintreue. Die Führung der beteiligten Mitarbeiter erfolgt durch die disziplinarischen Vorgesetzten beziehungsweise den jeweiligen Kooperationsmanager – allerdings nur firmenintern und nicht firmenübergreifend. Mitarbeiter, die erfahrungsgemäß nicht ergebnisorientiert arbeiten, sollten in Kooperationen eher kleinere Teilaufgaben zugeteilt bekommen und diese zeitnah ausführen, um Terminverzögerungen zu vermeiden. Machen Sie dem Projektteam deutlich, dass das Handeln jedes Einzelnen nicht nur die eigenen Ziele beeinflusst, sondern auch die Planungen und den Erfolg des Partnerunternehmens. Mangelhafte Leistungen Ihres internen Projektteams wirken sich zudem negativ auf das Gesamtbild, das der Kooperationspartner von Ihrem Unternehmen hat, aus.

Merke

Beispielfragen für die Agenda an Meilenstein-Terminen:
- Sind die Aufgaben termingerecht und vollständig erledigt worden?
- Ist absehbar, dass ausstehende Aufgaben nicht termingerecht erledigt werden?
- Gibt es Entwicklungen, die die Kooperation positiv oder negativ beeinflussen?
- Wurden wichtige Informationen zeitnah und umfassend kommuniziert?
- Funktioniert die Kommunikation untereinander? Meinen die Kooperationspartner das Gleiche oder gibt es Missverständnisse?
- Ist die Zusammenarbeit zufriedenstellend und vertrauensvoll?
- Sind die Partner in der Entscheidungsfindung gleichberechtigt?
- Gehen die Kooperationspartner auf die Bedürfnisse und Erwartungen des jeweils anderen ein?
- Wie lautet das Gesprächsergebnis des heutigen Treffens?

Die Vereinbarung regelmäßiger Meilenstein-Termine beziehungsweise Lagebesprechungen (Reviews) während der Durchführungsphase unterstützt die Zieleinhaltung. Je langfristiger die Kooperation ausgerichtet ist, desto wichtiger sind Treffen in einem regelmäßigen Turnus. Die Meilenstein-Termine sind kleine „Augenblicke der Wahrheit", in denen der gegenwärtige Status der Aufgabenerledigung auf den Prüfstand kommt. Ein regelmäßiger Informationsaustausch während der Umsetzung ist somit ein bedeutender Baustein des Projektmanagements.

Außergewöhnliche Situationen erfordern außergewöhnliche Maßnahmen. Bei Planänderungen oder Terminabweichungen, die wichtige Kooperationsinhalte betreffen, muss der Projektplan unverzüglich und in beiderseitigem Einverständnis nachgebessert werden. Allerdings werden nach dem Projektstart nicht mehr die grundsätzlichen Ziele der Zusammenarbeit infrage gestellt.

Das „Miteinander" der Partner – das CO-Culture Management

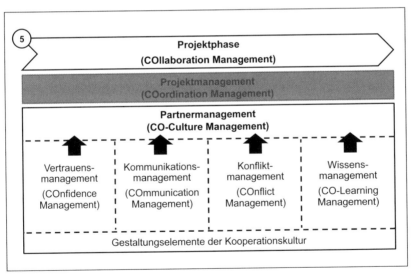

Abbildung 36: Das Partnermanagement

Das Management der informellen Partnerbeziehung kann auch als Kultur-management bezeichnet werden. Auf Unternehmensebene wird von der Unternehmenskultur gesprochen, deshalb bietet sich auf Kooperations-ebene der Begriff Kooperationskultur an. Die Kooperationskultur ist das gemeinsame und unternehmensübergreifende Wert- und Leitbild aller Mit-arbeiter, die an der Zusammenarbeit beteiligt sind. Dazu gehören auch alle unbewussten Handlungsweisen, die Einfluss auf die Kooperationsabläufe nehmen.

Vertrauen, Kommunikation, Konfliktfähigkeit und das gemeinsame Wissen sind die Stellschrauben der Kooperationskultur und das Tragwerk des Mit-einanders. Ein kulturelles Zusammenwachsen entwickelt sich langfristig und kann nicht auf Knopfdruck herbeigeführt oder verändert werden. Die Kooperationspartner sollten einen Interaktionsrahmen schaffen, der die Entwicklung gemeinsamer Werte und Rituale zwischen den Mitarbeitern fördert.

Das Partnermanagement ist neben der Projektkompetenz der Partner ein bedeutender Bestandteil der Kooperationsfähigkeit Ihres Unternehmens. Eine gemeinsame Identität trägt dazu bei, dass die Aufgaben auf vertrau-ensvoller Basis, durch verantwortliches Handeln und weitgehend konflikt-frei erledigt werden können.

Eine notwendige Voraussetzung zum Aufbau einer Kooperationskultur ist die Bereitschaft (Wollen) der Mitarbeiter für den Aufbau einer funktionie-renden Partnerschaft. Die Personen, die in die Kooperation eingebunden sind, müssen darüber hinaus die Fähigkeit (Können) besitzen, kooperativ interagieren zu können.

Ein zusätzlicher Faktor ist das Top-Management Commitment bezüglich der Kooperationskultur. Die Haltung der Leitungsebene entscheidet darüber, ob ein kultureller Anpassungsprozess in den Bereichen Vertrauen, Kommunikation, Konfliktverhalten und Wissensaustausch seitens der Mitarbeiter überhaupt erwünscht (Sollen) ist.

Die individuellen Unternehmenskulturen der Kooperationspartner sind nicht deckungsgleich, sondern haben lediglich eine gemeinsame Schnittmenge. Je kleiner die kulturelle Schnittmenge ist, desto schwieriger gestaltet sich das Partnermanagement. Die Herausforderung besteht darin, für den Zeitraum der Zusammenarbeit unternehmensübergreifend ein gemeinsames Wollen, Können und Sollen zu etablieren, das bei den Mitarbeitern zur Identifikation mit den Kooperationsinhalten führt.

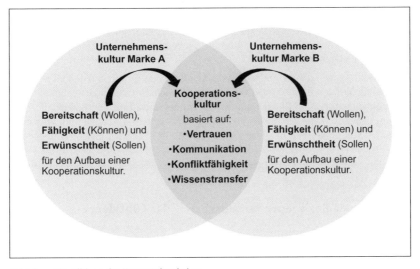

Abbildung 37: Bildung der Kooperationskultur

Die Kulturen der Kooperationspartner müssen für eine erfolgreiche Zusammenarbeit nicht identisch sein. Im Idealfall korrespondieren die Unternehmenskulturen mit der gewünschten Kooperationskultur in weiten Teilen. Die Werte, die die Mitarbeiter bereits verinnerlicht haben, werden fast selbstverständlich in die Kooperation eingebracht. Meist sind ein vertrau-ensvoller Umgang, gegenseitige Wertschätzung und ehrliche Kommunikation bereits in den Leitsätzen einer Unternehmung verankert. Umgekehrt wird die langfristig gewachsene Unternehmenskultur nicht von der temporären Kooperationskultur überlagert.

Merke

Die Bedeutung der Kooperationskultur variiert. Es gibt kurzfristige Maßnahmen, in denen das Partnermanagement nebensächlich ist. Mit zunehmender Dauer und Intensität der Zusammenarbeit gewinnt das Miteinander an Bedeutung.

Die in diesem Buch vorgestellten Elemente der Kooperationskultur weisen Überschneidungen zur generellen Gestaltung der Unternehmenskultur auf. Sowohl die Kooperations- als auch die Unternehmenskultur basieren auf der Idee eines werteorientierten Umgangs zwischen Menschen. Somit sind nicht nur die eigenen Mitarbeiter mögliche Adressaten, sondern auch Kooperationspartner, Kunden, Lieferanten etc.

Die nachfolgend erläuterten Managementebenen sind in weiten Teilen allgemeine Empfehlungen für die Organisation zwischenmenschlicher Beziehungen in Unternehmen. Mit der Bildung von Vertrauen, der Gestaltung von Kommunikation, dem Lösen von Konflikten und dem zweckorientierten Umgang mit Wissen werden vier universelle Bereiche angesprochen, die aber auch für das Partnermanagement in Kooperationen relevant sind.

Vertrauen als Basis jeder Partnerschaft – das COnfidence Management

Eine Garantie für eine gute zwischenmenschliche Zusammenarbeit haben Sie nie – auch Ihr Kooperationspartner hinsichtlich der Zusammenarbeit mit Ihnen nicht. Die größten Erfolgsaussichten auf einen kooperatives Umgang haben die Partner, wenn die beteiligten Mitarbeiter in der Lage sind, anderen zu vertrauen. Nur wer eine Vertrauensbereitschaft besitzt, kann Vertrauen zu anderen Personen aufbauen.

Vertrauen wirkt sich positiv auf die Kommunikation, Konfliktfähigkeit und den Wissensaustausch aus. Zwischen Personen, die sich vertrauen, besteht eine intensivere Kommunikation, eine größere Kompromissbereitschaft und ein freiwilliger Informationsaustausch.

Die überwiegende Art des Vertrauens bei Kooperationsprojekten ist das subjektiv erlebte Vertrauen zwischen Menschen, das auch interpersonales Vertrauen genannt wird. Das Vertrauen in Unternehmen, das durch das kollektive Vertrauen der Mitarbeiter in das Unternehmen oder die Marke des Kooperationspartners repräsentiert wird, wird als interorganisationales Vertrauen bezeichnet.

Die Einschätzung der Vertrauenswürdigkeit eines Unternehmens und der Mitarbeiter ist im Vorfeld der Zusammenarbeit ein erhebliches Problem. Oftmals verfügen kooperierende Unternehmen über keinerlei Erfahrungswerte in der Zusammenarbeit mit genau diesem Partner. Zudem ist die Vertrauenswürdigkeit der Mitarbeiter, die für das Kooperationsprojekt abgestellt werden, weitgehend unbekannt.

Die Reputation, die internen Wertvorstellungen oder ein integeres Image des Partnerunternehmens sind beispielsweise Indikatoren zur Einschätzung der Vertrauenswürdigkeit. Überlegungen zum Fit (Eignung) von Image, Unternehmenswerten oder der Reputation des Partners haben Sie bereits bei der Partnerbewertung (siehe Kapitel 2.2 auf Seite 61) angestellt, um zu vermeiden mit einem Partner zu kooperieren, der für eine vertrauensvolle Zusammenarbeit ungeeignet ist. Sie können und müssen zum Beispiel das Partnerimage nicht exakt messen. Wichtig ist, dass Ihnen die Kriterien bei der Einschätzung der Vertrauenswürdigkeit präsent sind.

Zu Beginn einer Zusammenarbeit mit einem nahezu unbekannten Unternehmen ist die Sorge vor eigennützigem Verhalten (Opportunismus) des Partners und somit das Bedürfnis nach Sicherheit (zum Beispiel der Schutz geheimer Informationen) sehr groß.

Eine häufig praktizierte – aber langfristig ungeeignete – Herangehensweise ist die Installation von Kontrollmechanismen zur eigenen Absicherung. Die Einführung von Kontrollen, die bei Zielabweichungen zu Sanktionen und Strafen führen, erscheint im Hinblick auf Ihr Sicherheitsbedürfnis zunächst sinnvoll. In Bezug auf eine dauerhafte Zusammenarbeit ist dieses Vorgehen allerdings kontraproduktiv. Ihr Kooperationspartner verliert Motivation und Bereitschaft zur Zusammenarbeit, wenn Sie ihm durch ständige Überprüfung ein Gefühl von Misstrauen geben. Durch Ihr Misstrauen wird der Partner versuchen, seine eigenen Interessen ebenfalls abzusichern und reduziert seine Anstrengungen in der Verfolgung Ihrer Kooperationsziele. Ein anhaltendes Misstrauen führt zu immer mehr Kontrolle in Form von nahezu pingeligen Auflagen im Umgang miteinander (Misstrauensspirale). Kontrollen und die Durchsetzung von Sanktionen beanspruchen Zeit und Personal und verursachen zusätzliche (Personal-)Kosten, was letztlich die Effizienz der Kooperation reduziert. Überspitzt kann man sagen, dass Kooperationen ohne Vertrauen sehr wahrscheinlich nicht erfolgreich sind oder sogar vorzeitig scheitern werden.

Eine intakte Misstrauensspirale kann nur durch den Abbau von Kontrolle durchbrochen werden. Einer der Partner muss als Vertrauensgeber zu einer Vertrauensleistung gegenüber dem Vertrauensnehmer bereit sein und eine kooperative Grundhaltung einnehmen. Das Wagnis zu vertrauen beinhaltet die Chance auf Erwiderung des Vertrauensvorschusses – birgt aber auch die Gefahr der Enttäuschung. Die Rückstellung der eigenen Interessen ist eine Vorleistung, die nicht an Bedingungen geknüpft ist, aber meist mit der unausgesprochenen Erwartung auf Vertrauenserwiderung einhergeht. Ein Vertrauensvorschuss beinhaltet – soweit möglich – den freiwilligen Verzicht auf Kontrollen und Sanktionen und sollte seitens des Partners positiv beantwortet werden.

Die Vorleistung ist riskant, da die Möglichkeit eines Vertrauensbruchs besteht, zum Beispiel durch die Weitergabe geheimer Informationen. Die Enttäuschung, die aus einem Vertrauensbruch resultiert, führt meist zum

Abbruch der Kooperation. Trotz dieser Gefahr ist eine Einzahlung auf das gemeinsame Vertrauenskonto eine gute Investition und der Grundstein für ein nachhaltiges Kooperationsvertrauen, das erst in der Zukunft profitabel wird.

Merke

Beide Kooperationspartner nehmen im Verlauf der Zusammenarbeit abwechselnd die Rolle des Vertrauensgebers und Vertrauensnehmers ein. Durch das Prinzip von Geben und Nehmen werden Vorleistungen im Gegenzug durch den Partner ausgeglichen und führen so zu einem erneuten Vertrauensvorschuss (Vertrauensspirale). Im Vordergrund steht in erster Linie die persönlich empfundene Ausgeglichenheit von Geben und Nehmen und nicht der ständige Vergleich dessen, was tatsächlich gegeben wurde.

Mittels Vertrauen kann die Kooperation erfolgreich durchgeführt und gegenseitige Loyalität aufgebaut werden. Das Handeln nach Verträgen wird Schritt für Schritt durch eine Zusammenarbeit auf Vertrauensbasis ersetzt. Die Wirkung von Misstrauen und Vertrauen sind im Ergebnis deckungsgleich und stehen dennoch in einem paradoxen Verhältnis zueinander. Sowohl über Misstrauen als auch über Vertrauen können gewünschte Zustände, zum Beispiel der termingerechte Ablauf des Projektplans, sichergestellt werden. Doch während Misstrauen als Kostenfaktor Effizienzeinbußen mit sich bringt, steigert Vertrauen als Leistungsfaktor den Wert der Zusammenarbeit.

Ein weiterer Grund für mehr Vertrauen und weniger Kontrolle ist im Wesen der Kooperation selbst zu finden. Kooperationsprojekte basieren auf der freiwilligen Zusammenarbeit selbstständiger Unternehmen. Marken, die die Kooperation als Alternative zwischen Bindung und rechtlicher Autonomie nutzen, sollten im Gegenzug keine Kontrolle über den Partner für sich beanspruchen.

Rahmenbedingungen des Vertrauens

Vertrauen lässt sich nur schwer messen und unterliegt maßgeblich Ihrem subjektiven Eindruck. Es gibt auch kein Patentrezept, mit dem Sie eine Vertrauensbasis für alle Beteiligten schaffen können. Allerdings gibt es Modelle, die Aufbau und Erhalt von Vertrauen in der Zusammenarbeit nachvollziehbar erklären. Die folgenden Erläuterungen basieren auf dem Vertrauensmodell von Robert B. Shaw (Buchtitel: *Trust in the Balance*).

Für eine Vertrauensatmosphäre sollten Führungsmethoden und Organisationsstrukturen auf die Entwicklung von Vertrauen ausgerichtet werden. Shaw nennt die Bedeutung der Unternehmenskultur als dritte Rahmenbedingung. Der Aspekt der Kultur wird im Folgenden nicht weiter erörtert, da die Darstellung des Partnermanagements insgesamt auf den Aufbau der Kooperationskultur abzielt.

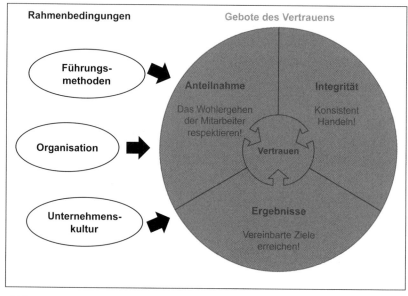

Abbildung 38: Rahmenbedingungen des Vertrauens nach Robert B. Shaw

Autoritäre Führungsmethoden mit strengen Hierarchien basieren auf Kontrollmechanismen und fördern vorrangig Misstrauen. Der Führungsstil der Kooperation sollte also auf die Bildung einer Vertrauensatmosphäre durch flache Hierarchien und Handlungs- und Gestaltungsspielräume für die Mitarbeiter ausgerichtet sein.

Die Organisationsstrukturen der Zusammenarbeit sind ebenfalls auf den Aufbau von Vertrauen auszurichten. Zunächst ist eine Zielorientierung wichtig. Ziele sollten den Anforderungen der SMART-Formel (siehe Abschnitt *Die eigenen Kooperationsziele definieren und priorisieren, Seite 56*) genügen. Der Vorteil zielorientierter Arbeitsprozesse ist, dass der Handlungsspielraum der Mitarbeiter nicht durch die Überprüfung der Arbeitsweise beschnitten werden muss. Ist die Antwort auf die Frage „Welches Ergebnis soll ich erreichen?" (Arbeitsergebnis) für jeden Einzelnen eindeutig formuliert, ist eine Vorgabe für das „Wie muss ich dabei vorgehen?" (Arbeitsweise) in den meisten Fällen nicht erforderlich. Die Möglichkeit der eigenverantwortlichen Partizipation bei der Arbeitsgestaltung erhöht die Vertrauensbereitschaft, die Leistungsmotivation und die Akzeptanz der Kooperation an sich.

Zur Zielorientierung gehört auch die Delegation von Verantwortlichkeiten. Mitarbeiter haben eine größere Vertrauensbereitschaft, wenn sie neben den Aufgaben, für die sie verantwortlich sind, auch die notwendigen Kompetenzen zur Aufgabenerfüllung übertragen bekommen. Mit der gleichmäßigen Verteilung von Aufgaben, Kompetenzen und Verantwortung (AKV-Prinzip) erhalten die Mitarbeiter nicht nur einen Arbeitsauftrag, sondern auch die Möglichkeit, die Kooperation aktiv mitzugestalten. Allerdings müssen Mitarbeiter, die für die eigenverantwortliche Erledigung von Zielen mit den benötigten Kompetenzen ausgestattet werden, über die fachlichen Kompetenzen verfügen und vertrauenswürdig sein.

Beispiel: Erhält ein Mitarbeiter die Aufgabe, den Kooperationsvertrag mit dem Partner zu verhandeln, dann braucht er auch die Handlungsfreiheit (Kompetenz), dem Partner im Rahmen seiner Befugnisse Kompromisse an-

bieten zu können. Im Verantwortungsbereich des Mitarbeiters liegt allerdings auch die Gewährleistung, dass der Vertrag dem Unternehmen die notwendige Rechtssicherheit bietet.

Die Gewährung von Handlungsfreiräumen macht allerdings eine Kontrolle der Arbeitsresultate (Ergebniskontrolle) notwendig. Die Kontrolle der Arbeitsweise suggeriert Misstrauen in die eigenverantwortliche Erledigung von Aufgaben und ist für den Aufbau von Vertrauen ungeeignet. Die Kontrolle der Arbeitsweise ist ohnehin kaum möglich, weil die Kooperationspartner ihre Aufgaben an unterschiedlichen Orten erledigen.

Merke

Wenn Sie die Erfolgsbeurteilung der Kooperation über die Kontrolle von Ergebnissen organisieren, müssen Sie die erbrachten Leistungen auch wirklich überprüfen. Dazu gehört auch, dass gute Leistungen ausdrücklich und vor anderen gelobt und Minderleistungen geahndet werden. Das heißt nicht, dass Sie Mitarbeiter, die ihre Ziele verfehlen, öffentlich an den „Pranger" stellen. Gehen Sie stattdessen gemeinsam mit dem Mitarbeiter und unter vier Augen auf Fehlersuche. Sie können mit ihm gemeinsam neue Ziele festlegen und ihn zu neuen Leistungen motivieren.

Ein weiterer Aspekt ist der offene Umgang mit kooperationsrelevanten Informationen. In Kooperationsprojekten werden wichtige Nachrichten tendenziell zunächst im eigenen Unternehmen weitergegeben und erreichen den Partner erst, nachdem intern bereits über einen Umgang mit den neuen Informationen entschieden wurde. Die Verteilung von Informationen sollte einem einfachen Prinzip folgen: Sagen Sie dem Partner, was Sie wissen!

Alle Personen, die vom Inhalt und den Auswirkungen einer Mitteilung betroffen sind, sollten gleichzeitig und umgehend benachrichtigt werden. Denken Sie nicht in getrennten Unternehmen, sondern betrachten Sie alle an der Kooperation beteiligten Personen als ein Projektteam.

Das nachträgliche Bekanntwerden von zurückgehaltenen Informationen, kann mühsam aufgebautes Vertrauen in wenigen Augenblicken zerstören.

Die Gebote des Vertrauens
Kooperationsmanager und Führungspersonen nehmen eine Vorbildfunktion ein und sollten deshalb einige Gebote des Vertrauens verinnerlichen und in der Kooperation vorleben.

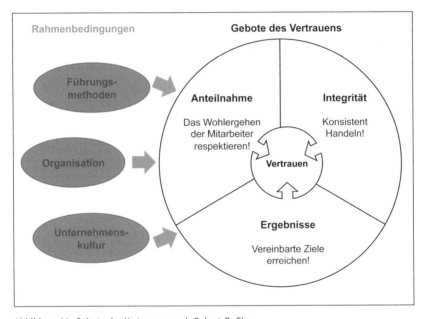

Abbildung 39: Gebote des Vertrauens nach Robert B. Shaw

Anteilnahme zeigen Sie durch Empathie und Mitgefühl, das heißt, das Wohlergehen der Mitarbeiter und die Interessen des Kooperationspartners sollten Ihnen ein Anliegen sein. Ein offenes Ohr zu haben und Mitgefühl auszusprechen reicht aber nicht aus. Wertschätzendes und ehrliches Handeln untermauern Ihre Anteilnahme.

Häufig handeln die Akteure in Kooperationen unter Zeitdruck, was dazu führt, dass vorrangig die eigenen Ziele verfolgt werden. Allerdings werden die Anstrengungen für die gemeinsamen Ziele mit einem zufriedenen und loyalen Kooperationspartner belohnt. Im Gegenzug werden die Mitarbeiter des Partners auch Ihre Interessen mit im Blick haben.

Integrität bezeichnet die Übereinstimmung von „Wort und Tat". Personen mit integrem Verhalten vermitteln Verlässlichkeit durch die Einhaltung ihrer Zusagen. Wer tut, was er verspricht, fokussiert auch die Ziele, die er vereinbart. Auf diese Weise wird nicht nur der Aufbau von Vertrauen positiv gefördert, sondern auch die elementare Arbeitsweise für den Kooperationserfolg vorgelebt: Die Ausrichtung der Aktivitäten auf die Erreichung der Ziele.

Vom Vertrag zum Vertrauen – Mechanismen der Zusammenarbeit
Der Aufbau von Vertrauen mithilfe der Gebote vertrauensvollen Handelns ist ein Prozess, der nicht von heute auf morgen zu bewerkstelligen ist. In der Praxis ist es häufig so, dass zu Beginn einer Kooperation explizite Vereinbarungen die Zusammenarbeit regeln. Der Kooperationsvertrag gibt den Kooperationspartnern das Verhalten vor und dient der gegenseitigen Absicherung vor opportunistischem Verhalten. Die ständige Kontrolle der Vertragseinhaltung, sollte im Laufe der Zusammenarbeit stetig verringert und durch informelle Regelungen und ein verlässliches Miteinander ersetzt werden.

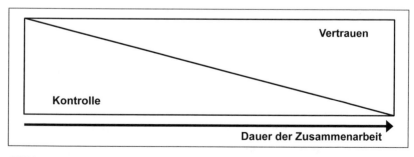

Abbildung 40: Das Verhältnis von Kontrolle und Vertrauen

Die Abbildung 40 soll verdeutlichen, dass die Zusammenarbeit zu Beginn der Kooperation auf dem Prinzip der Kontrolle basiert und fast gar kein Vertrauen existiert. Diese Situation kann mit einem Informationsmangel über die Vertrauenswürdigkeit und die Kooperationsfähigkeit des Partners begründet werden. In dieser Phase dominieren Absicherungsmechanismen wie die Erstellung eines Partnerprofils oder die Partnerbewertung auf Basis vorliegender Informationen, Unternehmensvorgaben und eigener Kooperationserfahrungen. Dieses Vorgehen ist notwendig, um das Risiko einer Kooperation mit einem ungeeigneten Partner zu minimieren. Im Verlauf der Kooperation kann der Umgang mit dem Partner schrittweise durch Vertrauensmechanismen ersetzt werden. Eine vertrauensvolle Kommunikation und ein konstruktives Konfliktmanagement können das Verhältnis zwischen Kontrolle und Vertrauen zugunsten von Vertrauen verändern. Die informellste Form der Zusammenarbeit ist eine Kooperationskultur auf Basis gemeinsamer Werte.

Zu jeder Phase der Kooperation gilt das Motto „So viel Vertrauen wie möglich, so wenig Kontrolle wie nötig". Allerdings ist eine Absicherung zu Beginn der Zusammenarbeit mit unbekannten Partnerunternehmen absolut notwendig. Vertrauen ist nur in geringem Maße möglich und Kontrolle in hohem Maße nötig. Variieren Sie Kontrolle und Vertrauen je nach Kooperationsverlauf. In einer funktionierenden Partnerschaft sollte das anfängliche Übergewicht der Kontrolle im Zeitverlauf zugunsten einer Zusammenarbeit auf Vertrauensbasis kippen.

Merke

Vertrauen kann Kontrolle auf professioneller Ebene niemals vollständig ersetzen. Blindes Vertrauen ohne Überprüfung der erbrachten Leistungen mündet ebenso in opportunistischem Verhalten wie Misstrauen. Zu viel Kontrolle demotiviert, zu wenig Kontrolle wird ausgenutzt!

Abschließend ist festzuhalten, dass Vertrauen eine Grundlage für den Kooperationserfolg und ein Ergebnis guter Partnerschaft ist. Es ist der Mechanismus, der Menschen und Unternehmen dauerhaft aneinander bindet. Desto länger die Zusammenarbeit andauert, desto höher ist die Erkenntnis darüber, ob der Partner dauerhaft vertrauenswürdig ist. Zerbricht das Vertrauen auf der Beziehungsebene, scheitert die Partnerschaft auf der Projektebene. Diese Aussage muss allerdings nicht zwangsläufig auch umgekehrt gelten: Mündet ein gescheitertes Projektmanagement in einer erfolglosen Kooperation, kann die Zusammenarbeit bei guter „Partnerchemie" dennoch fortgesetzt werden.

Schweigen ist Silber, miteinander reden ist Gold! – das COmmunication Management
Das gesamte Handeln der Kooperation basiert auf dem Austausch von Mitteilungen und Informationen. In diesem Kapitel geht es deshalb um die Gestaltung der Kommunikation als Instrument für den Aufbau von Beziehungen und als Grundlage für die Aufgabenkoordination.

Kommunikation erfüllt eine Reihe wichtiger Funktionen in Kooperationsprojekten und ist ein bedeutender Qualitäts- und Produktivitätsfaktor in der unternehmensübergreifenden Zusammenarbeit. Eine intakte Kommunikation ist allgemein betrachtet ein Indikator für eine Beziehung, die von einem kooperativen Miteinander geprägt ist. Der unternehmensübergreifende Informationsaustausch wird zum Erfolgsfaktor der Zusammenarbeit, wenn er das Denken an den eigenen Vorteil minimiert.

Besonders deutlich wird die Bedeutung der Kommunikation als Taktgeber der Zusammenarbeit, wenn man sich einzelne Handlungsfelder des Projekt- und Partnermanagements anschaut.

Die Einhaltung des Projektplans ist nur möglich, wenn die Kommunikation funktioniert. Wird der Informationsfluss unterbrochen, kann es passieren, dass Handlungsbedarfe nicht oder verzerrt wahrgenommen werden und notwendige Aktivitäten ausbleiben. Einen ähnlichen Effekt hat ein verzögerter Informationsaustausch. Wird mit Verzögerung kommuniziert, kann der Adressat der Information nur mit Verspätung die Initiative zum Handeln ergreifen. Besonders kritisch ist eine Verzögerung bei Änderungen im Kooperationsablauf. Ein Handeln auf Basis veralteter Informationen hat einen negativen Einfluss auf die Kooperationsergebnisse.

Im Bereich des Partnermanagements basieren die bereits beschriebenen Maßnahmen der Vertrauensbildung ebenfalls maßgeblich auf Kommunikation. Die Vermeidung und Schlichtung von Konflikten erfolgt ebenfalls durch kommunikative Mittel.

Die Gestaltung von Kommunikation

Sie erhalten nur einen Einblick in die Einstellung der beteiligten Mitarbeiter und des Partners, wenn Sie ehrlich und offen miteinander kommunizieren.

Beispiel: Probleme werden oft nicht kommuniziert

Probleme im Ablauf oder eigene Fehler werden oftmals nicht sofort kommuniziert. Das hat meist ganz simple Gründe und geschieht ohne böse Hintergedanken. Stellen Sie sich vor, dass parallel zu den Vertragsverhandlungen mit dem Partner eine unerwartete Kürzung des Kooperationsbudgets droht. Sie wollen diese Nachricht dem Kooperationspartner erst mitteilen, nachdem intern eine Entscheidung getroffen wurde. Sie haben die Sorge, dass eine Budgetkürzung die Vertragsgestaltung belasten würde und halten die Information zurück. Zudem soll nicht der Eindruck einer falschen Versprechung während der Akquise entstehen. Vielleicht ist die Wahrscheinlichkeit sogar sehr hoch, dass die diskutierte Budgetkürzung doch noch kippt und die alte Planung weiterhin Bestand hat. Dann hätten Sie ganz umsonst die Pferde scheu gemacht und sich einer unbequemen Diskussion mit dem Kooperationspartner ausgesetzt.

Wie gehen Sie und Ihr Kooperationspartner aber mit der Situation um, wenn die Budgetkürzung doch durchgesetzt wird und Sie wegen der „verschleppten" Information den Kooperationsvertrag neu verhandeln müssen? Einem aufmerksamen Kooperationspartner wird auffallen, dass Sie die wichtige Information nur mit Verzögerung weitergegeben haben. Künftig wird er Ihre Aussagen kritisch beäugen, Ihnen gegenüber misstrauisch sein und seinerseits auch Informationen nicht immer sofort kommunizieren. Die Entscheidung, in einer konkreten Situation nicht umgehend miteinander zu reden, kann im schlimmsten Fall negative Auswirkungen auf das Vertrauensverhältnis und sogar opportunistisches Verhalten des Partners zur Folge haben. Wenn Sie umgehend sagen, was Sie wissen, behalten Sie Ihre Vertrauenswürdigkeit – auch wenn Sie der Überbringer schlechter und unerfreulicher Nachrichten sind.

Die ungleiche Verteilung von Informationen führt zu Unzufriedenheit, im weiteren Verlauf zu Misstrauen sowie eigennützigem Verhalten und schließlich zum Abbruch der Kooperationsbeziehung. Sie sollten sich immer vor Augen führen, dass die Interaktion in Kooperationen auf freiwilliger Basis erfolgt. Insofern gibt es selten einen plausiblen Grund dafür, dass die Zeitpunkte zwischen Erhalt und Weitergabe von Informationen weit auseinander liegen. Sie können mit Ihrem Kooperationspartner stattdessen eine unverzügliche Informationsweitergabe an betroffene Personen im Rahmen einer „freiwilligen Informationspflicht" vereinbaren.

Bei der Weitergabe von Informationen ist es wichtig, den Umgang mit dringenden und wichtigen Informationen zu unterscheiden. Intuitiv tendieren viele Menschen dazu, Dringendes zuerst zu kommunizieren beziehungsweise zu bearbeiten. Wichtiges wird so lange aufgeschoben, bis es plötzlich dringend ist.

Für den Austausch von Informationen und die Erledigung von Aufgaben gilt auch in Kooperationen das sogenannte Eisenhower-Prinzip: **Wichtigkeit vor Dringlichkeit!**

Sicherlich gibt es die ein oder andere Nachricht, die nicht von größter Wichtigkeit ist. Kommunizieren Sie sie trotzdem, denn jeder persönliche Informationsaustausch ist auch Beziehungspflege und Vertrauensaufbau.

Natürlich sollte die Verbreitung von Informationen nicht allein aus Gründen der Beziehungspflege erfolgen, denn in dem Fall werden Nachrichten wahllos verteilt. Wenn sie offen, ehrlich und zeitnah kommunizieren, dann sollten Sie auch die Frage nach der Betroffenheit des Adressaten klären. Mitteilungen sollen immer die Personen erreichen, die auch vom Inhalt der Nachricht betroffen sind. Dazu zählen die Personen, die für die Kooperation verantwortlich beziehungsweise für die Erledigung der relevanten Aufgaben zuständig sind.

Die Kommunikation fachlicher Themen erfolgt zwischen den Kollegen eines Unternehmens entlang der hierarchischen Kommunikationswege. Der Informationsfluss zwischen Ihnen und dem Kooperationspartner geschieht auf Basis der vereinbarten Verantwortlichkeiten und Kommunikationsregeln. Auch bei dieser Betrachtungsweise werden über- und untergeordnete Personen und Funktionen unterschieden. Dennoch erfolgt Kommunikation immer zwischen Menschen. Das bedeutet, dass Ihr Kommunikationsverhalten gegenüber anderen Personen trotz hierarchischer Unterschiede wertschätzend und fair sein sollte.

Was selbstverständlich klingt, wird in hierarchischen Strukturen leider nicht immer so gelebt. Eine Kommunikation, die auf Wertschätzung und Fairness basiert, erhöht die Glaubwürdigkeit einer gemeinsamen Kooperationskultur. Zusätzlich fördert ein wertschätzender Umgang Motivation und Leistungsbereitschaft der beteiligten Mitarbeiter auf beiden Unternehmensseiten.

Neben der zeitnahen Mitteilung wichtiger Angelegenheiten sind Regelmäßigkeit und Kontinuität des Austauschs weitere Gestaltungsvariablen der Kommunikation. Selbst im Falle eines reibungslosen Ablaufs operativer

Aufgaben ist ein regelmäßiger Kontakt zwischen den Partnern empfehlenswert.

Für den persönlichen Austausch sollten Sie geeignete Kommunikationswege auswählen und den Turnus der Kommunikation festlegen. Trotz der modernen Kommunikationstechnologien, die Web-, Bildtelefon- und Telefonkonferenzen ermöglichen, hat das persönliche Treffen die größte Wirkung auf die Entwicklung zwischenmenschlicher Beziehungen. Des Weiteren ist das Telefonat etwas persönlicher als der Austausch per E-Mail. Neben den sachlichen Informationen bietet ein persönliches Treffen zusätzlich die audiovisuelle Komponente der Kommunikation. Sie sehen und hören Ihr Gegenüber. Über Tonfall und Lautstärke der Stimme sowie der Körperhaltung eines Menschen erhalten Sie zuverlässigere Erkenntnisse über dessen persönliche Meinung zu einer Botschaft. Der Inhalt von E-Mails, die oftmals nebenbei und in Eile geschrieben werden, hinterlässt gelegentlich einen Interpretationsspielraum, der zu Missverständnissen führen kann.

Ein persönliches Treffen ist aus Zeitgründen nicht immer möglich. Oft liegen zwischen den Kooperationspartnern zudem viele Hundert Kilometer Distanz. Dennoch sollten Sie gemeinsam verbindliche Verabredungen für die Häufigkeit von persönlichen Meetings und Telefonaten treffen. Die unterschiedlichen Arten der Kommunikation können verschiedene Themenschwerpunkte beinhalten.

Unabhängig davon, wie Sie Häufigkeit und die Art und Weise des Kontakts gestalten, sollte ein diskreter Umgang mit besprochenen Themen für beide Partner selbstverständlich sein. Betriebsgeheimnisse und wettbewerbsrelevantes Wissen sind ohnehin im Kooperationsvertrag durch eine Vertraulichkeitserklärung vor einer ungewollten Weitergabe geschützt.

E-Mail	Telefonat	Persönliches Treffen	Gemeinsamer Workshop	Gemeinsames Event
• **Häufigkeit:** wöchentlich • **Inhalt:** Statusbericht • **Ziel:** Dokumentation der Fortschritte im Projektplan	• **Häufigkeit:** Alle zwei bis drei Wochen • **Inhalt:** Aktuelle Aufgaben • **Ziel:** Transparenz	• **Häufigkeit:** Alle vier bis sechs Wochen • **Inhalt:** Austausch der Kooperations-manager • **Ziel:** Loyalität und Vertrauen	• **Häufigkeit:** Alle sechs Monate • **Inhalt:** Ideenworkshop • **Ziel:** Aufbau einer langfristigen Partnerschaft	• **Häufigkeit:** jährlich • **Inhalt:** Event, Ausflug o.Ä. • **Ziel:** Kooperations-erfolge mit den Mitarbeitern feiern

Abbildung 41: Gegenseitiger Austausch über verschiedene Kommunikationswege

---

Merke

Die Hauptkriterien eines guten Kommunikationsmanagements:
- Offenheit und Ehrlichkeit
- Unverzüglichkeit
- Betroffenheit und Bedeutsamkeit
- Wertschätzung und Fairness
- Regelmäßigkeit und Kontinuität
- Diskretion und Loyalität

Gute Kommunikation ist kein Zufallsprodukt und keineswegs nur von der „Chemie" zwischen den kommunizierenden Menschen abhängig. Funktionierende Kommunikationsstrukturen können sich die Partner auch gemeinsam erarbeiten. Eine intakte Kommunikation beschleunigt den Vertrauensaufbau und reduziert die Wahrscheinlichkeit von Konflikten. Kommunizieren Sie mit Ihrem Kooperationspartner, es lohnt sich eigentlich immer!

Streiten mit Mehrwert – das COnflict Management

Vertrauen und Kommunikation sind Mechanismen, die während der Zusammenarbeit Konflikte zwischen den Partnern präventiv vermeiden sollen (präventives Konfliktmanagement). Doch selbst wenn heftige Konflikte durch die aktive Gestaltung der Kooperationsbeziehung vermieden werden können, gibt es Phasen während der Umsetzung, in denen Missverständnisse unvermeidbar sind. Die Aufgabe des kurativen Konfliktmanagements ist es deshalb, bestehende Konflikte konstruktiv zu steuern und nachhaltig zu schlichten, um eine höhere Teamleistung zwischen den Partnern zu erzeugen.

Unterschiedliche Ansichten, Fehlinterpretationen oder persönliche Gefühlslagen können zu Meinungsverschiedenheiten führen. Gelingt es den Kooperationspartnern, konkrete Konfliktsituationen produktiv zu gestalten, kann das gemeinsame Projekt selbst von Interessensunterschieden profitieren. Hinsichtlich des Mehrwerts von Konflikten wird manchmal auch von einem „reinigendem Gewitter" gesprochen – es hinterlässt klare Verhältnisse nach einem hitzigen Donnerwetter. Die Kooperation lebt von gegenseitiger Ehrlichkeit und nicht vom eingeschnappten Aussitzen von Unzufriedenheit. Deshalb ist ein gemeinsamer Streit manchmal mehr wert als einsames Schweigen.

Auseinandergehende Meinungen zwischen den Partnern liegen in der Natur der Kooperation. Die gemeinsam agierenden Unternehmen kooperieren miteinander, weil sie unterschiedliche Leistungspotenziale zugunsten der Partner und Kunden kombinieren wollen. Aus dieser Tatsache resultieren unterschiedliche Zielvorstellungen. Insofern ist es nur naheliegend, dass komplementäre aber nicht kongruente Ziele auch Spannungen in der Abstimmung erzeugen. Somit sind gegensätzliche Meinungen nicht automatisch ein Zeichen für eine gescheiterte Zusammenarbeit. Im Gegenteil, die Überwindung von Konflikten unterstützt die Bildung einer Einheit trotz gewollter Unterschiede.

Konfliktpotenziale lauern an vielen Stellen der Zusammenarbeit: Es gibt Zielkonflikte in der Konzeptphase, Verteilungskonflikte bezüglich der Kosten und Erlöse in der Vertragsphase, Interessens- und Änderungskonflikte bei der (Um-)Gestaltung von Prozessen, Zeit- und Budgetkonflikte während der Umsetzungsphase oder Beziehungs- und Kulturkonflikte in der Zusammenarbeit.

Kleinere Konflikte lösen sich manchmal in Luft auf, weil die beteiligten Personen das Ansprechen von Unzufriedenheit meiden. Es kommt zur Flucht vor der offenen Auseinandersetzung und die empfundenen Spannungen bleiben dem Kooperationspartner beziehungsweise der betroffenen Person verborgen. In offenen Machtkämpfen kann die eigene Meinung geleugnet oder vom anderen unterdrückt werden. In Hierarchien werden andere Interessen vernichtet und die eigene Ansicht kompromisslos durchgesetzt. In diesen Fällen kann nicht von einem konstruktiven Umgang mit Konflikten gesprochen werden. Wege der Eskalation sind destruktiv und bringen die Kooperation auf der Sach- und der Beziehungsebene nicht weiter.

Konstruktive Ansätze zur Lösung von sachlichen Differenzen sind der Kompromiss als Teillösung beziehungsweise ein von beiden Seiten entwickelter Konsens. Die Konfliktlösung kann bei verhärteten Fronten oder Kommunikationsschwierigkeiten an eine objektive dritte Partei delegiert werden, die über den Konflikt entscheidet oder die Problemlösung moderiert.

Konfliktlösung und Konfliktfähigkeit
Die Konfliktlösung durchläuft mehrere Stufen. Wird ein Konflikt offen angesprochen, sollten die betroffenen Parteien zunächst ihre individuelle Position darlegen, um die Differenzen aufzudecken. Dazu gehört einerseits die Darstellung der eigenen Erwartungshaltung (Ziele, Absichten und Interessen) und andererseits die Wahrnehmung der anderen Sichtweise durch gezieltes Nachfragen und konzentriertes Zuhören. Zum Abschluss werden die jeweiligen Positionen zusammengefasst, um ein gemeinsames Verständnis herzustellen. Anschließend beginnt die gemeinsame Suche nach einem Kompromiss oder einem Konsens. Ob die Suche erfolgreich ist, hängt von der Kompromissbereitschaft der beiden Kooperationspartner ab. Die Vereinbarung einer für beide Seiten akzeptablen Lösung und die laufende Überprüfung dieser Abmachung bilden den Abschluss der Konfliktlösung.

Für eine schnelle Lösung ist es wichtig, dass Konflikte nach Möglichkeit unverzüglich angesprochen werden. Dabei sollten Sie beachten, dass das „auf den Tisch bringen" eines Problems nach Möglichkeit persönlich erfolgt. Am besten ist das klärende Gespräch von Angesicht zu Angesicht. Ein Telefonat ist bei kleineren Schwierigkeiten sicherlich im Rahmen der Streit-Etikette. Das Ansprechen von Schwierigkeiten per E-Mail sollten Sie vermeiden.

Gelingt es den Kooperationspartnern, einige Grundsätze der Konfliktfähigkeit bei der Lösung von Spannungen zu beachten, dann ist die Aussicht auf einen Konsens sehr hoch. Analog zum Vertrauenskonzept von Shaw gilt auch für die Konfliktlösung, dass die Führungspersonen der Kooperation ein konfliktfähiges Verhalten vorleben. Die Kooperationsverantwortlichen, die vor Auseinandersetzungen flüchten oder nicht offen und produktiv lösen wollen, können keine Konfliktfähigkeit von den Mitarbeitern erwarten.

Merke

Ein Konflikt kann auf konstruktive Weise gelöst werden, wenn ...
... Spannungen von beiden Seiten wahrgenommen werden.
... jeder Partner die Möglichkeit hat, seine Position darzulegen.
... eigene Fehler eingestanden werden.
... er unverzüglich und zeitnah angesprochen wird.
... er transparent und ehrlich kommuniziert wird.
... er sachlich und nicht persönlich beleidigend geäußert wird (freundlich im Umgang, konsequent in der Sache).
... die Konfliktlösung auf gegenseitiger Wertschätzung basiert.
... er in einem persönlichen Gespräch angesprochen wird.
... die Partner kompromissbereit und konsensorientiert sind.

Emotionale Gefühlslagen können in impulsivem Verhalten münden und lassen nicht umgehend eine rationale Vorgehensweise bei der Konfliktlösung zu. Damit beide Parteien eine innere Distanz zum Konflikt und Verständnis für den anderen aufbauen können, braucht es Geduld und Zeit. Mit etwas Abstand steigt die Bereitschaft zur Konfliktbeilegung und zur Mitarbeit bei der Lösungssuche. Sie sollten sich gegenseitig in einer Konfliktsituation etwas Zeit einräumen, damit sie eine konstruktive Haltung zur Konfliktlösung einnehmen können. Die Zeit bis zum nächsten Gespräch können beide Partner nutzen, um Versäumnisse nachzubessern und nach weiteren Lösungsvorschlägen zu suchen.

Inaktives Verhalten ist bei Meinungsverschiedenheiten problematisch. Der Gedanke hinter dem „Aussitzen" ist von simpler Natur: „Wenn ich nichts unternehme, muss ich keine Farbe bekennen und das Problem verläuft im Sande." Ein schwelender und ungelöster Konflikt verschärft sich aber schleichend. Wenn die Aufforderung eines Partners zur Konfliktlösung dauerhaft erfolglos bleibt, gerät das Geben und Nehmen aus dem Gleichgewicht. Zudem kann der Appell vom inaktiven Kooperationspartner als Einmischung wahrgenommen werden – was zu weiterer Zurückhaltung führt. Hier greifen die Ideen des Kommunikationsmanagements. Sprechen Sie miteinander und teilen Sie Ihre Haltung zu dem Konflikt mit. Ein zügig geklärter Konflikt ohne ständiges Nachhaken führt zu einem geringeren Bedarf an investierter Arbeitszeit.

Gegenüber einem dauerhaft geduldigen Partner lässt sich das Aussitzen von Konflikten sehr weit ausreizen. Bei langatmigen Konflikten ist es ratsam, verständnisvoll, aber mit Bestimmtheit aufzutreten, damit die entgegengebrachte Nachsicht nicht ausgenutzt wird. Steuern Sie Konflikte aktiv, indem Sie mit sanftem Druck auf eine Lösung hinarbeiten. Auf die Einhaltung vereinbarter Termine und Leistungen zu bestehen, ist nicht kleinkariert, sondern ist für die Kooperationspartner von beiderseitigem Interesse.

Sollte sich in einem anhaltenden Konflikt eine abnehmende Kommunikations- und Lösungsbereitschaft abzeichnen, sollten Sie über die weitere Vorgehensweise nachdenken – dazu gehört unter Umständen auch der Abbruch der Kooperation.

Ein dauerhaft ungelöster Konflikt, bei dem kein Kompromiss in Sichtweite ist, wird in der Regel stufenweise eskalieren. Friedrich Glasl hat ein Modell entwickelt, das neun Konflikteskalationsstufen systematisch erfasst. Das Modell ermöglicht eine Analyse des Konfliktausmaßes und zeigt Wege der Eskalation und der Deeskalation. Eine Eskalation ist ein destruktiver Rückschritt für die Partnerbeziehung und zerstört das gegenseitige Vertrauen. Konflikte, die eine sachliche Ebene verlassen haben und auf persönlicher Ebene eskalieren, müssen durch Deeskalationsmaßnahmen schrittweise zu einer konstruktiven Lösung geführt werden.

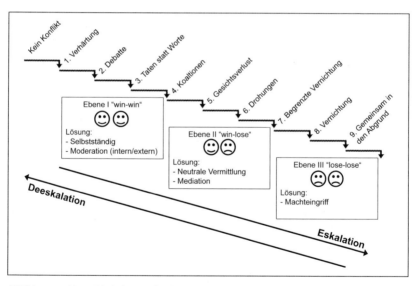

Abbildung 42: Neun Eskalationsstufen in Anlehnung an Friedrich Glasl

Die erste Ebene im Modell von Glasl wird mit „win-win" bezeichnet. Diese Charakterisierung beschreibt unmittelbar, welches Ergebnis für beide Parteien in dieser Phase möglich ist: Die Konfliktlösung mit einem Gewinn für beide Seiten.

Diese Phase charakterisiert den Konfliktbeginn durch Verhärtung, nachdem verschiedene Standpunkte zur Sprache gebracht wurden. Der Verhärtung folgen polarisierende Debatten oder ein offener Streit. Jede Konfliktpartei versucht, den anderen vom eigenen Standpunkt zu überzeugen und auf seine Seite zu ziehen. Nach erfolglosen Versuchen, die eigene Meinung durchzusetzen, werden Gespräche plötzlich abgebrochen. Kommunikationsabbrüche sollen der Durchsetzung der eigenen Interessen dienen und die andere Partei mit Taten statt Worten zum Nachgeben bewegen.

Beide Parteien haben den Konflikt noch nicht als solchen wahrgenommen und sehen keine Notwendigkeit für Kompromissbereitschaft. Allerdings könnte der Konflikt zu diesem Zeitpunkt durch die Anerkennung abweichender Meinungen entschärft werden. Ein interner oder externer Moderator mit einer objektiven Sichtweise kann helfen, die Problemlösung zu koordinieren und die Konfliktparteien zu gemeinsamen Gesprächen zu bewegen.

Die zweite Ebene wird mit der Bezeichnung „win-lose" charakterisiert werden. Es ist ziemlich wahrscheinlich, dass der destruktive Umgang mit dem eskalierenden Konflikt einen Gewinner und einen Verlierer hervorbringen wird.

Die Bildung von Lagern gewinnt durch die Suche nach Verbündeten an Bedeutung. Meinungstreue Koalitionspartner sollen dabei helfen, den „Gegner" zu besiegen. Es geht allerdings schon längst nicht mehr nur um Meinungen, sondern um die Ermittlung von einem Gewinner und einem Verlierer. Diese Phase bezieht auch die Beleidigung und Bloßstellung des Gegenübers mit ein. Der Gesichtsverlust einer Konfliktpartei beinhaltet die Zerstörung des gegenseitigen Vertrauens. Im weiteren Verlauf kommt es zur Androhung von rechtlichen Schritten und dem Einsatz von Macht-instanzen, um die Kontrolle über die Situation zu gewinnen.

Erreichen die Partner einer Markenkooperation diese Konfliktebene, ist ein Scheitern der Zusammenarbeit mit eigenen Mitteln nicht mehr abzu-wenden. Nur das Eingreifen beziehungsweise die Schlichtung durch einen Juristen oder durch einen Gesprächsbegleiter (Mediator) kann einen Ko-operationsabbruch verhindern. Bieten Sie dem Partner extern moderierte Gespräche zur Deeskalation an. Sie sollten dem Kooperationspartner auf-zeigen, welche Konsequenzen drohen, wenn kein Vermittler eingeschaltet wird. Verweisen Sie auch darauf, dass eine weitere Zusammenarbeit nicht möglich ist, wenn der Konflikt an dieser Stelle weiter eskaliert. Zur Sicher-heit können Sie Möglichkeiten für eine Sonderkündigung der Kooperation durch einen Juristen prüfen lassen.

Spätestens in dieser Phase binden Konflikte finanzielle und personelle Res-sourcen (zum Beispiel für einen externen Vermittler), die die Vorteile einer Markenkooperation reduzieren.

Die tiefste Ebene der destruktiven Problembewältigung wird mit „lose-lose" umschrieben. Auf dieser Ebene verlieren beide Parteien und der Ko-operationsgedanke wird ins Gegenteil verkehrt.

Der Gegner ist das Ziel. Ist der Schaden des Gegners größer als der eigene, ist das bereits ein Gewinn in der Auseinandersetzung. Die „Vernichtung" des Gegners wird in Kauf genommen beziehungsweise sogar fokussiert. Es existiert sogar die Bereitschaft, gemeinsam in den Abgrund zu gehen. Das bedeutet, dass für die Vernichtung des Gegners sogar die Selbstvernich-tung akzeptiert wird.

Eine Deeskalation ist nur mithilfe hierarchischer Instanzen möglich. Hin-zugezogene Juristen fällen ein Urteil, das beide Seiten akzeptieren müssen. Der Machteingriff einer Autorität erfolgt gegen den Willen der Konfliktparteien. Diese Stufen der Konflikteskalation werden in Markenkooperationen glücklicherweise eigentlich nie erreicht. Eine freiwillige Kooperation von autonomen Unternehmen wird bei einem scheinbar unlösbaren Konflikt bereits auf der „win-lose"-Ebene abgebrochen.

Der Kooperationsabbruch als ultima ratio

In eskalierenden Konflikten sollten Sie zwischen zwei Alternativen wählen. Entweder Sie erhöhen Ihre Bemühungen zur Konfliktbeilegung durch Deeskalation oder Sie akzeptieren das Scheitern der Kooperation und brechen die Zusammenarbeit ab. Die Entscheidung zwischen der Deeskalation oder einem Abbruch sollten Sie auch vom Kooperationsstatus abhängig machen.

Konflikte in einer der Planungsphasen oder während der Vertragsverhandlung können verhältnismäßig leicht und ohne große Folgen für beide Partner abgebrochen werden. Ein Abbruch der Zusammenarbeit während der Umsetzung einer Kooperation bringt hingegen auch Schaden mit sich. Denken Sie an den Imageverlust für ihre Marke, der entsteht, wenn Sie trotz Kommunikationsmaßnahmen gegenüber Ihren Kunden die Kooperation plötzlich abbrechen.

Sind die Fronten nachhaltig verhärtet und der Konflikt nicht mehr zu lösen, dann ist der Abbruch der Kooperation ein notwendiger Schritt. Schieben Sie die Kündigung der Zusammenarbeit in einer ausweglosen Situation nicht auf die lange Bank.

Sie sollten abwägen, wie Sie mit einem Kooperationspartner auseinandergehen wollen. Selbst wenn ein Kooperationsprojekt nicht erfolgreich verlaufen ist, sollten Sie sich die Möglichkeit bewahren, in der Zukunft erneut mit dem Unternehmen oder dem Kooperationsmanager zusammenarbeiten zu können.

Stellen Sie sich vor, Ihr Partner ist unverschuldet in eine Situation geraten, in der er die Kooperation gerne aufrechterhalten würde, aber aus gegebenen Umständen nicht mehr umsetzen kann (wirtschaftliche Krise, finanzielle Engpässe oder Ähnliches). In solchen Fällen sollten Sie eine gütliche Einigung für einen sauberen Ausstieg finden. Es bringt nichts, den Partner dauerhaft zu etwas zu zwingen, was er nicht leisten kann. Eine Trennung im Guten ermöglicht eine Wiederaufnahme der Zusammenarbeit in besseren Zeiten. An Ihre partnerschaftliche Loyalität in schwierigen Zeiten wird sich der Kooperationspartner gern erinnern.

Auch bei Fehlverhalten des Partners sollten Sie die Kooperation im Guten auflösen, da Sie nie wissen können, in welcher Konstellation Sie dem Partnerunternehmen wieder begegnen. Vor Fehlern ist in einem komplexen und dynamischen Umfeld niemand gefeit – auch Ihr Unternehmen nicht. Nutzen Sie die Gelegenheit und lernen Sie aus den Fehlern, die in der Kooperation begangen wurden. Suchen Sie nicht nach persönlichen Retourkutschen, um sich Ihrer Enttäuschung zu entledigen. Konflikte sollten sich immer um sachliche Fragen drehen und nie aus persönlichen Gründen geführt werden.

Voneinander lernen – das CO-Learning Management

Der letzte Baustein zur Gestaltung der Kooperationskultur ist das Wissensmanagement. Durch den Austausch von kooperationsrelevanten Informationen kann die Zusammenarbeit so gestaltet werden, dass Sie und das Partnerunternehmen über das gegenwärtige Projekt hinaus von der Zusammenarbeit profitieren. Sie können Kooperationserfahrungen und -risiken erfassen, austauschen und in Form von lessons learned (gewonnene Erkenntnisse) in der Zukunft verwenden. Eine erfolgreiche Umsetzungsphase beinhaltet auf der Beziehungsebene somit auch das freiwillige Teilen von kooperationsbezogenen Erfahrungen zum Erwerb von allgemeinem Kooperationswissen. Im Rahmen eines professionellen Wissensmanagements speichern und nutzen die Partner gemeinsam produzierte Erkenntnisse über unternehmensübergreifende Prozesse, Werte und Erfolgsfaktoren. Auf diese Weise erhalten Sie die Befähigung, künftige Kooperationen innovativer und effizienter gestalten zu können.

Die Weiterentwicklung Ihrer Kooperationsfähigkeit ist vom Erwerb neuen Wissens abhängig und verbessert sich durch einen stetigen Erkenntnisgewinn. Eine systematische Erfassung von Informationen und der freiwillige Austausch von Wissen ermöglichen den Aufbau neuer Kompetenzen, die Ihre Wettbewerbsfähigkeit erhöhen.

Informationen werden erst durch einen zielgerichteten Zweck zu Wissen, das in Form von Kenntnissen und Fähigkeiten von den Mitarbeitern angewendet werden kann. Erlangen die kooperierenden Unternehmen durch neue Informationen die Befähigung, bekannte Dinge besser oder zusätzlich neue Dinge erledigen zu können, kann von einem zusätzlichen Kooperationsnutzen für beide Partner gesprochen werden. Dieser Mehrwert wirkt sich auf beide Kooperationspartner aus: einerseits für weitere gemeinsame Projekte und andererseits für Kooperationsprojekte mit anderen Unternehmen.

Implizites versus explizites Wissen
Wissen ist nicht gleich Wissen. Es kann in zwei verschiedene Formen unterteilt werden: explizites und implizites Wissen.

Das explizite Wissen ist kollektives Wissen und kann von allen Mitarbeitern in Form von Dokumenten, Vorlagen, Leitfäden etc. genutzt werden. Allerdings machen alle dokumentierten Wissensbestände einer Unternehmung nur ungefähr ein Drittel aus. Mittels digitaler Informations- und Kommunikationstechnologien wird das explizite Wissen zunehmend in digitaler Form erfasst, gespeichert und in Datenbanken, auf Abteilungslaufwerken oder über das firmeninterne Intranet zur Verfügung gestellt.

Das implizite Wissen (auch *tacit knowledge* beziehungsweise *stilles Wissen*), das ungefähr zwei Drittel der unternehmensinternen Wissensbestände ausmacht, ist individuelles Wissen und umfasst das Erfahrungswissen und die routinierten Arbeitsabläufe der Mitarbeiter. Dieses Wissen einzelner Personen ist schwer zu ermitteln und kann nur über Umwege allen Mitarbeitern zur Verfügung gestellt werden.

Das Ziel ist die stetige Erhöhung des expliziten Wissens. Das bedeutet, dass implizites Praxiswissen einzelner Personen in explizites Wissen überführt werden sollte. Durch die Neukombination der freigesetzten Informationen – im internen Austausch zwischen Mitarbeitern oder im externen Austausch mit dem Partner – kann neues Wissen generiert werden. Neues explizites Wissen wird durch Anwendung verinnerlicht und wieder zu implizitem Wissen. Auf diese Weise entsteht eine sogenannte Wissensspirale, die nach einiger Zeit erneut in Gang gesetzt werden muss, damit das neue implizite Wissen wieder allen Mitarbeitern zugänglich wird.

Vom Wollen, Können und Dürfen
Für die Umwandlung von implizitem Wissen einzelner Personen zu explizitem Wissen für alle müssen die Mitarbeiter in den Fokus des Wissensmanagements gerückt werden. Die gezielte Einbindung aller Personen ist äußerst relevant für den Lernerfolg. Es ist dabei nicht entscheidend, ob das Wissensmanagement im Umfeld einer Kooperation oder in einzelnen Unternehmen praktiziert wird. Die Beteiligung der Mitarbeiter ist abhängig von deren Bereitschaft, Fähigkeit und Möglichkeit zum Wissensmanagement.

Um die Bereitschaft eines Mitarbeiters („Wollen") zum Wissensaustausch zu fördern, müssen Sie entsprechende Anreize schaffen. Die Beschränkung des Anreizsystems auf den Einsatz monetärer Mittel (zum Beispiel eine projektbezogene Sonderzahlung) bietet Mitarbeitern meist keine lang anhaltende Motivation. Die involvierten Personen werden sich wesentlich stärker am Wissensaustausch beteiligen, wenn die Maßnahmen das Arbeitsklima beziehungsweise das Kooperationsklima verbessern, die Neugier der Mitarbeiter fördern, die persönliche Weiterbildung ermöglichen und die soziale Anerkennung im Unternehmen erhöhen. Bei der Förderung der Bereitschaft geht es weniger um die Frage „ob" Anreize gesetzt werden, sondern eher um die Entscheidung „welche" Anreize eingesetzt werden. Der Erfolg der Maßnahme ist von der freiwilligen und aktiven Mitarbeit abhängig, denn die Mitarbeiter können zur Dokumentation und zum Austausch von Wissen nicht gezwungen werden.

Des Weiteren ist die Kompetenz der Mitarbeiter („Können") ausschlaggebend für ein erfolgreiches Wissensmanagement. Mitarbeitern, die mit Eigenverantwortung, Praxisorientierung und Methoden- sowie Sozialkompetenz ausgestattet sind, fällt es leichter, implizites Wissen zu erkennen und zu artikulieren.

Der dritte personenbezogene Erfolgsfaktor ist die Berechtigung der Mitarbeiter („Dürfen") zum Wissensaustausch. Unternehmen, die den externen Austausch von Wissen nicht wünschen, setzen auf die Verschwiegenheit und Diskretion ihrer Mitarbeiter. Ist der Austausch von Wissen allerdings gewünscht und in der Unternehmenskultur verankert, werden die Mitarbeiter eher zu einer aktiven Beteiligung tendieren.

Ein ausdrücklich erwünschtes Wissensmanagement fördert die aktive Mitarbeit am kooperativen Wissenstransfer!

Wissensmanagement in der Kooperation
Die Gewinnung von Mitarbeiterwissen ist bereits auf interner Ebene eine Herausforderung. Diese Schwierigkeit wird noch komplexer, wenn die Aufgabe darin besteht, den unternehmensübergreifenden Wissensaustausch einer Kooperation zu fördern. Aufgrund der rechtlichen Selbstständigkeit der Unternehmen ist ein Zugriff auf das Mitarbeiter- beziehungsweise Unternehmenswissen des Partners nur begrenzt möglich – und oftmals auch nicht gewollt. Die grundsätzliche Haltung der Kooperationspartner zum Wissensmanagement ist entscheidend für den Umgang mit Kooperationswissen.

Es ist wichtig, dass Sie mit dem Kooperationspartner frühzeitig klären, inwiefern überhaupt ein Austausch von allgemeinen Erfahrungen im Kooperationsmanagement stattfinden soll. Wenn kein Austausch gewünscht ist, entfällt das Wissensmanagement als kultureller Bestandteil der Partnerbeziehung. In kleineren Kooperationsprojekten sind Maßnahmen zum Wissenstransfer wegen der geringen Intensität der Zusammenarbeit meist nicht relevant.

Wenn Maßnahmen zum Wissensmanagement eingesetzt werden sollen, müssen Sie mit dem Kooperationspartner eine „Kultur des Teilens" etablieren. Sie sollten nicht nur bestehende Verbote der Wissensweitergabe aufheben, sondern auch das Gebot der Wissensteilung ausdrücklich aussprechen, um in vollem Umfang vom „Import" der Partnerkompetenzen in den Bereichen Marketing und Kooperationsmanagement profitieren zu können. Wenn der Austausch von Wissen auf Vertrauensbasis geschieht und als Teil der Kooperationskultur ausdrücklich erwünscht ist, wird es weniger „Informationsverweigerer" geben. Ermuntern Sie Ihre Mitarbeiter zur Weitergabe von kooperationsrelevantem Wissen!

Merke

Es geht bei den Maßnahmen des kooperativen Wissensmanagements nicht darum, den „heiligen Gral" des Unternehmens preiszugeben. Selbstverständlich bleiben geistiges Eigentum, wettbewerbsrelevante Patente und geheime Forschungsmaßnahmen Ihrer Firma Verschlusssache. Betriebsgeheimnisse bleiben ebenfalls geheim und sind vom Wissensaustausch ausgenommen. Ausgetauschte Informationen sind zudem durch Verschwiegenheitsklauseln vor der Weitergabe an Dritte geschützt.

Im Vordergrund steht der Aufbau von kooperationsrelevantem Know-how mit dem Kooperationspartner, der im Rahmen der Kooperationsvereinbarung zur Diskretion verpflichtet ist.

Neues Wissen muss mit gezielter Methodik zutage gefördert werden. Einen konkreten Vorschlag zur Vorgehensweise im Wissensmanagement haben Gilbert Probst, Steffen Raub und Kai Romhardt (Buchtitel: *Wissen managen*) entwickelt. Sie haben acht Wissensbausteine identifiziert und in einem Modell zusammengeführt.

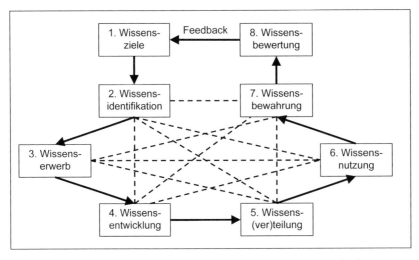

Abbildung 43: Bausteine des Wissensmanagements nach Probst, Raub und Romhardt

Im ersten Schritt formulieren Sie gemeinsam präzise Wissensziele. Eine große Schnittmenge bei den Zielen erhöht die Aussicht auf einen erfolgreichen Wissenstransfer.

Das gemeinsame Verständnis wird unter anderem durch die prinzipielle Einstellung zum Wissensaustausch charakterisiert. Dazu zählen die bevorzugten Kommunikationswege, die gemeinsamen Kommunikationsregeln, die gegenseitige „Benachrichtigungspflicht" und die Grenzen des Austauschs hinsichtlich der Betriebsgeheimnisse.

Die gemeinsame Festlegung möglichst identischer Ziele für das Management gemeinsamen Marketing- und Kooperationswissens sollte zwei Grundregeln folgen: Der Fokus liegt auf relevante und nützliche Erkenntnisse und die Definition des Wissensbedarfs darf nicht zu kompliziert ausfallen.

Die verständliche Formulierung notwendiger Bedarfe ist entscheidend für das Verhältnis von Aufwand und Nutzen des Wissensmanagements. Das Sammeln unnützer Informationen in Datenbanken – verbunden mit einem viel zu hohen Kosten, Zeit- und Personaleinsatz – ist einer der häufigsten Fehler. Je größer die Masse an beliebig ausgewählten Daten, desto geringer ist häufig die Qualität der Daten hinsichtlich ihres Auffindens (Suchkriterien) und ihres künftigen Nutzens. Die Wissensziele sollen einen konkreten Kompetenzbedarf abdecken. Wenn die Ziele keinem Zweck dienen, verkommen Informationen in einer Datenbank zum Datenfriedhof und finden nur in geringem Maße Anwendung.

Im Rahmen des ersten Bausteins für das Wissensmanagement sollten Sie mit dem Kooperationspartner auch über geeignete Instrumente und die anfallenden Arbeitsschritte sprechen. Bringen Aufbau und Pflege einer gemeinsamen Datenbank wirklich den größten Nutzen? Oftmals kann der angestrebte Zweck bereits über die Erstellung von Checklisten oder Leitfäden erfüllt werden. Sollten keine geeigneten Instrumente zur Verfügung stehen, um die angestrebten Erkenntnisse ermitteln zu können, ist gegebenenfalls Zukauf von Wissen über Seminare oder Schulungen in Betracht zu ziehen.

Der zweite Baustein ist die Wissensidentifikation. Die Identifikation vorhandenen Wissens und bewährter Arbeitsmethoden schaffen intern und extern Klarheit bezüglich des bestehenden Wissensumfelds. Die Offenlegung und Nutzung vorhandener Methoden und Instrumente ermöglicht eine kompetenzorientierte Vergabe von Aufgaben und verringert den Gesamtaufwand für beide Kooperationspartner. Fehlende Daten und Informationen müssen neu erfasst werden. Anfallende Aufgaben müssen inklusive

Verantwortung an die Mitarbeiter verteilt werden. Die Wissenselemente, für die kein Mitarbeiter den Erwerb oder die Pflege übernehmen möchte, sollten Sie gegebenenfalls von der Liste streichen. Die Zwangsverpflichtung eines Mitarbeiters zum Datenmanagement, zusätzlich zu den täglichen Aufgaben, kann eine schlechte Datenqualität zur Folge haben.

Halten Sie den Aufwand neben dem Alltagsgeschäft für die Mitarbeiter so gering wie möglich.

Beim Wissenserwerb wird auch vom Wissensimport aus verschiedenen Quellen gesprochen. Die „Einfuhr" von Wissen geschieht entweder über die Kooperationsmaßnahmen bei der adressierten Zielgruppe oder über Quellen, die direkt bei den Kooperationspartnern zur Verfügung stehen, oder aber durch den Zukauf von Wissen.

Achten Sie darauf, dass Sie keine unnötigen Informationen sammeln und speichern. Die vereinbarten Ziele geben Ihnen eine eindeutige Orientierung für diesen Schritt. Das Sammeln von potenziell relevanten Informationen (Alternativwissen) kann schnell zum reinen Selbstzweck werden und unnötig Ressourcen binden.

Nicht die Menge der Informationen entscheidet über den Erfolg des Wissenserwerbs, sondern deren konkreter Nutzen!

Der Prozess der Wissensentwicklung beinhaltet den Ausbau des vorhandenen Kooperationswissens mittels neu erworbener Informationen. Das Ziel ist der Erwerb neuer Fähigkeiten, kreativer Ideen oder optimierter Prozesse. Neues Wissens hilft den Partnern, die gemeinsame Leistungsfähigkeit zu verbessern.

In diese Phase gehören auch alle Aktivitäten zur Dokumentation und Speicherung. Auch hier gilt: Speichern Sie nur Informationen im Sinne der kooperationsrelevanten Wissensziele. Wissensmanagement beinhaltet nicht die Verwaltung von Archivwissen, sondern zielt auf die Nutzung von konkretem Anwendungswissen ab.

Anschließend werden die Mitarbeiter in den kooperierenden Unternehmen im Rahmen der Wissens(ver-)teilung mit den neuen Erkenntnissen versorgt. Sie sollten die Mitarbeiter aber nicht mit einem Wust unstrukturierter Informationen überfluten. Die betroffenen Personen sollten nur mit relevantem Wissen in dem für sie notwendigen Umfang versorgt werden. Das Prinzip der Kooperation basiert auf dem Gedanken der Arbeitsteilung, deshalb muss nicht alles von allen gewusst werden.

Um individuelles Wissen explizit zu machen beziehungsweise den Mitarbeitern zur Verfügung zu stellen, werden meist technische Lösungen zur Unterstützung herangezogen. Neben der Bereitstellung dokumentierten Wissens in Form von Datenbanken, Leitfäden, Protokollen, Statistiken etc., sollten Sie auch den direkten und persönlichen Austausch fördern. Statt ein rein technisches Wissensarchiv anzulegen, können Sie Mitarbeiter in Erfahrungsaustauschrunden (ERFA) zusammenbringen und auf diese Weise gleichzeitig die interne Kommunikation fördern. Interne oder unternehmensübergreifende Trainings unter dem Motto „Von Kollegen für Kollegen" oder temporäre Job-Rotation stellen den Zweck des Wissensmanagements ebenfalls sicher. Sie können auch eine unternehmensübergreifende Kooperationsdatenbank mithilfe einer Wiki-Software aufbauen. Engagierte Mitarbeiter können dort selber Beiträge über ihre Kooperationserfahrungen verfassen und den Kollegen oder dem Kooperationspartner zugänglich machen.

Mit der Wissensnutzung wird die Anwendung von Erfahrungen, Fertigkeiten und Kenntnissen sichergestellt. Dieser Baustein fokussiert den Einsatz produktiven Wissens im Rahmen der Kooperationsaktivitäten. Bedenken Sie dabei die rechtliche Absicherung der Nutzung von Daten, Informationen oder Wissen. Darunter fallen zum Beispiel die Bestimmungen zur

Verarbeitung und Nutzung von Personendaten nach dem Bundesdatenschutzgesetz.

Neu erworbene Erkenntnisse und Fertigkeiten stehen nicht automatisch dauerhaft zur Verfügung und müssen im Rahmen der Wissensbewahrung durch geeignete Maßnahmen vor dem Verlust geschützt werden. Stellen Sie sicher, dass Ihnen durch den Weggang von Mitarbeitern oder durch die Beendigung einer Kooperation relevantes Wissen nicht verloren geht. Beide Kooperationspartner sollten sich bemühen, Informationen und Kooperationswissen dauerhaft in Form von Dokumenten, Checklisten, Handbüchern, Trainings etc. zu archivieren und für neue Kooperationen mit anderen Mitarbeitern verfügbar zu machen.

Parallel zur Wissensspeicherung müssen Sie sich Gedanken über den Zugang machen, um es vor ungewollter Weitergabe zu schützen. Elektronische Datenbanken bieten in der Regel die Möglichkeit eines flexiblen Rechtemanagements, mit dessen Hilfe Zugriffsrechte eingeschränkt oder verweigert werden können.

Die Festlegung von Wissenszielen als strategische Ausrichtung und die abschließende Wissensbewertung bilden den Koordinationsrahmen des Wissensmanagements. Die Wissensbewertung kann über einen Soll-/Ist-Abgleich zwischen den Zielen und den Ergebnissen des Wissensmanagements erfolgen. Allerdings gibt es häufig keine geeigneten Messmethoden, um die Funktionsfähigkeit des Wissensmanagements und den Zielerreichungsgrad von Wissen bestimmen zu können. Die Wirksamkeit kann aber auch über andere Indikatoren eingeschätzt werden.

Folgende Fragen geben Ihnen einen Eindruck über den Grad der Zielerreichung:
- Hat sich die Kontaktqualität zum Partner verbessert oder verschlechtert?
- Hat sich die Kundenzufriedenheit verbessert?

- Sind die Mitarbeiter „wissensbewusster" geworden?
- Werden interne Wissensquellen intensiver genutzt (Aufrufe, Intranet oder Ähnliches)?
- Können Sie einen Rückgang bei den Kosten feststellen?
- Hat sich die Produktqualität verbessert?
- Können wir Kooperationsaktivitäten effizienter durchführen?
- Sind die Ziele der Kooperation erreicht oder sogar übertroffen worden?

Bei der Beantwortung dieser Fragen zum Erfolg des Wissensmanagements sollten Sie berücksichtigen, dass Verbesserungen nicht immer ausschließlich auf Ihre Bemühungen zurückzuführen sind. Manchmal gibt es andere organisatorische Maßnahmen im Unternehmen, die einen Einfluss auf die Ergebnisse haben.

Die Initiierung eines Wissensmanagements bietet kooperierenden Unternehmen viele individuelle Vorteile. Mit zunehmender Anzahl durchgeführter Kooperationen inklusive eines systematischen Wissensmanagements entwickelt sich die Kooperationsfähigkeit Ihres Unternehmens ständig weiter. Fehler können diagnostiziert und dauerhaft abgeschaltet werden, das Unternehmen ist durch die Dokumentation von Wissen in geringerem Maße von Einzelpersonen abhängig und die Neukombination von altem und neuem Wissen fördert die Innovationskraft im Marketing.

Everlasting Love? – Kontinuität durch Partnerbindung

Mit dem Aufbau einer Kooperationskultur durch das Management von Vertrauen, Kommunikation, Konflikten und Wissen legen Sie nicht nur den Grundstein für das Gelingen des gegenwärtigen Kooperationsprojekts, sondern ebnen auch den Weg für den langfristigen Erhalt der Partnerschaft. Wenn Sie einen Rückblick auf den bisherigen Kooperationsverlauf wagen und sowohl die „Partnerchemie" als auch den organisatorischen Ablauf des Kooperationsprojekts betrachten, wird Ihnen unter Umständen auffallen, dass sich die Zusammenarbeit über die verschiedenen Kooperationsphasen hinweg qualitativ verbessert hat und Sie sich gegenseitig zu gemeinsamer Leistung motiviert haben.

Einen Erklärungsansatz für ein ansteigendes Leistungsniveau zum Ende eines Kooperationsprojekts liefert Roy B. Lacoursiere (Buchtitel: *The Life Cycle of Groups*) mit einem theoretischen Modell, das die Entwicklung von Motivation (Moral gegenüber anderen Gruppenmitgliedern) und Produktivität (Gesamtleistung der Gruppe) in einer Gruppe aufzeigt. Dieses Modell lässt sich auf das Verhalten der Kooperationspartner beziehungsweise der beteiligten Mitarbeiter übertragen, die als Gruppe neu zusammenkommen.

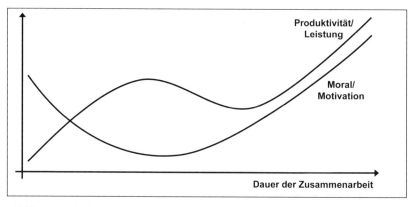

Abbildung 44: Idealtypische Entwicklung von Leistung und Motivation nach Lacoursiere

Dieser idealtypische Verlauf von Motivation und Leistung kann ganz grob wie folgt erläutert werden: In der Akquisitionsphase erleben beide Partner eine anfängliche Euphorie und sind voller Tatendrang, obwohl in der Kooperation noch keine gemeinsame Leistung erbracht wird.

Mit der Erarbeitung eines gemeinsamen Konzepts und der Regelung vertraglicher Details ist ein Ansteigen der Leistungskurve zu verzeichnen. Allerdings geht dieser Anstieg mit einer abfallenden Motivationskurve einher. Die sinkende Moral ist auf Unzufriedenheit zurückzuführen, die meist dem Erkennen der Herausforderungen in der Kooperation geschuldet ist. Diese Durststrecke gilt es durch intensive Kommunikation und gegenseitige Motivation zu überwinden.

Mit dem gemeinsamen Entschluss, die Herausforderungen anzugehen, um von den Vorteilen der Zusammenarbeit profitieren zu können, ist ein gleichzeitiges Ansteigen von Motivation und Leistung in der Kooperation zu erkennen. Gegebenenfalls können die Kurven bei Konflikten noch einmal nach unten gehen und einen Motivationsverlust beziehungsweise Leistungsabfall verdeutlichen. Grundsätzlich findet aber eine Vertiefung der Zusammenarbeit statt.

Gelingt die Durchführung der Kooperation, sollten Motivation und Leistung tendenziell noch weiter ansteigen. Besonders zum Ende der operativen Zusammenarbeit verfestigt sich der Teamgedanke zu einer motivierenden „Wir-schaffen-das-Mentalität". Zum Ende der operativen Umsetzung wird das höchste Leistungsniveau der Gruppe erreicht.

Merke

Bei einem positiven Motivations- und Leistungsverlauf in der Kooperation, sollten Sie überlegen, ob Sie weiterhin mit dem Partner kooperieren und die Zusammenarbeit intensivieren wollen. Das nächste Kooperationsprojekt startet auf einem hohen Motivations- und Leistungsniveau. Sie können einen großen Teil Ihres bisherigen Aufwands zum Aufbau der Kooperationskultur nachhaltig nutzen und müssen mit dem alten Kooperationspartner nicht wieder bei null beginnen.

Nach Ablauf der vereinbarten Kooperationsdauer endet die operative Zusammenarbeit. Eine Fortsetzung der Partnerschaft wird meist vom Erreichen der vereinbarten Ziele abhängig gemacht. Sie sollten aber auch eine Bilanz der zwischenmenschlichen Zusammenarbeit erstellen und bei der Entscheidung über weitere Projekte berücksichtigen.

Sobald Sie sich für eine Intensivierung der Zusammenarbeit entschlossen haben, sollten Sie Ihren Kooperationspartner ebenfalls zu einer Fortführung animieren. Nutzen Sie dafür verschiedene Möglichkeiten der Partnerbindung. Mit einigen Maßnahmen, mit denen Sie Ihre Kunden an Ihre Marke oder Ihr Produkt binden, können sie auch Kooperationspartner binden.

Häufig werden die Themen besprochen, die nicht so gut gelaufen sind. Ein zufriedenstellender Verlauf im Rahmen der persönlichen Erwartungshaltung wird als selbstverständlich betrachtet. Zur Pflege der Kooperationsbeziehung gehört auch die explizite Erwähnung der Dinge, die gut funktioniert haben. Durch ein ernst gemeintes Dankeschön beziehungsweise Lob erzeugen Sie auch beim Kooperationspartner Zufriedenheit und darauf aufbauend gegenseitige Loyalität.

Sollte Ihr Unternehmen mit mehreren Partnerfirmen Kooperationsbeziehungen pflegen, können Sie zum Beispiel ein Event mit allen Kooperations- und Geschäftspartnern veranstalten. Ein Partner-Event ist einerseits ein Dankeschön für die Partnerleistungen in den gemeinsamen Projekten und bietet andererseits eine informelle Atmosphäre, in der die Teilnehmer neue Kontakte knüpfen und Projektideen besprechen können.

Des Weiteren können Sie die internen Kommunikationsmöglichkeiten zur Partnerbindung ausschöpfen. Geben Sie Ihren Kooperationspartnern die Möglichkeit, sich im Mitarbeitermagazin oder im Intranet zu präsentieren. Alternativ können Sie einen Sonderverkauf von Produkten des Kooperationspartners für Ihre Mitarbeiter auf Ihrem Firmengelände beziehungsweise im Hauptgebäude vereinbaren.

Eine dauerhafte Partnerschaft können Sie auch projektunabhängig auf der Homepage darstellen und Ihre Kunden mit Informationen, die über die Kooperation hinausgehen, versorgen.

Eine langfristige Verbindung mit einem Kooperationspartner bietet viele Vorteile. Die Effekte der Lernkurve ermöglichen Ihnen, zukünftige Folgeprojekte schneller und ohne Reibungsverluste zu planen und durchzuführen. Die benötigte Zeit und der Aufwand für ein intensives Partnermanagement machen zu Beginn einen großen Ressourcen- und Personaleinsatz notwendig. Das Engagement im Rahmen einer unternehmensübergreifenden Zusammenarbeit beansprucht beispielsweise Geld für Gehälter, Zeit für die Partnerakquise, externe Beratung zur Prüfung des Kooperationsvertrags und Personal für die Überwachung anfänglich installierter Kontrollmechanismen und den Aufbau einer Vertrauensatmosphäre.

Die Fortsetzung und Vertiefung einer loyalen Zusammenarbeit spart künftig diese Anlaufkosten einer Kooperation, vervielfacht die Kostenvorteile und schafft Freiraum für andere Aufgaben. Auch die Gefahr eines unerwarteten Kooperationsabbruchs reduziert sich und gibt allen beteiligten Kooperationspartnern mehr Sicherheit in der Zusammenarbeit.

Die volle Leistung einer Partnerschaft entfaltet sich gelegentlich erst mit dem zweiten oder dritten Kooperationsprojekt.

3.3 Ergebnis- und Entscheidungsphase einer Markenkooperation

Der Umsetzungsprozess der Kooperation endet mit der Überprüfung des Ergebnisses und der Entscheidung über die Fortführung, Beendung oder Revitalisierung einer Kooperation (siehe Abbildung 45). Die Kontrolle des Kooperationserfolgs sollte bereits während der Projektphase beginnen und je nach Kooperationsdauer kontinuierlich durchgeführt werden, um so

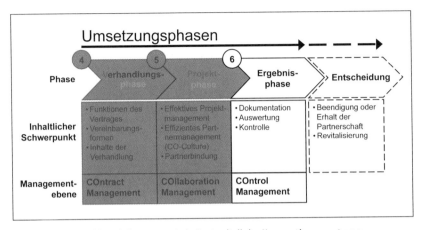

Abbildung 45: Das COntrol Management als Bestandteil der Kooperationsumsetzung

Optimierungspotenzial oder einen drohenden Misserfolg der Kooperation frühzeitig erkennen zu können. Nach dem Abschluss der Kooperation sollten Sie unbedingt messen, ob Ihre Kooperationsziele erreicht wurden und Sie die Kooperation als Erfolg bewerten können. Von den Ergebnissen der Kooperationsbewertung hängt ab, ob Sie die Kooperation gegebenenfalls weiterführen, wiederholen oder endgültig beenden möchten. Für spätere Kooperationsvorhaben ist es elementar wichtig, dass Sie die Konzeption, die Umsetzung und die Ergebnisse der Kooperation dokumentieren, um Erfolge zu einem späteren Zeitpunkt wiederholen oder Misserfolge vermeiden zu können.

Das COntrol Management einer Markenkooperation

Die Relevanz von wirksamem Marketingcontrolling in der Praxis ist unbestritten: Der Nachweis, dass Marketingbudgets effizient und effektiv eingesetzt werden, ist insbesondere in wirtschaftlich schwierigen Zeiten unanfechtbar. Oftmals wird Controlling mit Kontrolle gleichgesetzt. Dieses Verständnis stimmt aber nur in bedingtem Maße. Vielmehr geht es um die zielgerichtete Planung, Steuerung, Koordination und eben auch Kontrolle von Ergebnissen und Zielen. Marketing-Controlling ist die Voraussetzung für die erfolgreiche Steuerung der Marketingmaßnahmen.

Dies gilt auch für Markenkooperationen. Mithilfe von Controlling-Maßnahmen können Sie nicht nur den Erfolg einer Kooperation nach Abschluss eines Kooperationsprojekts beurteilen, sondern vor allem auch Einfluss auf den Kooperationsprozess nehmen und Optimierungspotenzial frühzeitig erkennen. Die Entscheidung zur Fortführung, Veränderung oder Beendigung der Kooperation hängt unmittelbar von den Ergebnissen des Kooperations-Controllings ab.

In einer Befragung von Marketing-Entscheidern sehen Sie die hohe Relevanz des Controlling von Markenkooperationen: Alle Beteiligten führen ein abschließendes Controlling der Kooperation durch. Etwa die Hälfte der Befragten führt das Controlling allein auf Basis quantitativer Daten durch, die übrigen beziehen bereits qualitative Daten in den Controlling-Prozess ein.

Der Erfolg einer Kooperation besteht im Grad der Erfüllung der Kooperationsziele. Er leitet sich unmittelbar aus den Zielen einer Kooperation ab. Als wichtigste Ziele von Markenkooperationen gelten der Zugang zu neuen Kundengruppen, die Stärkung des Markenimages und die Schaffung von Mehrwert für den Kunden (siehe dazu auch das Kapitel 1.3 *Ziele von Markenkooperationen* auf Seite 15 und den Abschnitt *Die eigenen Kooperationsziele definieren und priorisieren* auf Seite 56), können aber je nach Form und Hintergrund der Kooperation variieren. Über den Kooperationszielen stehen natürlich immer die übergeordneten Unternehmensziele, die in der Regel aus monetären Zielen wie der Gewinnmaximierung bestehen.

Um den Erfolg der Kooperation beurteilen zu können, müssen Sie die vereinbarten Ziele laufend messen. Eine kontinuierliche Überprüfung der Kooperationsergebnisse hilft Ihnen, Optimierungen frühzeitig durchführen

Abbildung 46: Befragungsergebnisse zum Controlling von Markenkooperationen;
Quelle: Connecting Brands (2012)

zu können und drohende Misserfolge von Kooperationen rechtzeitig zu erkennen. Dabei müssen Sie immer die Kooperationsziele im Fokus behalten: Eine Kooperation kann positive Kooperationsergebnisse ausweisen, die Kooperation insgesamt aber als Misserfolg beurteilt werden, wenn die gesetzten Ziele der Kooperation nicht erreicht werden. Wird als Kooperationsziel beispielsweise festgelegt, die Mediaausgaben im Marketing in Höhe von 50.000 Euro innerhalb eines Jahres mithilfe einer Kooperation zu senken, liegen die Ersparnisse aber zum Ende des Jahres bei lediglich 25.000 Euro, kann die Kooperation zwar positiv beurteilt werden, aber sie war nicht erfolgreich, da die gesetzten Ziele verfehlt wurden.

Erfolgsmessung von Kooperationen	
Ökonomische Messgrößen	**Psychologische Messgrößen**
• Umsatz/Absatz • Gewinn/Deckungsbeitrag • Rendite • Marktanteil • ...	• Bekanntheit • Image, Präferenzen • Kundenzufriedenheit • Markentreue • ...
Datenquellen • Liefermengen (ERP-System) • POS-Scannerdaten • Paneldaten	**Datenquellen** • Ad-hoc-Studien zum Kooperations- erfolg • Paneldaten • Image- und Awareness-Analysen • Kundentransaktionen und -historie • Beschwerde-Management • Kundenzufriedenheits-Messung

Abbildung 47: Erfolgsgrößen von Markenkooperationen

Ein wichtiger Aspekt der Beurteilung des Erfolgs einer Kooperation ist es, beide Seiten der Partnerschaft zu betrachten. Eine gute Zusammenarbeit ist nur möglich, wenn beide Partner die Kooperation als erfolgreich beurteilen, andernfalls entsteht eine einseitige Unzufriedenheit mit der Kooperation, die schnell zu Konflikten im Kooperationsprozess führen kann. (siehe dazu *Vertrauen als Basis jeder Partnerschaft – das COnfidence Management* auf Seite 122).

Die Grundlage zur Messung der Zielerreichung bilden die vereinbarten Ziele, die nach der SMART-Regel definiert wurden und in der Kooperationsvereinbarung dokumentiert sein sollten (siehe dazu Abschnitt *Die eigenen Kooperationsziele definieren und priorisieren* auf Seite 56). Ziele lassen sich in Form von Kennzahlen messen. Je präziser ein Ziel formuliert ist, desto genauer kann mithilfe der Kennzahl die Zielerreichung ermittelt werden.

Grundsätzlich müssen ökonomische und psychologische Ziele unterschieden werden. Während ökonomische Ziele in der Regel direkt gemessen werden können, müssen Sie für die Messung psychologischer Ziele in den meisten Fällen zusätzliche Marktforschungs-Untersuchungen durchführen.

Erfolgsmessung mit ökonomischen Messgrößen

Ökonomische Messgrößen sind Werte, die den wirtschaftlichen Erfolg einer Kooperation ausdrücken. Ökonomische Marketingziele können Sie in der Regel schwerpunktmäßig anhand der monetären Größen Umsatz/Absatz, Gewinn/Deckungsbeitrag, Rendite und Marktanteil messen.

Diese Größen liegen in den meisten Fällen im Unternehmen vor. Datenquellen für ökonomische Messgrößen sind in erster Linie die eigenen Warenwirtschaftssysteme, also Ihre eigenen Liefermengen und Kosten. Im Fall eines Zwischenhändlers werden Erfolgsanalysen je nach Verfügbarkeit auf Basis von POS-Scannerdaten oder Paneldaten vorgenommen. POS-Scannerdaten sind Handelsdaten, die Ihnen der Handelspartner gegebenenfalls zur Verfügung stellt. Liegen in Ihrem Unternehmen Paneldaten vor, können Sie diese ebenfalls zur Erfolgsbeurteilung heranziehen. Aus den Paneldaten können Sie Umsatz-, Absatz- und Marktanteilsdaten sowie Erst- und Wiederkaufraten zur Erfolgsbeurteilung heranziehen.

Die Beurteilung des Erfolgs benötigt immer eine Bezugsgröße, für die in der Regel die Daten für den Zeitraum vor der Kooperation verwendet werden. Den Erfolg der Kooperation beurteilen Sie also durch den Vergleich des Kooperationszeitraums mit der Vorperiode. Für die Beurteilung der Umsatz- oder Absatzveränderung durch die Kooperation berechnen Sie den Umsatz- oder Absatz-Uplift, also die prozentuale Veränderung des Umsatzes oder Absatzes durch die Kooperation. Dazu setzen Sie – beispielsweise für die Bestimmung der Absatzveränderung – den Zusatzabsatz und Basisabsatz der Kooperation ins Verhältnis. Der Basisabsatz besteht in dem Absatz, der im Kooperationszeitraum ohne Kooperation generiert würde, der Zusatzabsatz der Kooperation ist der Absatz, der durch die Kooperation gewonnen wird. Der Absatz-Uplift der Kooperation berechnet sich also folgendermaßen:

$$\text{Absatz-Uplift}_{\text{Kooperationen}} = \frac{\text{Zusatzabsatz}_{\text{Kooperationen}}}{\text{Basisabsatz}_{\text{Kooperationen}}}$$

Problematisch ist häufig die Bestimmung des Basisabsatzes. Zur Vereinfachung wird angenommen, dass der Absatz ohne Kooperation gegenüber dem Absatz der Vorperiode konstant bleibt. Dazu muss allerdings der Absatz der Vorperiode um Saisoneinflüsse und mögliche andere externe Einflüsse (wie beispielsweise Wettereinflüsse für Eiscreme) bereinigt werden. Mit dieser Schätzgröße für den Basisabsatz können Sie den Uplift Ihrer Kooperation berechnen.

Beispielhafte Uplift-Berechnung

Für die Uplift-Berechnung wird angenommen, dass Sie in der KW 30 bis 34 eine Co-Promotion für Ihr Produkt x mit einem Onpack eines Markenartikelhersteller y durchführen. Ziel ist es, einen durchschnittlichen Uplift von 20 Prozent zu erreichen. Ihnen liegen Wochendaten für die beteiligten Handelspartner aus Ihrem Handelspanel vor. Sie möchten nun den wöchentlichen Uplift berechnen, also die Veränderung Ihres Absatzes im Aktionszeitraum durch die Co-Promotion. Dazu wählen Sie zunächst einen Bezugszeitpunkt, der idealerweise unmittelbar vor der Promotion liegt, also der Absatz der KW 29. Dazu checken Sie zunächst, ob es in der KW 29 besondere externe Einflüsse wie eine Handzettelaktion oder einen Feiertag mit signifikantem Einfluss auf den Absatz gibt. Können Sie solche externen Faktoren ausschließen, berechnen Sie den Uplift für den Kooperationszeitraum, indem Sie den Zusatzabsatz bestimmen, der durch die Kooperation entsteht, in der KW 30 also 2.000 Stück (12.000 Stück Absatz in KW 30 abzüglich des Basisabsatzes von 10.000 Stück). Diesen Zusatzabsatz setzen Sie ins Verhältnis zum Basisabsatz, also der Stückzahl, die Sie voraussichtlich ohne Kooperation verkauft hätten. Damit erhalten Sie den Uplift, also die prozentuale Veränderung des Wochenabsatzes durch die Kooperation.

	Absatz in Einheiten Produkt x	Zusatzabsatz gegenüber Indexwoche	Uplift
Indexwoche (KW 29)	10.000		
KW 30	12.000	2.000	20 %
KW 31	18.000	8.000	80 %
KW 32	14.000	4.000	40 %
KW 33	13.000	3.000	30 %
KW 34	12.000	2.000	20 %
Durchschnitt			**38 %**

Abbildung 48: Beispiel zur Berechnung des Absatz-Uplifts einer Kooperation

Der Uplift kann dabei je nach Art der Kooperation von Woche zu Woche schwanken, im Beispiel zwischen 20 Prozent und 80 Prozent, da Distribution zunächst aufgebaut werden muss und sich der Effekt gegen Ende der Aktion abschwächen kann. Sie berechnen zur Beurteilung des Erfolgs den mittleren Uplift der Aktionswochen, im Beispiel 38 Prozent. Diesen Wert vergleichen Sie nun mit dem gesetzten Ziel der Kooperation und erhalten Aufschluss über den Erfolg der Kooperation, im Beispiel wird das Ziel eines Uplifts von durchschnittlich 20 Prozent übertroffen.

Für die Beurteilung des Gewinns der Kooperation müssen zusätzlich die Kosten betrachtet werden. Eine Veränderung der Kosten ist in der Regel direkt messbar, je nach Zielsetzung beispielsweise durch geringere Media-Spendings aufgrund gemeinsamer Werbeaktivitäten. Gegenübergestellt werden müssen den Kosteneinsparungen der Kooperation die Kosten, die durch die Kooperation beispielsweise durch höheren personellen Aufwand entstehen. Auf Basis von Umsatz und Kosten der Kooperation kann somit der Gewinn der Kooperation bestimmt werden.

Beispielhafte Kostenberechnung

Im Beispiel müssen zur Beurteilung des Kooperationsgewinns also die Kosten der Co-Promotion (Kosten des Onpacks, gestiegene Logistik-Kosten, Kosten der Verkaufsförderungsmaßnahmen und Koordinationskosten der Kooperation) berücksichtigt werden. Belaufen sich diese Kosten im Beispiel auf insgesamt 9.000 Euro, ergibt sich aus dem Zusatzabsatz der Kooperation von 19.000 Euro (Summe Zusatzabsatz KW 30 bis KW 34) abzüglich der Kosten von 9.000 Euro ein Kooperationsgewinn von 10.000 Euro.

Da der Zugang zu den Daten und die Berechnung dieser grundlegenden ökonomischen Kennzahlen verhältnismäßig einfach ist, sollten Sie diese Erfolgskontrolle für jede Ihrer Kooperationen durchführen.

Schwieriger ist im Beispiel die Beurteilung des Erfolgs für den Kooperationspartner y, der das Onpack stellt. Es lässt sich zwar über die Abverkaufszahlen sehr genau bestimmen, wie viele Onpacks verkauft wurden, aber welche Auswirkungen diese Stückzahlen auf die Absatzwirkung des eigentlichen Produkts hat, ist schwieriger zu bestimmen. Der ökonomische Effekt lässt sich nur schätzen, indem Sie auf Basis Ihrer Kauffrequenz abschätzen, in welchem Zeitraum es nach der Aktion zu einem Wiederkauf kommen würde und legen auf dieser Basis den Zeitraum fest, in dem die Werbewirkung der Co-Promotion einsetzen müsste. Haben Sie diesen Zeitraum festgelegt, beispielsweise zehn Wochen ab Start der Aktion, können Sie mit demselben Verfahren wie für Produkt x den Uplift der Aktion berechnen.

„Time-lag-Effekte" können Messung behindern

Grundsätzlich stellt die verzögerte Wirkung einer Kooperationsmaßnahme eine Schwierigkeit der Messung des Kooperationserfolgs dar. Dieser sogenannte „Time-lag-Effekt" macht die Messung von Zielen problematisch, da die Zeitverzögerung dazu führt, dass zum Zeitpunkt einer sehr frühen Messung keine Veränderung festgestellt werden kann. Die kooperative Maßnahme könnte nach einer Messung ohne Veränderung als Misserfolg bewertet werden. Der Zeitpunkt der Zielmessung sollte deshalb mit Bedacht gewählt und der Maßnahme die notwendige Zeit zur vollen Wirkungsentfaltung eingeräumt werden. Da es allerdings schwierig ist, über solch längeren Zeiträume – insbesondere bei Produkten mit einer geringen Kauffrequenz – externe Einflüsse auszuschließen, ist eine direkte ökonomische Wirkungsmessung einer solcher Aktion nicht immer valide möglich. In diesem Fall müssen Sie auf die Beurteilung des Erfolgs anhand psychologischer Messgrößen ausweichen.

Erfolgsmessung mit psychologischen Messgrößen
Psychologische Messgrößen sind weniger einfach zu bestimmen als ökonomische Größen. Psychologische Ziele sind auf die Beeinflussung des Kaufverhaltens gerichtet und setzen an mentalen Verarbeitungsprozessen an. Daher sind psychologische Ziele in den meisten Fällen nicht objektiv messbar, sondern basieren auf einer subjektiven Einschätzung durch den Konsumenten. Aus diesem Grund müssen psychologische Kennzahlen in Abhängigkeit von der Zielsetzung erst operationalisiert werden. Psychologische Messgrößen sind vorrangig Bekanntheitsgrad, Image, Präferenzen, Kundenzufriedenheit und Markentreue.

Die Erhebung psychologischer Messgrößen erfordert in der Regel die Durchführung von Marktforschungsstudien. Dazu kann entweder ein regelmäßiges Werbetracking, das aus dem Bekanntheits- und Imagewerte hervorgeht, herangezogen werden. Stehen Tracking-Daten zur Verfügung, wird die Veränderung von Bekanntheits- und Imagewerten während der Kooperation im Verhältnis zu einem Bezugszeitraum bewertet. Dazu ist es wichtig, dass Sie bei der Konzeption der Kooperation festgelegt haben, wie sich die Awareness- und Imagewerte entwickeln sollen, also einen Zielwert festlegen, der durch die Kooperation erreicht werden soll.

Liegen Tracking-Daten nicht vor, müssen Sie Marktforschungsstudien (Adhoc-Studien) zur Bewertung des Kooperationserfolgs konzipiert und durchgeführt werden. In solchen Studien wird der Einfluss der Kooperation auf qualitative Kennzahlen wie Bekanntheit, Image oder Präferenz gemessen.

Eine besonders gute und wenig kostenintensive Methode zur Gewinnung von Informationen über die Bekanntheit und Wirkung einer Kooperation ist die Befragung über ein Online-Panel. Die meisten großen Marktforschungsinstitute verfügen über ein Online-Panel, über das Sie schnell und unkompliziert eine große Menge an Testpersonen über die Bekanntheit und die Erfahrungen mit der Kooperation befragen können.

Erfolgsmessung mit Webcruiser

Ein Beispiel für eine solche Panelbefragung ist der Webcruiser von Ipsos (Ipsos 2010), in der Sie 16.000 Probanden zur Bekanntheit Ihrer Kooperation befragen und die Testpersonen auch für spätere Erhebungen markieren können. Die Probanden des Panels werden befragt, ob Sie die Kooperation bemerkt haben. Danach werden die Probanden beispielsweise nach der Markenbekanntheit befragt. Um zu ermitteln, wie sich die Kooperation auf die Markenbekanntheit ausgewirkt hat, werden die Probanden, die die Kooperation bemerkt haben, mit den Probanden verglichen, die die Kooperation nicht bemerkt haben.

Für die Erhebung psychologischer Messgrößen wird vor der Kooperation eine sogenannte Nullmessung durchgeführt, die den Zustand ohne Kooperation, also die Bezugsgröße, bestimmt. Nach der Kooperation erfolgt eine Ist-Messung zur Feststellung des Resultats. Die Differenzwerte zwischen der Nullmessung und der Ist-Messung nach der Kooperation zeigen die Veränderung einer Zielgröße auf. Um sicherzugehen, dass Sie keine externen Einflüsse auf die Veränderung der psychologischen Messgrößen haben, ist es sinnvoll, außerdem eine Kontrollmessung bei Testpersonen durchzuführen, die nicht mit der Kooperation in Berührung gekommen sind, also nicht durch die Kooperation beeinflusst sein können. In dieser Gruppe sollten sich die Werte der psychologischen Messgrößen nicht signifikant verändert haben, sonst können Sie die Veränderung der Werte nicht (allein) auf den Einfluss der Kooperation zurückführen.

Das beste Untersuchungsdesign ist somit ein sogenanntes Vorher-Nacher-Kontrollgruppen-Design, also eine Vorher-Nachher-Messung der Kooperationswirkung mit der gleichzeitigen Messung einer Kontrollgruppe, die nicht mit der Kooperation in Kontakt war. Der Vorteil dieser Methode ist, dass externe Störeinflüsse wie Wettbewerbsaktivitäten oder Saisoneinflüsse ausgeschlossen werden können. Um zufällige Schwankungen, beispielsweise durch den Einfluss persönlicher Faktoren der Befragten, ausschließen zu können, müssen Sie allerdings mit relativ großen Fallzahlen (mindestens 100 pro Testgruppe) arbeiten, wodurch die Studien relativ teuer werden. Sie sollten also genau abwägen, ob die Kosten für die Messung der psychologischen Messgrößen im Verhältnis zu einem möglichen Erfolg der Kooperation stehen. Sollten Sie sich für die Durchführung einer Ad-hoc-Studie entscheiden, suchen Sie sich ein spezialisiertes Marktforschungsinstitut für diese Art von Studien.

Merke

Sowohl bei der Messung ökonomischer als auch psychologischer Kennzahlen ist wichtig, dass der gemessene Effekt tatsächlich auf die Kooperation und nicht auf weitere Einflussfaktoren zurückzuführen ist. Dazu müssen externe Einflussfaktoren wie beispielsweise Konkurrenzaktivitäten oder Saisoneinflüsse ausgeschlossen werden können. Können externe Einflüsse nicht verhindert werden, müssen die Messgrößen um die Effekte beispielsweise durch einen Saisonfaktor bereinigt werden. Bei der Durchführung von Ad-hoc-Studien können Sie externe Einflüsse durch die Befragung einer Kontrollgruppe isolieren.

Die Schwierigkeiten der Messung psychologischer Erfolgsgrößen soll am Beispiel der Imagemessung verdeutlicht werden.

Beispielhafte Imagemessung zur Bewertung einer Markenkooperation

Im Vorfeld der Kooperation sollten Sie genaue Überlegungen anstellen, auf welche Aspekte des Images Sie abzielen möchten. Das Image eines Produkts oder Unternehmens ist häufig sehr vielschichtig und besteht aus vielen Dimensionen. Ist das Ziel, beispielsweise eine Eiscreme-Marke durch eine

Kooperation mit einem Anbieter hochwertiger Schokolade stärker mit dem Attribut „Neuartigkeit" und „Genuss" aufzuladen, führen Sie eine Befragung der Käufer dieser Eiscreme durch. Die Erhebung wird folgendermaßen konzipiert:

Vorher-Messung:
Messung der Imagewerte vor der Kooperation

Nachher-Messung:
Messung der Imagewerte nach der Kooperation

Kontrollmessung:
Messung der Imagewerte nach der Kooperation bei Nicht-Kennern der Kooperation

Zusätzlich müssen Zielwerte für die Imagedimensionen festgelegt werden, die durch die Kooperation erreicht werden sollen. Das Ergebnis einer solchen Studie finden Sie in Abbildung 49. Sie sehen, dass sich die Werte der Vorher-Messung und der Kontrollmessung nicht signifikant unterscheiden, der Einfluss externer Störgrößen kann damit ausgeschlossen werden. Die Imagewerte für „Neuartigkeit" und „Genuss" verändern sich stark durch die Kooperation und liegen über den Zielwerten, die für die Kooperation gesetzt wurden. Die psychologischen Ziele der Kooperation wurden also erreicht.

Die Übertragung von Imageeigenschaften auf eine andere Marke bezeichnet man als „Spill-over Effekt". Dieser nachhaltig wirkende Übertragungseffekt ist meist erwünscht, beispielsweise bei der Aufladung der Eiscrememarke mit den Attributen „Neuartigkeit" und „Genuss", er ereignet sich oftmals aber auch ungeplant und kann sich sowohl positiv als auch negativ auf die Marke auswirken. Die Übertragung einer negativen Imagedimension auf das positive Image stellt dabei ein erhebliches Risiko einer Markenkooperation dar.

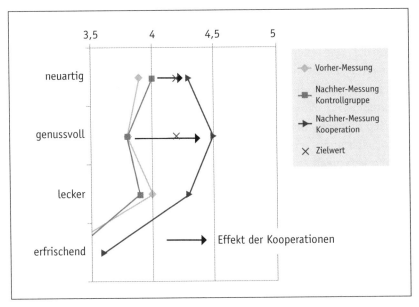

Abbildung 49: Imageeffekt der Kooperation am Beispiel Eiscreme

Empfehlungen für das Controlling

Wichtig für die Bewertung des Kooperationserfolgs ist, dass im Vorfeld der Kooperation genaue Ziele bestimmt und quantifiziert werden, also beispielsweise eine Marktanteilssteigerung von 3 Prozent oder die Steigerung des Bekanntheitsgrads um 6 Prozent. Diese Ziele (Sollzustand) müssen mit dem Ergebnis der Kooperation (Istzustand) verglichen werden, um eine Diskrepanz zwischen Ziel und Ergebnis aufdecken zu können und diese als Grundlage für weitere Handlungsoptionen bezüglich der Kooperation zu verwenden.

Das Controlling einer Markenkooperation sollte in jedem Fall auf Basis ökonomischer Messgrößen durchgeführt werden. Ökonomische Kennzahlen stehen in der Regel zur Verfügung und lassen sich auf einfache Art für die Erfolgsbewertung einer Kooperation einsetzen. Die Bewertung psychologischer Messgrößen auf Basis von Marktforschungsstudien sollten Sie sorgfältig abwägen. Da die Durchführung von Marktforschungsstudien zum Zweck der Beurteilung des Kooperationserfolgs kosten- und zeitintensiv ist, sollten Sie sie nur durchführen, wenn die Bedeutung der Kooperation im Verhältnis zu den anfallenden Kosten steht. Für die meisten eher kurzfristigen Co-Promotions lohnen sich solche Studien in der Regel nicht. Für Media-Kooperationen oder Co-Branding-Aktionen, die häufig ein hohes finanzielles und markenbezogenes Risiko mit sich bringen, sind solche Studien in jedem Fall empfehlenswert.

Insbesondere für langfristige Kooperationen macht es Sinn, eine Balanced Scorecard aufzubauen, in der für alle relevanten Zielgrößen Soll- und Ist-werte eingetragen werden. Auch Handlungsoptionen für die Abweichung von Sollwerten können auf einer Balanced Scorecard festgelegt werden. So ist die aktuelle Erfolgssituation auf einen Blick sichtbar und Entscheidungen über Fortführung, Optimierung oder Beendigung einer Kooperation können auf dieser Informationsgrundlage jederzeit getroffen werden.

Dokumentation der Ergebnisse

Die Dokumentation der Kooperation und ihrer Ergebnisse ist ebenfalls von großer Bedeutung, damit Sie oder spätere Entscheider wissen, welche Formen der Markenkooperation erfolgreich waren. Idealerweise verfügen Sie über ein Marketing-Informations-System, in dem alle Marketing-Aktivitäten Ihres Unternehmens zentral festgehalten werden und in das Sie alle relevanten Informationen über die Kooperation einpflegen. Aber auch ohne standardisiertes System ist es wichtig, dass Sie die wichtigsten Eckdaten der Kooperation an zentraler Stelle in einem Abschlussbericht dokumentieren, die auch anderen Marketing-Mitarbeitern zur Verfügung stehen (vergleiche Formular *Abschlussbericht und Feedbackbogen von Markenkooperationen* im Anhang).

Zur Dokumentation der Ergebnisse gehören ...
... die Eckdaten der Kooperation: Zeit, Dauer, Inhalt, Partner.
... das Briefing der Kooperation, die auch die konkreten Ziele und das Budget der Kooperation beinhalten.
... der Projektplan und Daten des tatsächlichen Ablaufs der Kooperation.
... Ergebnisse und Zielerreichungsgrad.

Entscheidung über das weitere Vorgehen der Kooperation

Das COntrol Management der Kooperation dient dazu, den Erfolg der Kooperation zu bewerten und daraus Entscheidungen und Handlungsoptionen abzuleiten. Dazu ist es wichtig, insbesondere bei langfristigen Kooperationsprojekten, das Controlling der Kooperation nicht erst nach Abschluss des Projekts durchzuführen, sondern als kontinuierlichen Prozess parallel zur Durchführung der Kooperation. Auf diese Weise können Sie früh erkennen, ob die Kooperation die Ziele erfüllt. Sollte sich schon im Verlauf des Kooperationsprozesses ergeben, dass die Kooperationsziele nicht erreicht werden können, sollten Sie nicht zögern, die Kooperation vorzeitig zu beenden.

Aber auch Optimierungspotenzial an der Kooperation lässt sich durch permanente Kontrolle der Ergebnisse erkennen. Manchmal sind es nur kleine Änderungen in den Maßnahmen, die das Kooperationsergebnis deutlich verbessern können. So führen beispielsweise nur geringe Änderungen in der Kommunikation zu einem besseren Verständnis des Kooperationsnutzens für den Verbraucher.

Stellen Sie bereits im Verlauf der Kooperation fest, dass die Ziele erreicht oder sogar übertroffen werden, gewinnen Sie die Chance, die erfolgreiche Kooperation zu verlängern oder zu wiederholen.

Nach Abschluss eines Kooperationsprojektes ist es wichtig, die Kooperation insgesamt zu bewerten und die Ergebnisse zu dokumentieren, weil diese Dokumentation eine wichtige Grundlage für die Konzeption und Planung zukünftiger Kooperationsprojekte ist.

Teil 4
Markenkooperationen in ausgewählten Märkten

In den vorangegangenen Kapiteln haben Sie gelernt, wie eine Kooperation konzipiert und umgesetzt werden kann. In diesem Kapitel wollen wir Ihnen zeigen, welche Bedeutung Markenkooperationen in den verschiedenen Branchen haben und welche Kooperationsformen in den jeweiligen Branchen besonders gut funktionieren.

4.1 Markenkooperationen in der Konsumgüterindustrie

Das Besondere an Konsumgütermärkten

Konsumgütermärkte sind heutzutage geprägt von einem intensiven Wettbewerb, der hohe Werbeaufwendungen und starke Preiskämpfe nach sich zieht. Als Anbieter von Konsumgütern müssen Sie Ihre Kommunikationsmaßnahmen auf eine große Anzahl an Abnehmern richten, die in der Regel auch die Konsumenten des Produkts sind. Außerdem läuft der Vertrieb von Konsumgütern größtenteils über einen Zwischenhändler, der die Komplexität des Vertriebs verstärkt und eine zusätzliche Machtkomponente für die Konsumgüterindustrie darstellt. Durch den jahrelangen Konzentrationsprozess hat der Handel eine Marktmacht erlangt, die gerade für kleinere Unternehmen schwer zu kompensieren ist. Im Lebensmitteleinzelhandel etwa kontrollieren fünf Handelsunternehmen etwa 80 Prozent des Marktes. Ein deutscher Mittelständler erwirtschaftet häufig nicht selten drei Viertel seines Umsatzes mit zwei Handelsunternehmen. Dadurch ergibt sich eine problematische Abhängigkeit. Hinzu kommt die steigende Bedeutung von Eigenmarken des Handels, die den Regalplatz für Markenartikel verknappen und durch ihre zunehmende Verbraucherakzeptanz den Markenartiklern wertvolle Marktanteile wegnehmen.

In einer Befragung bei Konsumgüterherstellern gaben Marketing-Entscheider auf die Frage nach den größten Herausforderungen, die sie aktuell im Vertrieb ihrer Produkte sehen, an erster Stelle die Macht des Handels an, die für beinahe zwei Drittel der Hersteller eine der größten Herausforderungen darstellt (siehe Abbildung 50). Aber auch dem hohen Kostendruck, der vor allem durch den zunehmenden Preiskampf verursacht wird, müssen Markenartikler begegnen. Erschwert wird das Geschäft durch eine geringe Produktdifferenzierung im Konsumgütermarkt und je nach Branche eine hohe Anzahl an Me-too-Produkten.

Welches sind für Ihr Unternehmen die größten Herausforderungen im Marketing?

Macht der Handels — 63%
Kostendruck — 52%
Zunehmender Preiskampf — 52%
Marktsättigung — 41%
geringe Produktdifferenzierung — 24%

Abbildung 50: Die größten Herausforderungen von Konsumgüterherstellern (n=83); Quelle: FH Wedel 2012

Die besondere Bedeutung von Kooperationen in Konsumgütermärkten

Wie können Sie nun mit Kooperationen den besonderen Herausforderungen der Konsumgüterindustrie begegnen? Aus den besonderen Eigenschaften des Konsumgütermarkts leiten sich die speziellen Kooperationsziele von Konsumgüterherstellern ab.

In der Befragung von Konsumgüterherstellern nach den Chancen und Risiken von Markenkooperationen zeigen sich als Chance vor allem:

- den Abverkauf eines Produkts zu steigern, indem die Hersteller durch das Angebot zusätzlicher Leistungen einen Mehrwert für den Kunden schaffen
- neue Zielgruppen anzusprechen, indem Kooperationspartner mit attraktiven und bisher nicht erreichten Zielgruppen gewählt werden
- Budgets dadurch effizienter zu nutzen, dass das eigene Produkt von der Bekanntheit des Kooperationspartners profitiert und gemeinsame Kommunikationsmaßnahmen betrieben werden
- positiven Imagetransfer zu erreichen, indem die Kooperationspartner vom Image der Partnerprodukte profitieren

Den Chancen stehen natürlich auch Risiken gegenüber, die aber im Verhältnis zu den Chancen weniger kritisch gesehen werden. Als größtes Risiko gilt der Aufwand für die Steuerung und Umsetzung der Kooperation, der sich möglicherweise nicht im Kooperationsnutzen niederschlägt. Daher muss bereits bei Abschluss der Kooperation genau festgelegt werden, welchen Umfang die Kooperation aufweisen soll und welchen Anteil die jeweiligen Kooperationspartner tragen. Auch die Gefahr eines negativen Imagetransfers und der nicht mehr klaren Kommunikation des eigenen Produktnutzens werden vereinzelt genannt.

Wichtige Erscheinungsformen der Kooperation von Konsumgüterherstellern

Mit welchen Kooperationen können Sie nun diese Chancen nutzen? Im folgenden Anschnitt lesen Sie, welche typischen Arten von Kooperationen es für die Hauptziele in der Konsumgüterbranche gibt. Eine Kooperationsform, die vor allem auf die Abverkaufssteigerung durch Schaffen von Mehrwert abzielt, ist die Onpack-Kooperation: Ein Markenartikler fügt seinem Produkt gratis zum Normalpreis seines Produkts ein Produkt, eine Produktprobe oder (Rabatt-)Gutschein des Kooperationspartners hinzu. Durch diesen Mehrwert soll das Kaufverhalten stimuliert werden und gleichzeitig von der Bekanntheit des Partners profitiert werden.

Onpack-Kooperation von Campells's Germany und WMF
Beim Kauf von zwei Erasco Duopacks erhalten die Konsumenten einen WMF-Tin-up-Dosenöffner gratis. Damit die Konsumenten beim Kauf der Erasco Eintöpfe auch auf das, durch das INSTITUT FRESENIUS vergebene Qualitätssiegel aufmerksam werden, gilt es, die Siegel der vier Dosen aus den Etiketten zu schneiden und zusammen mit dem Kaufbeleg in einer der 180 WMF-Filialen abzugeben und gegen einen WMF-Tin-up-Dosenöffner einzutauschen.

Kooperationen eröffnen dem Markenartikler außerdem die Möglichkeit, Zugang zu neuen Zielgruppen zu erhalten. So veranstalten beispielsweise Mondamin und Schwartau Frutissima ein gemeinsames Gewinnspiel. Damit werden sowohl die Kunden von Mondamin als auch die Kunden von Frutissima zum Kauf motiviert. Kunden, die vorher eines der Produkte nicht in ihrem Awareness Set hatten, werden durch die Kooperation auf das Produkt des Kooperationspartners aufmerksam und ziehen es womöglich erstmalig für einen Kauf in Betracht. Durch ein gemeinsames Rezeptheft wird der Kaufanreiz für das Produkt des Kooperationspartners zusätzlich stimuliert, indem neue Verwendungsmöglichkeiten der Produkte aufgezeigt werden, die die Verwendung des bisher verwendeten Produkts ergänzen. Damit wird die eigene Verwendung intensiviert und der Kunde auch zum Kauf des komplementären Produkts angeregt.

Da die Neugewinnung eines Kunden nach aktuellen Studien je nach Produkt fünf- bis zehnmal teurer ist als die Bindung eines Kunden, außerdem unzufriedene Kunden nicht nur dem Hersteller verloren gehen, sondern möglicherweise auch negative Empfehlungen aussprechen, ist ein wesentliches Ziel der Kooperationen die Kundenbindung durch gemeinsame Treueaktionen. Kooperationsformen, die besonders zur Kundenbindung geeignet sind, bestehen vor allem in gemeinsamen Gewinnspielen, Gutschein- und Treueaktionen. Ein typisches Beispiel ist die Kooperation von Staatlich Fachingen und WMF, mit der neue Kunden angesprochen und bestehende Kunden gebunden werden können. Mit der Aktion unter dem Motto „Der Juwel auf Ihrer Tafel" startete Staatlich Fachingen eine nationale Treueaktion. Beim Kauf von acht Kästen des Mineralwassers gab es ein WMF-Salz/Pfeffer-Set, für sechzehn Kästen einen WMF-Obstkorb gratis.

Ein weiteres wichtiges Ziel ist der Transfer positiver Imagewerte auf den Kooperationspartner. Beispielsweise kooperiert Daim mit dem Single-Portal neu.de. In der Aktion suchen Daim und neu.de gemeinsam das Flirtpaar des Jahres. Das Siegerpaar gewinnt ein romantisches Wochenende auf Mallorca. Mit dieser Gewinnspielaktion möchte Daim neue Zielgruppen ansprechen, aber auch vom Image von neu.de als Vermittler von Singles profitieren. Neu.de als neues Portal profitiert vom etablierten Image und der Käuferschaft von Daim.

Kooperative Verkaufsförderung am Point of Sale: die Co-Promotion

Durch die spezifischen Zielsetzungen eignen sich bestimmte Kooperationsformen besonders für den Einsatz im Konsumgütermarkt. Eine wichtige Erkenntnis insbesondere in der Lebensmittelbranche wird immer wieder durch aktuelle Studien belegt: Kaufentscheidungen fallen je nach Branche in bis zu 70 Prozent der Fälle am Point of Sale. Aus diesem Grund hat die Kooperationsform, die direkt auf die Ansprache der Kunden am Point of

Sale gerichtet ist, besondere Bedeutung für Markenartikler. Die Befragung von Konsumgüterherstellern zeigt, dass insbesondere kurzfristige Kooperationen mit Zielrichtung auf den Handel besondere Bedeutung haben. Die befragten Konsumgüterhersteller gaben an, dass Co-Promotions und Kooperationen zwischen Hersteller und Handel die am häufigsten eingesetzten Kooperationsformen sind:

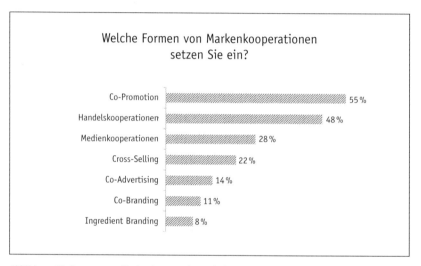

Welche Formen von Markenkooperationen
setzen Sie ein?

Co-Promotion 55%
Handelskooperationen 48%
Medienkooperationen 28%
Cross-Selling 22%
Co-Advertising 14%
Co-Branding 11%
Ingredient Branding 8%

Abbildung 51: Formen von Markenkooperationen bei Konsumgüterherstellern (n=83);
Quelle: FH Wedel 2012

Zur Bestimmung der Ausgestaltung der Co-Promotion sind Kenntnisse über das Kaufverhalten der Konsumenten am Point of Sale entscheidend. Wie stark die Entscheidung für eine Marke bereits vor Betreten der Einkaufsstätte gefestigt ist, hängt in hohem Maße von der Warengruppe ab. Der wichtigste Indikator ist die Entscheidungsrate für Einkäufe innerhalb der Einkaufsstätte, die sogenannte Instore-Decision-Rate, die aussagt, wie hoch der Anteil der ungeplanten und vage geplanten Einkäufe an der Kaufentscheidung einer Marke ist.

Die Kaufentscheidung am POS wird, da es sich in den meisten Fällen und Low-Involvement-Produkte handelt, selten anhand einer sorgfältigen Bewertung aller Alternativen getroffen, sondern erfolgt anhand von Erfahrungen und Einstellungen zum Produkt, aber auch Verfügbarkeit und Präsenz an der Einkaufsstätte. Aus diesen Gründen haben Sie viele Ansatzmöglichkeiten, den Käufer durch Verkaufsförderungsaktionen am Point of Sale zu beeinflussen. Es ist wichtig, dass Sie Informationen über das Kaufverhalten in Ihrer Warengruppe aufbauen, das Sie durch Beobachtungen oder Befragungen der Käufer am Point of Sale erlangen. Kennen Sie den typischen Käufer Ihres Produkts und wissen Sie, wie er seine Kaufentscheidung trifft, können Sie die Entscheidung über die geeignete Mechanik der Kooperation treffen.

Merke

Co-Promotions sind alle Kooperationsformen, die im Rahmen von Verkaufsförderungs-Maßnahmen am Point of Sale durchgeführt werden. Dabei können alle Mechaniken verwendet werden, die die Integration eines Kooperationspartners zulassen.

Die häufigsten Mechaniken für eine Co-Promotion sind Gewinnspiel-Kooperationen, In- oder Onpacks und Treueaktionen mit einem Kooperationspartner.

Die besonderen Eigenschaften von Co-Promotions im Vergleich zu anderen Kooperationsformen liegen in der direkten Ansprache der Käufer am Point auf Sale und der Kurzfristigkeit (siehe dazu auch den Abschnitt *Kooperationen der 1. Ebene: kurzfristige Dauer und geringe Intensität* auf Seite 30).

Ziele von Co-Promotions liegen vor allem darin, die Kosten der Verkaufsförderungsmaßnahme zu senken und die Effizienz der Ausgaben zu steigern, indem Zielgruppen exakt angesprochen und die Handelskanäle beziehungsweise die Regalplätze des Kooperationspartners zugänglich gemacht werden. Je nach Mechanik der Kooperation werden unterschiedliche Zielsetzungen konkretisiert.

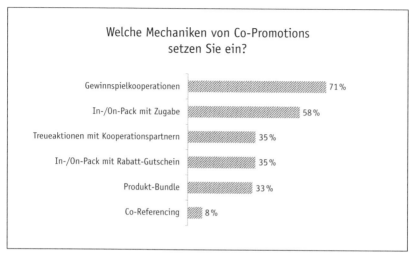

Abbildung 52: Die Häufigkeit von Mechaniken bei Co-Promotions (n=83);
Quelle: FH Wedel 2012

Die wichtigsten Mechaniken für Co-Promotions sind Gewinnspielkooperationen, In- und On-Packs sowie Treueaktionen mit Kooperationspartnern, die jeweils unterschiedliche Zielsetzungen verfolgen.

Die verschiedenen Zielsetzungen dieser drei wichtigsten Kooperationsmechaniken werden auch in den Ergebnissen der Befragung von Konsumgüterherstellern deutlich (siehe Abbildung 53 auf der folgenden Seite).

Befragt man Konsumgüterhersteller nach den wichtigsten Erfolgsfaktoren, so steht die Gewinnung des geeigneten Kooperationspartners an erster Stelle. Die Bedeutung des richtigen Fit der an der Kooperation beteiligten Marken beziehungsweise deren Produkte und das Vorgehen bei der Wahl des Kooperationspartners wurde in Teil 2 *Die Planungsphasen einer Markenkooperation* ab Seite 51 ausführlich beschrieben.

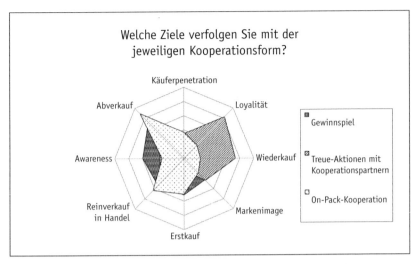

Welche Ziele verfolgen Sie mit der jeweiligen Kooperationsform?

Käuferpenetration
Abverkauf
Loyalität
Awareness
Wiederkauf
Reinverkauf in Handel
Markenimage
Erstkauf

■ Gewinnspiel

▨ Treue-Aktionen mit Kooperationspartnern

□ On-Pack-Kooperation

Abbildung 53: Zielsetzungen der verschiedenen Kooperations-Mechaniken (n=83); Quelle: FH Wedel 2012

Als weiteren wichtigen Faktor für den Erfolg der Kooperation müssen Sie die Generierung eines echten Mehrwertes für den Kunden berücksichtigen. Gewinnspiele müssen für die Zielgruppe attraktive Gewinne ausweisen. Insbesondere sehr hochwertige Gewinne oder Gewinne, die man sonst nicht kaufen kann (zum Beispiel Meet & Greet mit einem Star), führen zu hohen Teilnahmequoten. Auch bei On-Pack-Aktionen ist die Wahl des richtigen Zugabe-Produkts oder Gutscheins elementar für den Erfolg der Aktion. Ein Konsument wird Ihr Produkt nur dann kaufen, wenn die Zugabe auch einen Mehrwert bedeutet und in einem sinnvollen inhaltlichen Zusammenhang mit dem Produkt steht. Eine falsch gewählte Zugabe kann sogar dazu führen, dass Kunden vom Kauf Ihres Produkts absehen, weil ihnen das On-Pack als Zugabe nicht gefällt. Daher ist bei der Planung der Kooperation sehr wichtig, dass Sie auf den Fit des eigenen Markenkerns mit dem Markenkern des Zugabe-Produkts achten und durch geeignete Marktforschung untersuchen, ob die Zielgruppe in der Zugabe einen tatsächlichen Mehrwert sieht, der stark genug ist, um einen Kaufreiz auszulösen. Ist dies nicht der Fall, werden nur Konsumenten kaufen, die es auch ohne die Zugabe gekauft hätten. Somit würde der Absatz der Co-Promotion nur aus den Absätzen bestehen, die Sie auch ohne Promotion generieren würden, und die Promotion wäre ein reines Zusatzgeschäft. Bei der Zugabe von Gutscheinen müssen Sie zusätzlich darauf achten, dass der Gutschein einfach und flächendeckend (im Geltungsgebiet der Kooperation) einlösbar ist.

Weitere Erfolgsfaktoren der Co-Promotion sind auch die für andere Markenkooperationen geltende Entwicklung eines geeigneten Kooperationskonzeptes und die geeignete Kommunikation der Aktion. Eine Co-Promotion ist nur dann erfolgreich, wenn sie vom Konsumenten als zeitlich begrenzte Aktion erkannt und aufgrund des Mehrwertes auch tatsächlich genutzt wird. In Zeiten der Shopper Confusion, in der durch die vielen Informationen eine Reizüberflutung am Point of Sale herrscht, ist es wichtig, dass Sie mit einem auffallenden und zum Produkt passenden Konzept und der entsprechenden Kommunikation arbeiten. Über die Kommunikation muss die bereits erwähnte Nutzenklammer, die die kooperierenden Marken thematisch sinnvoll verbindet, transportiert werden.

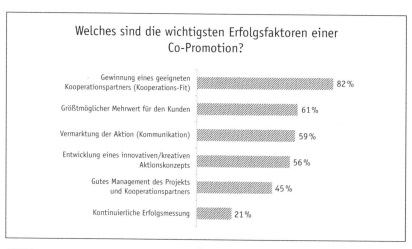

Abbildung 54: Erfolgsfaktoren von Co-Promotions (n=83); Quelle: FH Wedel 2012

Die Co-Promotion ist bei abschließender Betrachtung ein Marketinginstrument, das insbesondere im Konsumgütermarketing einen hohen Stellenwert hat und auch in der Zukunft als Marketingmaßnahme mit steigender Bedeutung angesehen wird.

4.2 Markenkooperationen zwischen Industrie und Handel

Den Herausforderungen der Konsumgüterbranche können Sie nicht nur mit Kooperationen zwischen Konsumgüterherstellern begegnen, sondern in vielen Situationen auch durch Kooperationen zwischen Industrie und Handel. Durch den Wandel im Einkaufsverhalten eröffnen sich dem Handel zahlreiche Möglichkeiten, durch Kooperationen mit Herstellern den Käufern Mehrwerte zu bieten und neue Anreize zur Bindung an die Einkaufsstätte zu setzen.

Situation im deutschen Einzelhandel

Der Einsatz neuer Technologien sowie stetige Veränderungen im Konsumentenverhalten stellen den deutschen Einzelhandel vor ständig neue Herausforderungen. Verstärkte Konkurrenzbeziehungen durch erhöhte Unternehmenskonzentration in der Handelslandschaft und der Einsatz neuer Technologien und Vertriebskanäle setzen den Handel unter einen starken Veränderungs- und Innovationsdruck. Hinzu kommt ein ständiger Wandel im Einkaufsverhalten der Konsumenten, der den Handel zusätzlich vor die Herausforderung der Anpassung an neue Einkaufsgewohnheiten stellt. Hauptgründe für den Wandel im Einkaufsverhalten sind demografische und gesellschaftliche Veränderungen. Die Zunahme von Single-Haushalten in den Städten sowie die Verschiebung der Alterspyramide hin zu einem höheren Durchschnittsalter durch zunehmende Lebenserwartung und abnehmenden Geburtenraten bringen eine Veränderung der Einkaufsgewohnheiten mit sich. Für den Handel bedeutet dies eine Umstellung auf der einen Seite auf eine ältere, kaufkräftige Kundschaft mit längeren Verweildauern im Geschäft, auf der anderen Seite den eiligen Shopper mit wenig Zeit und dem Bedarf nach kleinen Verpackungseinheiten und Convenience auf der anderen Seite.

Hinzu kommen gesellschaftliche Veränderungen. Zum einen ist das Kaufverhalten geprägt von einer hohen Individualität und der Suche nach einem persönlichen Lifestyle, der breite Schichten zu einer anspruchsvollen Käufergruppe werden lässt. Zum anderen herrscht ein hohes Preisbewusstsein gepaart mit einer hohen Mobilität, die Kunden auf der Jagd nach den besten Angeboten weitere Wege auf sich nehmen lässt und damit die Bindung an eine Einkaufsstätte abnimmt. Diese Käufertypen zeichnen sich durch eine hohe Affinität zu Handelsmarken und Sonderangeboten aus. Der Wunsch nach One-Stop-Shopping, also alle Einkäufe an einem Ort erledigen zu können, begründet den wachsenden Erfolg von Einkaufszentren.

Ein weiterer Trend im Kaufverhalten, auf den der Handel reagieren muss, ist ein erhöhtes ökologisches und gesellschaftliches Bewusstsein. Das Angebot von heimischen Produkten und biologisch angebauten Lebensmitteln ist inzwischen für jeden Händler unerlässlich. Aber auch auf gesellschaftlich verantwortliches Handeln wird zunehmend Wert gelegt und gibt dem Einzelhandel Raum, sich durch soziales Engagement gegenüber seinen Kunden zu profilieren.

Die starke Konkurrenz und die Notwendigkeit zur Profilierung gegenüber Wettbewerbern und Käufern haben in den letzten Jahren den Aufbau des Handels als Marke forciert. So setzen Edeka und Rewe vor allem auf den Service, die Discounter auf günstige Preise. Slogans wie „Lidl ist billig" und „Edeka – Wir lieben Lebensmittel" führen zur Wahrnehmung des Handels als Marke und nicht nur als Abholort von Markenartikeln. Der Aufbau von Bekanntheit und Image stehen bei den Bemühungen im Marketing der Handelsunternehmen im Vordergrund.

Durch den Einsatz neuer Warenwirtschaftssysteme und die Analyse von POS-Scannerdaten ist der Handel heute in der Lage, seine Kunden kennenzulernen. So kann das Einkaufsverhalten besser verstanden und die Handelsstrategie optimal auf die Bedürfnisse des Kunden angepasst werden.

Das Verhältnis zwischen Industrie und Handel

Das Verhältnis von Konsumgüterherstellern zum Handel ist traditionell eher konfrontativ. Die Preissensibilität der deutschen Konsumenten verursacht einen Preiskampf im Handel, der das Verhältnis zwischen Markenartiklern und Handel zunehmend belastet. Während der Handel viele Niedrigpreise und Preisaktionen durchsetzen möchte, ist der Markenartikelhersteller an einer hochwertigen Positionierung seiner Produkte interessiert. Daraus resultieren Forderungen des Handels nach Preiszugeständnissen auf Herstellerseite.

In den letzten Jahren hat jedoch ein Entwicklungsprozess von der Konfrontation hin zur Kooperation eingesetzt. Der reine Kampf um Konditionen und Rabatte wird erweitert und teilweise abgelöst von einer gemeinsamen Bearbeitung der Märkte. Die Erkenntnis, dass nicht nur niedrige Preise, sondern vor allem das richtige Angebot an die richtigen Zielgruppen entscheidend für den Erfolg eines Einzelhändler sind, hat bewirkt, dass viele Händler gemeinsam mit dem Hersteller an der verbraucherorientierten Optimierung ihrer Einkaufsstätten arbeiten.

Laut einer Studie von Booz&Co sehen 84 Prozent der Hersteller und 83 Prozent der Handels-Manager einen wichtigen Erfolgsfaktor im gemeinsamen Bemühen um den Kunden. Im Fokus steht dabei die Intention, das richtige Produkt zur richtigen Zeit in der richtigen Platzierung bereitzustellen, um die Kundenbedürfnisse optimal bedienen zu können.

Die besondere Bedeutung von Markenkooperationen zwischen Industrie und Handel

Ansätze für Kooperationen zwischen Industrie und Handel finden Sie entlang der gesamten Wertschöpfungskette: angefangen bei Kooperationen in der Supply Chain, der Logistikoptimierung und dem Lagermanagement bis hin zur gemeinsamen Sortimentsoptimierung, Produktlaunches und Verkaufsförderungsaktionen am POS.

Kundengerichtete Kooperationen haben im Wesentlichen zwei Ansatzpunkte: Category Management, das vor allem auf die gemeinsame Optimierung des Produktsortiments einer Warengruppe durch Hersteller und Handel besteht, und Co-Marketing-Aktionen, die im gemeinsamen Markenauftritt von Hersteller und Handel bestehen. Ziele von Kooperationen zwischen Industrie und Handel sind in erster Linie die Steigerung des Absatzes, die Bindung des Kunden an die Einkaufsstätte und der Aufbau der Einkaufsstätte als eigene Marke.

Category Management soll dazu beitragen, das Leistungsangebot des Handels zu schärfen und auf die Bedürfnisse der Kunden auszurichten, um damit die Loyalität des Kunden gegenüber der Einkaufsstätte zu erhöhen. Aus Herstellersicht wird Category Management als Chance verstanden, den Anforderungen des Handels besser zu entsprechen und den Einfluss auf Absatzentscheidungen zu erhöhen. Im Category Management profiliert sich der Hersteller daher nicht mit seiner Marke, sondern stellt die gemeinsame Optimierung einer gesamten Warengruppe in den Vordergrund.

Ein Betätigungsfeld für Markenkooperationen bietet Ihnen dagegen das sogenannte Co-Marketing: es umfasst kooperative Kommunikationsmaßnahmen zwischen Hersteller und Handel. Damit treten sowohl Hersteller als auch Handel als Marke auf. Der Austausch zwischen Industrie und Handel, die gemeinsame Nutzung der Ressourcen sowie die Konzentration auf Markenloyalität und Einkaufsstättentreue bringen Erfahrung und Vertrauenszuwachs. Der segmentspezifisch angesprochene Verbraucher honoriert dies mit zusätzlichen Käufen in seinem Geschäft. Beide Parteien schärfen ihr Profil gegenüber dem Verbraucher und heben sich damit gegenüber der Konkurrenz in wettbewerbsintensiven Märkten ab. Durch kooperative Aktionen werden Kunden direkter und damit häufig erfolgreicher angesprochen. Im Zentrum der POS-Marketingmaßnahmen der Hersteller stehen Imagewerbung, Database-Marketing, POS-Promotions und Effizienssteigerungsmaßnahmen. Ähnliche Aktivitäten verfolgt der Handel, allerdings steht bei der Bewerbung von Produkten nicht das Image der Marke, sondern das Produktangebot im Vordergrund. Aus dem Vergleich der Vermarktungskonzepte ergeben sich verschiedene Formen von Co-Marketing-Aktivitäten.

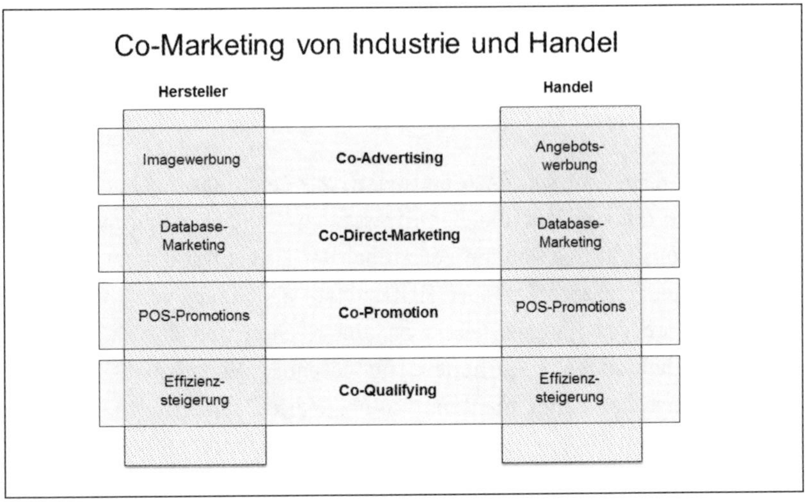

Co-Marketing von Industrie und Handel

Hersteller		Handel
Imagewerbung	Co-Advertising	Angebots-werbung
Database-Marketing	Co-Direct-Marketing	Database-Marketing
POS-Promotions	Co-Promotion	POS-Promotions
Effizienz-steigerung	Co-Qualifying	Effizienz-steigerung

Abbildung 55: Co-Marketing-Ansätze auf Basis gemeinsamer Vermarktungskonzepte; Quelle: Frey, 2001

Die Werbeziele geben Ansatzpunkte für Co-Advertising-Aktionen, in denen Hersteller und Handel gemeinsame TV-Kampagnen, Anzeigen, Radio-Kampagnen oder auch Handzettel bestreiten. Kooperationen im Bereich des

Database-Marketing eröffnen die Möglichkeiten für gemeinsame Co-Direct-Marketing-Kampagnen wie Direct Mailings oder sogar den Aufbau gemeinsamer Kundenbindungssysteme. Den Kernbereich der gemeinsamen Vermarkungsaktivitäten finden Sie im Bereich der Co-Promotions, in deren Rahmen Hersteller und Handel gemeinsame POS-Aktivitäten organisieren und beide als eigenständige Marke auftreten. Hinsichtlich gemeinsamer Effizienzsteigerungsmaßnahmen besteht vor allem die Möglichkeit, durch gemeinsame Marktforschung oder Personalschulung eine effizientere Budgetausschöpfung zu erreichen.

In einer Befragung von Konsumgüterherstellern und dem Handel kam heraus, dass vor allem die Nutzung von Handelsmedien und gemeinsame POS-Aktivitäten von Hersteller und Handel in der Praxis umgesetzt werden. Befragt man die Beteiligten nach der Bedeutung der Co-Marketing-Aktivitäten, so werden insbesondere die Co-Promotions wie Tailormade Promotions und gemeinsame Gewinnspiele als besonders wichtig eingestuft.

Abbildung 56: Einsatz von Co-Marketing-Aktivitäten in der Praxis;
Quelle: Co-Marketing-Report. Markus Dietz, FH-Mainz 2000

Die wichtigsten Formen von Markenkooperationen zwischen Industrie und Handel

Die wichtigsten Co-Marketing-Aktivitäten bestehen vor allem in der Nutzung gemeinsamer Kommunikation (Co-Advertising) und gemeinsamer POS-Aktivitäten (Co-Promotions). Co-Direct-Marketing und Co-Qualifying spielen eher noch eine untergeordnete Rolle.

Unter Co-Advertising versteht man eine Markenallianz, bei der zwei Marken gemeinsam kommunikative Maßnahmen betreiben, sozusagen eine Werbekooperation. Es treten beide Marken, die Marke des Handelspartners und die Herstellermarke, eigenständig auf. Ein Beispiel für Co-Advertising ist die Zusammenarbeit des Douglas-Onlineshops mit der Marke ckOne, die eine gemeinsame Weihnachtskampagne betreiben und dazu aufrufen, den Douglas-Onlineshop zu besuchen und dort ckOne zum Sonderpreis zu kaufen. Beide Marken profitieren dabei sowohl von der Imagewerbung als auch von dem Abverkaufseffekt.

Über Co-Promotions zwischen zwei Konsumgüterherstellern haben Sie bereits in Kapitel 4.1 *Markenkooperationen in der Konsumgüterindustrie* ab Seite 178 gelesen. Bei der Co-Promotion von Hersteller und Handel geht es vor allem darum, die Ziele von Hersteller und Handel zu vereinbaren und ein konsequentes Zielgruppen-Marketing zu betreiben. Der Handel legt in der Regel besonderen Wert darauf, dass Verkaufsförderungsaktionen maßgeschneidert auf den Handelspartner durchgeführt werden, sodass sich der Händler durch die Promotion gegenüber seinen Wettbewerbern profilieren kann. Man spricht in diesem Fall von Tailormade Promotion.

Tailormade Promotion von Dove für Rossmann
Ein gutes Beispiel für eine Tailormade Promotion ist die Zusammenarbeit von Dove und Rossmann im Rahmen der Kampagne „Mehr Mut zum Ich", die 2012 mit dem Salescup 2012 der Lebensmittelzeitung als beste „Tailormade Promotion" ausgezeichnet wurde. Mit dieser Tailormade-Initiative wollen

sich der Unilever-Konzern und seine Körperpflegemarke Dove gemeinsam mit dem Drogeriemarktbetreiber Rossmann für ein gesundes Schönheitsbewusstsein junger Mädchen einsetzen. Eine Dove-Studie hatte zuvor gezeigt, dass 92 Prozent aller Teenager zwischen fünfzehn und siebzehn Jahren mindestens einen Aspekt ihres Aussehens ändern würden und jede Vierte in diesem Alter über eine Schönheitsoperation nachdenkt. Die Kampagne „Mehr Mut zum Ich – Gemeinsam für ein stärkeres Selbstvertrauen" spricht Mädchen im Alter von zwölf bis siebzehn Jahren und deren Mütter an.

Für Co-Promotion-Aktivitäten können Sie grundsätzlich alle Mechaniken der Verkaufsförderung anwenden. Ein weiteres Beispiel für eine Co-Promotion-Aktivität sind gemeinsame Gewinnspiel- oder Treueaktionen von Handel und Hersteller.

Treueaktion von Disney und toom
Im Beispiel der Zusammenarbeit von Disney und toom gibt es eine Sammelsticker-Aktion, bei der toom-Kunden neben dem exklusiven Disney-Sammelalbum pro 10 Euro Einkaufswert fünf Sammelsticker gratis erhalten. Damit profitiert der Händler toom von der hohen Awareness und dem Image von Disney. Durch den Erhalt von Stickern beim toom-Einkauf werden die Kunden animiert, ihre Einkäufe wieder dort zu tätigen, um möglichst viel Disney-Sticker zu erhalten. Disney profitiert von der Awareness durch die kostenlose Werbung in der Weihnachtszeit.

Auch gemeinsame Treueaktionen von Hersteller und Handel beinhalten großes Potenzial für die Zusammenarbeit zwischen Hersteller und Handel. Für den Markenartikler bedeutet eine Treuekooperation die Chance der Absatz- und Awareness-Steigerung seiner Produkte, für den Händler bietet sich die Möglichkeit einer attraktiven Bindungsmaßnahme seiner Kunden an die Einkaufsstätte.

Treueaktion von Edeka und Bosch

In der Treueaktion von Edeka und Bosch beispielsweise erhält der Kunde einer Edeka-Filiale oder eines Edeka-Centers einen Treuepunkt pro 5 Euro Einkaufs-Umsatz. Ab zwanzig Treuepunkten erhält der Kunde einen Bosch-Treueartikel mit bis zu 50 Prozent Preisersparnis.

Gerade durch die Notwendigkeit des Aufbaus von starken Händlermarken und der gesellschaftlichen Forderung nach sozialem Engagement haben Charity-Aktionen der Handelsunternehmen stark zugenommen. Auch hier bieten sich Ihnen viele Kooperationsmöglichkeiten, mit denen sowohl Händler als auch Markenartikler mit ihrem Engagement Gutes bewirken und sich dem Kunden gegenüber als sozial verantwortlich positionieren können.

Rewe und Unilever zeigen Verantwortung

Ein Beispiel ist die Unterstützung des World Food Programme durch Unilever und Rewe, die seit 2009 gemeinsam öffentlichkeitswirksame Aktionen zur Unterstützung des World Food Programme durchführen und damit gleichzeitig einen Beitrag zur Verbesserung der Lebensbedingungen von Schulkindern in Entwicklungsländern leisten.

Merke

Der Erfolg einer Kooperation zwischen Industrie und Handel ist wie in allen Kooperationen stark abhängig von den Zielen und der Art der Zusammenarbeit. Für eine Kooperation zwischen Industrie und Handel sollten Sie beachten, dass Sie

Ihre Ziele klar abstecken: Gerade der langjährige Konfrontationskurs zwischen Hersteller und Handel macht es besonders wichtig, dass beide Partner gleichermaßen von der Kooperation profitieren und die geplanten Ziele mit der Kooperation erreichen können.

Transparenz herstellen: Die Weitergabe von Daten ist eine sehr empfindliche Sache. Legen Sie bereits bei der Planung der Kooperation fest, welche Daten von welcher Seite zur Verfügung gestellt werden und vereinbaren Sie entsprechende Vertraulichkeitserklärungen.

Strategisch denken: Projekte am Point of Sale sind häufig kurzfristig und schnell umsetzbar. Verlieren Sie daher Ihre langfristigen Ziele wie eine differenzierte Positionierung im Markt nicht aus den Augen.

Langfristig handeln: Ein erfolgreiches Projekt ist häufig der Anfang einer systematischen Zusammenarbeit (Quelle: Booz&Company).

4.3 Markenkooperationen im Dienstleistungssektor

Das Besondere am Dienstleistungssektor

Der Dienstleistungssektor gehört nicht nur zu den Boomsektoren der Deutschen Wirtschaft. Er prägte die wirtschaftliche Entwicklung in Deutschland in den letzten Jahrzehnten durch tief greifende Strukturveränderungen, die sich insbesondere durch einen erheblichen Anstieg der Erwerbstätigkeit im Dienstleistungssektor zeigt. So hat der Dienstleistungssektor mit etwa 74 Prozent den mit Abstand größten Beitrag zu Wertschöpfung und Beschäftigung in Deutschland. Gerade mittelständische Dienstleistungsunternehmen bewegen sich in einem wirtschaftlichen und sozialen Umfeld, das sich in den letzten Jahren rasant verändert hat. In ursprünglich mittelständisch geprägten Dienstleistungsbranchen sind Konzentrationstendenzen unübersehbar, da den Anbietern von unternehmensnahen Dienstleistungen auf der Nachfragerseite immer größer werdende Unternehmen gegenüberstehen. Zum Dienstleistungssektor gehören:

- Distributions-Dienstleistungen (Handel, Verkehr, Nachrichten)
- Unternehmens-Dienstleistungen (Finanzdienste, Leasing, Weiterbildung)
- Persönliche Dienstleistungen (Gastgewerbe, Kultur, Sport, Haushalte)
- Soziale Dienstleistungen (Staat, Gesundheit, Unterricht, Kirchen)

Der Dienstleistungssektor ist also einer starken Heterogenität unterworfen.

Die besondere Bedeutung von Kooperationen im Dienstleistungssektor

Gerade die Heterogenität des Dienstleistungssektors und die immaterielle Natur seiner Produkte macht Unternehmen aus dem Dienstleistungssektor besonders interessant als Kooperationspartner. Als besonders herausstechend mit Blick auf branchenspezifische Konzepte gelten heute insbesondere die Bereiche Gesundheit, Soziales, Erziehung, Bildung und Wissen. Sie stellen eine besondere Herausforderung dar, weil Sie wirtschaftlich besonders bedeutsam und aussichtsreich sind, gleichzeitig aber auch eine hohe Bedeutung für die Lebensqualität der Menschen haben. Weitere wichtige Dienstleistungsbranchen sind unter anderem Mobilität und Logistik, Energiewirtschaft sowie der TIME-Markt (Bereiche Telekommunikation, Informationstechnologien und Medien), der sich sowohl durch das rasanteste Wachstum als auch durch die raschesten Veränderungen kennzeichnet. Spezifische Qualitäts- und Wachstumskonzepte für diese Dienstleistungsbranchen sind ein unerlässliches Muss und können für Sie den Ansatzpunkt einer Kooperation bilden.

Viele Dienstleister bewegen sich auf gesättigten Märkten, auf denen ein starker Verdrängungswettbewerb, der oft über den Preis entschieden wird, herrscht. Innovative Dienstleistungsangebote mit zusätzlichem Mehrwert aufzuladen, eröffnet Chancen, sich diesem Verdrängungswettbewerb zu entziehen. Dazu sollten Sie sich hinsichtlich einer Kooperation folgende Fragen beantworten können:

- Kann ich mit einem Kooperationspartner eine neues, innovatives Produkt (Co-Branding) mit einer Dienstleistung kreieren oder eine verbesserte Dienstleistungsqualität durch meinen Mehrwert anbieten?
- Gibt es Wettbewerber, die mit einem Produktpaket erfolgreich sind, welches ich nur mit einem Dienstleister anbieten kann?
- Fehlen mir die finanziellen Mittel, um meine Produktidee alleine um ein vermarktungsfähiges Dienstleistungsangebot zu ergänzen?

Können Sie eine dieser Fragen mit Ja beantworten, lohnt sich in jedem Fall die Suche nach einem passenden Partner aus dem Dienstleistungssektor.

Geht es nicht um neue Produkte oder ergänzende Angebote, bietet der Dienstleistungssektor einen weiteren Ansatzpunkt für eine Zusammenarbeit: Die Qualität von Dienstleistungen ist oft nur schwer zu beurteilen, weshalb gerade beim Verkauf von Dienstleistungen das Vertrauen der potenziellen Kunden in die Qualität eine herausragende Rolle spielt. Finanzstarke Dienstleistungsunternehmen investieren deshalb viel Geld in die Entwicklung und Durchsetzung von Dienstleistungsmarken. Die meisten mittelständischen Unternehmen im Dienstleistungsbereich haben jedoch oft keine ausreichenden Mittel, um den nötigen Werbedruck für ein erfolgreiches Marketing zu erzeugen. Wenn Ihre Marke also in der Zielgruppe eines Dienstleisters im Vergleich zu Ihren Wettbewerbern einen hohen Bekanntheitsgrad hat, sind Sie für diese Dienstleister ein interessanter Partner (gemeinsame Imagekampagne). Grundsätzlich können Sie im Dienstleistungssektor zwischen Bereichen mit hoher Awareness und starkem Interesse seitens der Konsumenten und solchen mit wenig Interesse, sogenannten Low-Involvement-Produkten, unterscheiden. Banken, Versicherungen, Strom- und Wasseranbieter zum Beispiel gehören eher zu den Sektoren, die viele Kunden, also eine hohe Reichweite haben, die im Interesse der Kunden aber eher zweitrangig stehen und nur selten in den Fokus geraten. Die Bereitschaft für Kooperationen ist hier besonders hoch.

Wichtige Kooperationsformen im Dienstleistungssektor

Die besonderen Stärken des Dienstleistungssektors liegen auch in meist gut strukturierten Vertriebsorganisationen und dadurch in dem unmittelbaren Kontakt zum Konsumenten. Gerade im Finanzsektor sind daher traditionell viele Vertriebskooperationen zu finden. Banken vertreiben Versicherungsprodukte, Versicherungen bieten spezielle Konditionen für bestimmte Finanzprodukte der Partnerbank an.

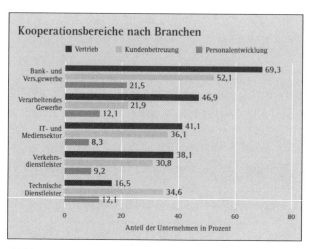

Abbildung 57: Kooperationsbereiche nach Branchen;
Quelle: FAZIT Unternehmensbefragung (2011)

Geld tanken bei Shell

Einen ungewöhnlichen Weg in Sachen Vertriebskooperation beschritt die Post-
bank. Das Low-Interest-Produkt Girokonto, mittlerweile gibt es fast überall
kostenlose Konten, sollte aufgewertet werden. Gemeinsam mit dem Tankstel-
lenkonzern Shell und dem Technologieanbieter Wincor Nixdorf ging man das
Problem an. Aus der Not der Autofahrer eine Tugend zu machen und das Pro-
blem der stetig steigenden Benzinpreise in den Köpfen der Kunden abzumil-
dern, war die Losung für die Zusammenarbeit. Da auch der Wettbewerb unter
den Tankstellen sich nicht nur über den Preis, sondern auch über spezielle
Services und Angebote abspielt, war auch Shell schnell überzeugt. Inhalt
der vertrieblich orientierten Kooperation, die seit 2008 gelebt und laufend
erweitert wird: Kunden der Postbank können an Shell-Tankstellen Geld abhe-
ben wie an einem Geldautomaten. Darüber hinaus sparen Postbankkunden
1 Cent pro getanktem Liter Benzin. Aber nicht nur Bestandskunden der Post-
bank sollen von der Kooperation profitieren. In den teilnehmenden Shell-
Tankstellen liegen Eröffnungsanträge für ein Girokonto bei der Postbank aus.

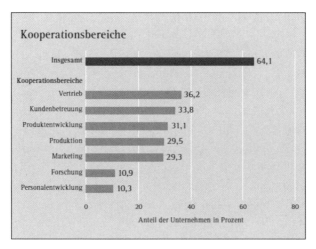

Abbildung 58: Kooperationsbereiche nach Häufigkeit;
Quelle: FAZIT Unternehmensbefragung (2011)

Nach der Kontoeröffnung sollten Neukunden neben dem Rabatt beim Tanken zusätzlich einen Tankgutschein in Höhe von 50 Euro erhalten. Motto: Geld tanken bei Shell. Dabei wurde auch eine Prozessoptimierung bei Shell durchgeführt: Durch Automatisierung das Bezahlen an der Tankstelle sicherer zu machen und parallel dazu die Geldauszahlung per EC-Karte zu ermöglichen.

Merke

Das Maßschneidern von speziellen Dienstleistungsangeboten, Tarifen und Sonderkonditionen für ausgewählte Partner, sogar maßgeschneiderte Produkte (Tailormade) gehören zum größten „Pfund" des Dienstleistungssektors. Nirgends lassen sich mit vergleichsweise wenig Aufwand so individuell zugeschnittene Angebote kreieren wie hier. Mehrwert wird hier für den Kunden großgeschrieben (Win-win-win-Situation).

Versicherungsprodukte speziell für Fitnessklubmitglieder

Ein Beispiel dafür ist die Zusammenarbeit von Branchenprimus Fitness First mit der ERGO Gruppe. Der Versicherer und die Fitnesskette kreierten das Produkt „RehaFit". Fitness-First-Mitglieder genießen über ERGO einen besonderen Versicherungsschutz. Wenn unfallbedingt Verletzungen wie Knochenbrüche, Zerreißung an Muskeln, Bändern, Sehnen, Kapseln oder ein vollstationärer Krankenhausaufenthalt von mindestens sieben Tagen vorliegen, können Klubmitglieder von Fitness First innerhalb von vierundzwanzig Monaten nach dem Unfall ohne Zusatzkosten bis zu fünf Personal-Trainer-Stunden beantragen. Leistungsanträge hierfür gibt es Online und auch bei „ERGO-Experten" die in vielen Studios von Fitness First persönlich ansprechbar sind. Aufsteller und Infomaterial in den Premiumklubs sorgen zudem für die Verbreitung der Kooperation, die mit dem Testimonial Sarah Alles, Karateweltmeisterin, beworben wird. Natürlich sind auch weitere Tarifoptionen des Versicherers inklusive. Über dieses Produkt erreicht die ERGO zusätzlichen Absatz von Versicherungsverträgen, Fitness First etabliert sich als „Kümmerer" und kann sein Serviceangebot erweitern.

Co-Brandings gibt es nicht nur für Produkte. Sie sind auch im Dienstleistungssektor möglich und sogar ein stark ausgeprägtes Mittel. Wie oben beschrieben, können vor allem Dienstleister, die eher im Low-Interest-Bereich agieren, vom Image anderer Kooperationspartner mit hohem Bekanntheitsgrad profitieren. Das folgende Beispiel zeigt wie kleinere Partner so wahrgenommen werden können.

Die CSR-Kooperation „Storchenkinder"

Gleich vier Partner haben sich für die CSR-Kooperation „Storchenkinder" (CSR = Corporate Social Responsibility) gefunden, die vor allem vom Co-Branding lebt. Der ADAC, Taxi Berlin, Kindersitzhersteller Britax-Römer und die Techniker Krankenkasse widmeten sich dem Problem der Gesundheitsgefährdung von Kindern, Kleinkindern und Babys durch falsche Sicherung in Kfz, insbesondere aber in Taxen. Die Kooperation beinhaltete die Ausstattung von 150 Taxen von Taxi Berlin mit je drei Kindersitzen von der Ba-

byschale bis zur Stufe 2 durch Britax-Römer, die fachliche Ausbildung der Taxifahrer durch den ADAC, die Verbreitung des Angebotes via Geburtskliniken, Hebammen und Frauenärzten durch die Techniker Krankenkasse. Gemeinsam produziertes Info- und Werbematerial und öffentlichkeitswirksame Aktionen wie eine Pressekonferenz oder der Auftritt eines „Storchentaxis" auf dem jährlich stattfindenden ADAC-Presseball rundeten die Kooperation ab und machten sie für alle Beteiligten, vor allem aber für Kinder zum Erfolg, weshalb sich auch die BILD und „Ein Herz für Kinder" an der Aktion beteiligten.

Quelle: Techniker Krankenkasse

4.4 Markenkooperationen in der Medien- und Unterhaltungsbranche

Die Entwicklung in der Medien- und Unterhaltungsbranche

Schon die alten Römer wussten: Brot und Spiele begeistern die Massen. An der Beliebtheit von Unterhaltung, in welcher Form sie auch immer konsumiert wird, hat sich nichts geändert. Nur die Art und Intensität der Nutzung ist dem gesellschaftlichen Wandel unterlegen und sorgt hier für Abgesang, dort für Boomstimmung. Die jährlich erhobene Studie JIM (Jugend, Information, (Multi-)Media) macht deutlich, wie die Nutzung der Medien sich insbesondere bei Jugendlichen verschoben hat.

Für die einzelnen Bereiche innerhalb der Branche hat dies unterschiedliche Auswirkungen. Die Zeitschriftenverlage beispielsweise kämpfen nunmehr schon seit Jahren mit sinkenden Auflagen und zurückgehendem Anzei-

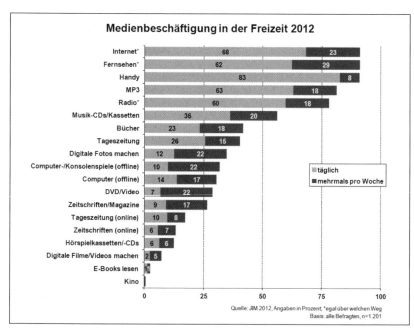

Medienbeschäftigung in der Freizeit 2012

	täglich	mehrmals pro Woche
Internet*	68	23
Fernsehen*	62	29
Handy	83	8
MP3	63	18
Radio*	60	18
Musik-CDs/Kassetten	36	20
Bücher	23	18
Tageszeitung	26	15
Digitale Fotos machen	12	22
Computer-/Konsolenspiele (offline)	10	22
Computer (offline)	14	17
DVD/Video	7	22
Zeitschriften/Magazine	9	17
Tageszeitung (online)	10	8
Zeitschriften (online)	6	7
Hörspielkassetten/-CDs	6	6
Digitale Filme/Videos machen	2	5
E-Books lesen	1	
Kino		

Quelle: JIM 2012, Angaben in Prozent; *egal über welchen Weg
Basis: alle Befragten, n=1.201

Abbildung 59: Mediennutzung Jugendlicher; Quelle: JIM 2012

gengeschäft. Einige, durchaus bekanntere Titel sind gar vom Markt verschwunden.

Die *Financial Times Deutschland* von Gruner und Jahr, oder der *PRINZ* vom Jahreszeiten Verlag sind die jüngsten Opfer dieser Entwicklung. Es gibt aber auch Lichtblicke: Der Online-Präsenz von Print-Titeln kommt parallel eine wachsende Bedeutung zu. Laut IVW legte die Nutzung von redaktionellem Content im Bereich Nachrichten im Oktober 2012 um 22 Prozent zu. Demgegenüber steht der andauernde Abwärtstrend der meisten Publikationen. Für die Branche bedeutet dies immer mehr Druck, der durch die Suche neuer Werbeformate, aber eben auch durch Kooperationspartner kompensiert werden soll. Geht es für die Verlage meist um Abverkauf der Auflage und ums Image, sollte es das Ziel der Werbepartner sein, die teils

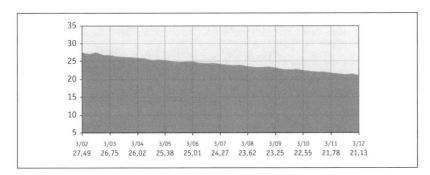

	3/02	3/03	3/04	3/05	3/06	3/07	3/08	3/09	3/10	3/11	3/12
	27,49	26,75	26,02	25,38	25,01	24,27	23,62	23,25	22,55	21,78	21,13

Abbildung 60: Entwicklung der Auflage (Mio.) bei Tageszeitungen; Quelle: IVW (2012)

immer noch ansehnlichen Reichweiten zu nutzen und von der einen oder anderen Marke zu profitieren.

Gewinner des veränderten Medienkonsums ist die Games-Branche. Computerspiele sind längst kein Nischenthema für Randgruppen mehr, sie sind vielmehr als Teil der Alltagskultur akzeptiert. Das Durchschnittsalter der Gamer liegt bei 31 Jahren und die Zielgruppe der spielenden Bevölkerung (jeder dritte Deutsche spielt) ist insgesamt attraktiv. Dies schlägt sich nicht nur im Wachstum des Marktes nieder, sondern auch auf das Image der in der Vergangenheit viel gescholtenen Branche. Abseits der Killerspieldebatte und Suchtdiskussionen ist ein Wachstumsmarkt entstanden, der sich lange auch gegen negative Wirtschaftstrends behaupten konnte und sich stetig veränderte. Auch hier spielt der Online-Markt eine zunehmend größere Bedeutung. Studien von zum Beispiel Price Waterhouse Coopers (PWC) und dem Branchenverband BITKOM kommen zum Ergebnis, dass sich bis 2016 der Umsatz, der vor allem aus Abonnements und dem Verkauf virtueller Güter innerhalb der Spielewelten stammt, mehr als verdoppeln dürfte. Starke Zuwächse prognostiziert die Studie auch für das Segment der Spiele für mobile Endgeräte.

Entwicklung des Videospielmarktes in Deutschland			
	Umsatz 2011	Umsatz 2016 (Prognose)	Durchschnittliches Wachstum
Konsolenspiele	1.098 Mio. €	1.440 Mio. €	5,6 %
PC-Spiele	445 Mio. €	409 Mio. €	– 1,7 %
Mobile-Games	29 Mio. €	60 Mio. €	18,6 %
Online-Games (plattformübergreifend)	416 Mio. €	978 Mio. €	15,7 %
Gesamt	1.988 Mio. €	2.887 Mio. €	7,7 %

Abbildung 61: Entwicklung des Videospielmarktes in Deutschland;
Quelle: PWC (Price Waterhouse Coopers)

Dazu kommt, dass Werbung in Spielen (In-game-Advertising) wirkt. Das trägt natürlich Früchte: 40 Prozent ihres Umsatzes wird die Games-Branche nach Schätzungen von Price Waterhouse Coopers bis 2015 mit In-Game-Advertising machen. Der Bekanntheitsgrad der Marken, stieg laut Nielsen-Studie bei den Probanden um 64 Prozent, ganze 41 Prozent wuchs die Bereitschaft, die Marke beim nächsten Kauf zu berücksichtigen. So hat diese Form von Werbung ein enormes Potenzial und vermittelt alleine aufgrund der realistischen Einbindung von Ads die Werbebotschaft besser als die meisten anderen virtuellen Werbeträger. Laut Nielsen bemerkt der Spieler die Werbung nicht einfach nur, sie bestätigen einen positiven Einfluss auf die Markenwahrnehmung. Durch die konzentrierte Wahrnehmung des Spiels steigt die Aufmerksamkeit für jeden Content.

Abbildung 62: Die Wertschöpfungskette in der Games-Branche

Um neue Zielgruppen zu erschließen und Mehrwert über das bloße Spiel hinaus zu schaffen, sind nahezu alle Unternehmen in der Wertschöpfungskette, vor allem aber die Publisher an Kooperationen mit Markenunternehmen aus anderen Branchen interessiert.

Hinzu kommen Medien- und Telekommunikationsunternehmen, die im wachsenden Bereich der Online- und Mobile-Games Fuß gefasst haben und den Publishern klassischer Spiele aus der Box Marktanteile nehmen. Trends wie Serious Games, Online-Games und Multiplayer-Online-Games ermöglichen es dabei, noch vielfältigere Partnerschaften zu schließen. Insbesondere das Thema Serious Games trägt zu einer Verflechtung mit „seriösen" Bereichen wie etwa der Gesundheitsbranche oder dem Bildungswesen bei.

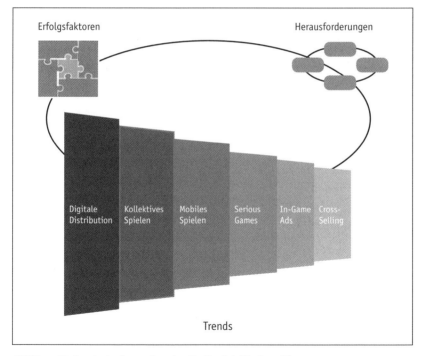

Abbildung 63: Trends der Games-Branche; Quelle: Deloitte Consulting

Die digitale Distribution macht es dabei einfacher, Werbemittel und Productplacement zu realisieren. In-Game, Item-Selling, bei dem der Spieler zusätzliche Features hinzukaufen kann, und Echtzeit-Advertising, hier kann zum Beispiel Bandenwerbung beim Fußball aktualisiert werden, sind die wichtigsten Vorteile dieser Entwicklungen.

Wirft man einen Blick auf die ARD- und ZDF-Online-Studie zur Mediennutzung oder die regelmäßigen Erhebungen des Branchenverbandes BITKOM, stellt man schnell fest, dass die Nummer 1 bei den Deutschen immer noch Film & Fernsehen sind. Auch wenn Internet, Social Media und Mobile rapide aufgeholt haben und bei den jüngeren Zielgruppen sogar gleichauf mit der TV-Nutzung liegen, verlieren Radio und insbesondere Fernsehen kaum an Bedeutung.

Was sich jedoch stark verändert, ist die Art der Nutzung. Fernsehen, Radio und Co werden mehr und mehr zum sogenannten „Ambient"-Medium. Im Klartext bedeutet dies, dass die Aufmerksamkeit des jungen Publikums mehr und mehr zwischen verschiedenen Sendern und Empfängern auf verschiedenen Endgeräten aufgeteilt wird. Während der Fernseher läuft, konsumiert der „Digital Native", also der in unsere digitalisierte Welt hineingeborene Nutzer, Informationen aus weiteren Kanälen. Parallel zur TV-Sendung wird das Internet genutzt, sich über Soziale Netze oder mit Messaging-Diensten ausgetauscht. Die meisten Fernsehsender haben auf diesen Trend, auch „Second Screen" genannt, reagiert. Die Facebook-Seite zur Sendung ist gerade bei Formaten für die jüngeren Zuschauer obligatorisch und zunehmend wird Twitter bei Livesendungen unterstützend zur Kommunikation mit den Zuschauern eingesetzt. Etwa 50 Prozent der deutschsprachigen Onlinenutzer ab vierzehn Jahren gehen laut ARD- und ZDF-Onlinestudie mindestens gelegentlich parallel zur TV-Nutzung ins Internet. Dazu gesellt sich die Entwicklung, welche die Sender online hin zu umfassenden Medien-Portalen gemacht haben und die Tatsache, dass Online-Anbieter wie die Telekom, Amazon (Lovefilm. de) und andere in das Geschäft mit den Bewegtbildern eingestiegen sind.

Auf diese Weise verschwimmen zunehmend die Grenzen von Fernsehen und Internet.

Auf Filmverleihe und Kinos kommt in diesem Business ein besonders harter Kampf zu. Im Zeichen der Digitalisierung und des Verschmelzens von Medien junge Menschen ins Kino zu locken, erfordert entweder Blockbuster, eine Fan-Community oder eben geschickte Vermarktung und ein angenehmes Ambiente. Die Besucherzahlen in den Filmtheatern haben sich zwar leicht erholt, lassen aber immer noch nicht an alte Erfolge anknüpfen. Dazu kommt, dass die Preise für den Kinobesuch steigen, während DVDs und Blurays von Jahr zu Jahr günstiger zu haben sind.

Die Kinos haben die Zeichen der Zeit erkannt und einerseits ihre Kosten durch die Digitalisierung gesenkt, andererseits durch neue Technologien (3D, neue Bild- und Soundtechniken) und Schaffung einer Umgebung, die

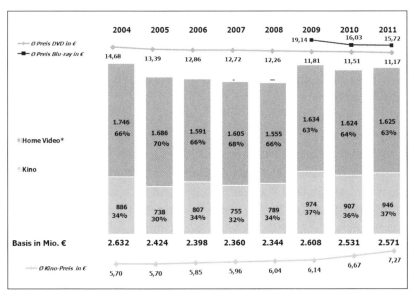

Abbildung 64: Umsatzentwicklung und Preise Kino/DVD/Blu Ray (ohne digital), Quelle: Filmförderungsanstalt, „Der Kinobesucher 2011" (2011)

mehr Eventcharakter vermittelt, laut aktueller Studien der Filmförderanstalt eine leichte Erholung zu verzeichnen. Dennoch stehen Sie im ewigen Kampf gegen zunehmend günstiger werdende Möglichkeiten des Home-Cinemas und stetig schrumpfende Zeiträume zwischen Kinopremiere, DVD-Release und Pay-/Free-TV-Veröffentlichung der Produkte. Die Filmverleihe sind dabei die eigentlich Leidtragenden des digitalen Films, da die Haupteinnahmequelle, das Erstellen und Verteilen von Filmkopien, weitestgehend entfallen ist. Sie haben sich mehr und mehr auf das Vermarkten der Filme und das Lizenzgeschäft (zum Beispiel Merchandising) verlegt.

Betrachtet man nun die Gesamtsituation, ergeben sich entlang der gesamten Verwertungskette Möglichkeiten für Kooperationen. Nachfolgende Beispiele sollen Ihnen eine Idee von den Möglichkeiten vermitteln.

Abbildung 65: Verwertungskette von Filmproduktionen in Deutschland

Der Musikindustrie geht es nicht wesentlich besser als der Filmbranche

Obwohl sich Musik zu jeder Zeit größter Beliebtheit erfreut und laut Statistik für 84 Prozent der Befragten wichtig oder sehr wichtig ist und der Durchschnittsdeutsche 18 Prozent seiner Zeit aufs Musikhören verwendet, stagnieren die Absatzzahlen der Musikbranche (Zahlen: Bundesverband Musikindustrie, 2011). Zwar strömen die Menschen ins Netz, um sich mit Angeboten zu versorgen, dies kann jedoch nicht die sinkenden Absatzzahlen bei CDs ausgleichen. Einzig Vinyl erfreut sich nach wie vor größter Beliebtheit. Die Diversifizierung der Vertriebswege schreitet ebenfalls voran. Zwar ist der stationäre Handel nach wie vor das größte Standbein, die digitalen Absatzkanäle holen jedoch rasch auf.

Der Besitz von Musik scheint zudem nach und nach nicht mehr so wichtig zu sein. Streaming, Abonnements und personalisiertes Radio sind im Kommen. Die Branche befindet sich im Umbruch, scheint aber immer noch mehr Energie in die Verfolgung von Download-Sündern (vergleiche „Morpheus-Urteil") und die Verfolgung ungeklärter Rechtstreitigkeiten (GEMA versus YouTube) zu investieren, statt der Digitalisierung und dem geänderte Nutzerverhalten Rechnung zu tragen. Zwar wurden die ersten Schritte gemacht und viele der großen Labels betreiben mittlerweile Musikplattformen, der große Durchbruch gelang bisher aber nur wenigen Angeboten.

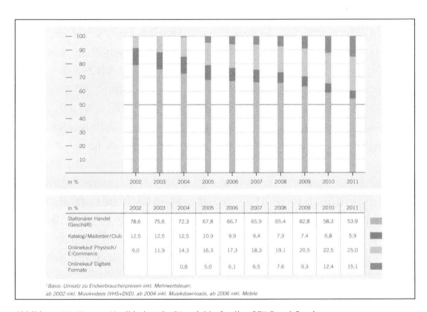

Abbildung 66: Umsatz Musikindustrie (Vertrieb); Quelle: GFK Panel Services

Nichtsdestotrotz kann die die Musikbranche wegen der Emotionen und der Allgegenwart ihrer Produkte die Basis für gewinnbringende Kooperationen liefern. Auch hier bietet die Wertschöpfungskette in ihrer Gänze die Möglichkeit für Sie, sinnvolle Ansätze zu suchen.

Abbildung 67: Verwertungskette Musikindustrie

Die besondere Bedeutung von Kooperationen in der Medien- und Unterhaltungsbranche

Wohl kaum eine Branche ist zur Akquise von Kooperationspartnern so begehrt wie die Medien- und Unterhaltungsbranche. Menschen aller Zielgruppen lassen sich von Games, Blockbustern im Kino, TV-Sendern und Musik begeistern, werden zu Fans und treuen Anhängern ihrer Stars. Auf dem Wege einer Markenkooperation in diesem Bereich können Sie, selbst für Low-Involvement-Produkte, eine emotionale Bindung zu potenziellen Kunden aufbauen, die über andere Wege nur schwer oder mit hohem Werbedruck zu erreichen wäre. Die Bereitschaft, Geld in Unterhaltung zu investieren, ist hoch und so suchen viele Unternehmen und Marken die Zusammenarbeit mit Filmverleihen, Verlagen, Konzertagenturen und weiteren Partnern im Entertainment-Bereich. Für Freizeit, Unterhaltung und Kultur wurden 2010 rund 3.100 Euro oder knapp 8 Prozent des verfügbaren Einkommens ausgegeben, knapp 4 Prozent weniger als für Ernährung, aber fast doppelt so viel wie für Bekleidung (vergleiche Verbraucherfokus-Konsumentenverhalten 2010, BBE Media [2010]). Was liegt also näher, als hier vom hohen Interesse der Konsumenten zu profitieren. Das weiß auch die Medien- und Unterhaltungsbranche selbst und so gibt es kaum eine Branche, die in sich so viele Cross-Selling-, Co-Marketing- und Co-Advertising-Aktionen fährt wie diese. Da werden zu Kinofilmen entsprechende Soundtracks, Computerspiele und TV-Formate entworfen, die in Kooperation mit anderen Mitgliedern der Branche oder eigenen Tochterunternehmen umgesetzt werden.

Medienkooperationen im Printbereich (Verlage) und TV (Sender, Produktionsfirmen) gewinnen an Bedeutung. Dabei entwickeln sich Print und TV unterschiedlich und haben verschiedene Bedürfnisse, aber auch Möglichkeiten, sich in eine Kooperation einzubringen.

Die Verlage setzen dabei auf Vertriebskooperationen für den Absatz von Abonnements, den Beilagentausch, zum Beispiel mit dem Versandhandel, aber auch auf Events und Co-Advertising. Die Fernsehlandschaft dagegen ist besonders betroffen von der Medienfragmentierung und wird zunehmend komplexer, das Angebot an Kanälen steigt exponentiell, dadurch nimmt die Wettbewerbsintensität enorm zu und es kommt zu Kannibalisierungseffekten bei TV-Sendern, auch in der eigenen Senderfamilie.

In allen Teilen der Medien- und Unterhaltungsbranche wächst der Wettbewerbsdruck: Neben einem spannenden Produkt und guter Realisierung wird eine professionelle Vermarktung zum entscheidenden Faktor für den Erfolg. Dabei können Sie als Kooperationspartner unterstützen und von der enormen Reichweite und Anziehungskraft dieser Branche profitieren.

Merke

Die Medien- und Unterhaltungsbranche ist besonders vom Technologiewandel (Digitalisierung) und vom gesellschaftlichen Wandel hinsichtlich der Nutzung von Medien betroffen. Dies führt immer mehr zur Crossmedialisierung (Second-Screen) und zur Spezialisierung (Spartensender, Pay-TV). Alle Anbieter buhlen um die Aufmerksamkeit und das Budget eines immer anspruchsvolleren Publikums, das sich immer mehr online (gern kostenlos) bedient und daher oft spezielle Anreize braucht. Im Kampf um Auflage, Besucher und Einschaltquoten und angesichts zurückgehender Werbeetats für Anzeigen und TV-Spots sind alle Beteiligten dieses Marktes stets auf der Suche nach Mehrwert in Form von Content, Imagewerbung, Reichweite in den angepeilten Zielgruppen und Produkten zur eigenen Diversifikation.

Medienkooperationen (Print & TV)

Eine gern genutzte Form der Kooperation ist bei Verlagen die gemeinsame Durchführung von Events. Dabei reicht die Palette von Public Viewing über Festivals, Straßenfeste bis hin zu Galas und Preisverleihungen.

Quelle: Techniker Krankenkasse

Eventkooperation „Hamburger Familientribüne"

Das Hamburger Abendblatt nahm beispielsweise die Fußball-WM 2010 zum Anlass, auf dem Hyundai-Fanfest in Hamburg gemeinsam mit der Techniker Krankenkasse (TK) aufzutreten. Die Idee war es, einen Raum zu schaffen, in dem auch Familien mit kleinen Kindern die WM-Stimmung genießen können: die Familientribüne. In einem abgegrenzten Bereich wurden erhöhte Sitzplätze geschaffen, außerdem ein Extra-Zelt mit einem Gastronomieangebot zu familienfreundlichen Preisen bereitgestellt. Ein Animationsprogramm mit unter anderem Fanschminke, Torwandschießen, Sitzsäcken zum Toben und eine riesige Kletterwand boten Möglichkeiten für die kleinen Besucher.

Die Plätze wurden über das Hamburger Abendblatt und die TK verlost, überall im Familienbereich wurden Materialien der Partner ausgelegt und Tribüne, Personal und Animationselemente waren cobranded. Der Fan Park war um eine Attraktion reicher, die TK profitierte von der Berichterstattung und der Verlosung im Abendblatt. Das Hamburger Abendblatt profitierte von der Werbung durch die TK und konnte Ihr Image bei Familien verbessern. Darüber hinaus wurden durch den gebrandeten Bereich Reichweiten in der TV-Berichterstattung generiert und die Presse griff das Thema Familientribüne öfter auf. Andere Partner, wie zum Beispiel die Sendeanstalt NDR verlosten Plätze für Spiele zwischen den Auftritten der Nationalelf. Zusätzlich wurden

Schulen und Behindertenwerkstätten durch die Partner eingeladen, die Familientribüne an nicht ganz so stark frequentierten Spieltagen zu nutzen.

Eine gute Möglichkeit mit Printmedien zusammenzuarbeiten und die häufigste Variante, in der Sie im Rahmen von Bartering agieren können, ist das Belegen von Anzeigenplätzen für Gegengeschäfte. Ein noch besseres und zunehmend mehr genutztes Format ist das Advertorial. Anders als eine klassische Werbeanzeige wird hier viel Inhalt transportiert, sodass der Eindruck entsteht, es handelt sich um redaktionellen Inhalt. Faktisch kennzeichnet nur das Wort „Anzeige" die meist über eine Doppelseite gehenden Artikel. Diese sollten natürlich inhaltlich über bloßes Werbe-Blabla hinausgehen und einen echten Mehrwert schaffen.

Advertorial der Deutschen Telekom

Die T-Home Sparte der Deutschen Telekom platzierte ein Advertorial im redaktionellen Bereich in den KINDERZEIT-Seiten der Zeitschrift DIE ZEIT. Mit dem Schwerpunktthema „Sicheres Surfen für Kinder" wurden gleich vier Advertorials umgesetzt. Die Deutsche Telekom positioniert sich hier als Kümmerer innerhalb der gesamtgesellschaftlichen Aufgabe, Medienkompetenz zu vermitteln, verbindet dieses Image mit dem entsprechenden Produkt und weist dezent auf das Stiftung-Warentest-Ergebnis hin.

Quelle: Techniker Krankenkasse, JDB Media

Advertorials sind eine adäquate Form der Zusammenarbeit, wenn Sie entsprechende Inhalte zu bieten haben und der Inhalt auch in die Umgebung, also das Medium und das Themenfeld drumherum passt. Im Printbereich haben Sie heute jedoch nicht nur die Möglichkeit, Kooperationen mit Anzeigen, Advertorials oder Events umzusetzen. Die Branche ist durch den Verlust von Werbegeldern und durch technologische Neuerungen sehr kreativ geworden. DVDs, CDs, ja sogar Videodisplays lassen sich auf Magazine aufspenden. Mit Coversampling lassen sich kleinere Produktproben prominent auf dem Cover transportieren. In Versandtaschen verschickte Publikationen können bereits größere Proben enthalten. Bei der Werbeform „Doppelcover" wird ein zweiter Heftumschlag mit verändertem Motiv eingesetzt. Darüber hinaus kann man Sonderauflagen mit eigenen Titelbildern oder Schwerpunkten (ab einer gewissen Auflage) produzieren. Man kann also festhalten, dass Ihnen einige Möglichkeiten zur Verfügung stehen, um Ihre Botschaft zu transportieren, auch wenn die hier genannten Beispiele „klassisch" gebuchte Werbeformate sind und Ihnen nur potenzielle Möglichkeiten zeigen sollen.

Merke

Verlage zielen bei Kooperationen meist auf eine vertriebliche Zusammenarbeit ab. Zusätzliche Absatzkanäle für Abos, Sonderauflagen, Mailings und gemeinsame Beilagen, aber auch Gewinnspiele und Events sind hierbei die Waffen der Wahl. Beachten Sie bei Medienkooperationen im Printbereich sehr genau, ob der Gegenwert stimmt. Dies gilt selbstverständlich auch umgekehrt, für den Fall, dass Sie eine Kundenzeitschrift herausgeben.

Im TV lassen sich abseits des hoch dotierten TV-Spots beispielsweise inhaltliche Kooperationen stricken. Sogenannte Scripted-Reality-Formate boomen derzeit und beherrschen das Nachmittags- und Vorabendprogramm der meisten deutschen TV-Sender. Dabei geht es stets darum, Lebenssituationen aus dem Alltag mit „Otto-normal-Bürger" darzustellen.

Scripted-Reality-Format „Mieten, Kaufen, Wohnen"

Eines dieser bekannten Formate ist „Mieten, Kaufen, Wohnen" des Senders VOX. Wohnungen und Häuser, die auf dem Markt stehen, werden hier über diverse Makler an den Mann oder die Frau gebracht, von Zeit zu Zeit gesellt sich ein prominenter Wohnungsuchender dazu, fertig ist die Sendung. Um entsprechende Objekte für die Sendung nutzen zu können, scannt die Produktionsfirma die Anzeigen von Maklern auf den Online-Plattformen und spricht die Makler bei Interesse an. Hier bietet sich nicht nur die Möglichkeit, als Makler sein Objekt kostenlos und reichweitenstark zu präsentieren, der entsprechende Makler wird gar im Abspann genannt. Umgekehrt können Sie die Zusammenarbeit natürlich kommunizieren.

Kooperationen in der Games-Branche

Spätestens seit Ubisofts „Splinter Cell" kennt der Gamer die Vorzüge von Axe Deodorants und weiß mit dem Sony Ericsson K900 umzugehen. Auch beim „FIFA" spielen nicht mehr auf echte Bandenwerbung verzichten zu müssen, Burger King und McDonald's in so manchem Shooter vorzufinden, oder mit seinem Lieblingsserienwagen in „Gran Tourismo" ein paar Runden zu drehen, wird von den Gamern positiv wahrgenommen. Die überwiegende Mehrheit der Gamer akzeptiert In-Game-Werbung, denn sie erzeugt Realitätsnähe. Und es ist wohl der hohe Grad an Realismus, der es dem In-Game-Advertising in manchen Spielen, wie zum Beispiel den eben genannten so leicht macht, neben der spielenden Community auch die Werbeindustrie zu begeistern. Trotz der nachgewiesenen Wirksamkeit wird diese Werbeform jedoch noch eher verhalten genutzt.

Spielehersteller Ubisoft und Adidas

Im Spiel „Shaun White Skateboarding" von Ubisoft nutzt die Marke Adidas die Chance, eine modebewusste und sportliche Zielgruppe anzusprechen. Interessanterweise wird hier noch ein Retailer, in diesem Fall Footlocker, eingebunden. Das Ziel ist es, Werbung für ein bestimmtes Produkt zu machen und gleichzeitig Shop-Aktivierung für den Handelspartner zu erwirken. Für das Spiel ist diese Form der Werbung ebenfalls gewinnbringend, findet der Skateboard geneigte Gamer doch eine authentische Umgebung wieder.

Auch wenn Sie diese Form der Zusammenarbeit mittlerweile auch in die „gewöhnliche" Mediaplanung aufnehmen können, bietet Sie aufgrund der noch verhaltenen Nutzung noch Potenzial für eine Markenkooperation.

In manchen Fällen lassen sich eigene Produkte und Dienstleitungen in ein Spiel einflechten. Vor allem, wenn Sie Inhalte beisteuern, oder mit Kompetenz inhaltlich beraten können, aber auch wenn Sie durch Ihre Marke ein potenziell interessantes Marktsegment ansprechen, sind Sie in der Games-Branche ein geeigneter Partner für eine Content-Kooperation.

Spielehersteller Ubisoft und Nivea

Der kanadische Game-Publisher Ubisoft legte 2012 sein Fitness-Game „Your Shape™: Fitness Evolved" gemeinsam mit dem Kosmetik-Markenartikler NIVEA auf. Das Game enthält ein spezielles NIVEA-Workout, das in Zusammenarbeit mit NIVEAs Fitness- und Lifestyle-Expertin Sarah Maxwell entwickelt wurde. Das Spezialprogramm „NIVEA Workout Your Body" diente NIVEA dabei als Plattform für die Bewerbung körperstraffender Produkte wie Bodylotion. Es eröffnete dem Unternehmen die Möglichkeit, neue Zielgruppen zu erschließen, eine moderne neue Form der Kommunikation zu nutzen und mittels des aktiven Einsatzes des Testimonials eine emotionale Bindung zum virtuellen Coach und der Marke NIVEA aufzubauen, wie dies nur mithilfe von klassischen Werbemitteln nie gelungen wäre. Ubisoft ging es vermutlich vor allem um den Imagetransfer und die Erschließung weiterer Zielgruppen, insbesondere der weiblichen NIVEA-Fans. Die Auswahl der passenden Produkte für diese Kooperation machte die Kooperation zusätzlich zur Bewerbung durch beide Partner stimmig.

Über die genannten Beispiele hinaus gibt es noch vielfältige Möglichkeiten, die Sie in Betracht ziehen können. Zu den Game-Releases suchen die Publisher nach Möglichkeiten, ihre Produkte in Öffentlichkeit zu bringen.

Event-Module, die ihre Veranstaltungen wertig aufladen und den Games die nötige Plattform bieten, Gewinnspiele, POS-Aktionen etc. bieten sich geradezu an. Wichtig ist es hier, authentisch zu bleiben, also das richtige Spiel für die eigene Marke zu wählen. Es macht keinen Sinn mit Titeln wie „Counterstrike" zu kooperieren, wenn man Haushaltsartikel für ältere Damen herstellt.

Eine weitere Möglichkeit über das Themenfeld Games zu kooperieren, stellt der Angang der Zielgruppe Gamer mit weiteren Playern der Branche, Verbänden, Vereinen und den sogenannten „Clans" dar. Ähnlich wie im klassischen Mannschaftssport schließen sich Spieler zu Teams, den „Clans" zusammen und spielen in organisierten Ligen um Preisgelder in erklecklicher Höhe. Einer der größten Organisatoren ist die ESL (European E-Sports League). Mit Millionen von registrierten Spielern, Tausenden Teams, einem eigenen Online-Sender und einer Vielzahl von großen Events sicher einer der interessantesten Partner. Marken wie Intel, die Deutsche Telekom und VW waren hier zum Beispiel schon als Kooperationspartner aktiv. Auch das Fördern eines einzelnen Teams kann sinnvoll sein, es gibt auch unter Gamern „Stars", die als Testimonials geeignet sind. Die Ansprache der richtigen Partner gelingt am besten auf der alljährlich stattfindenden Gamescom in Köln, die auch ein Spielfeld für gemeinsame Aktivitäten sein kann.

Merke

Die Games-Branche bietet eine Fülle von attraktiven Möglichkeiten, auf unterhaltendem Wege eine kaufkräftige und junge Zielgruppe zu erreichen. Die immer noch verhaltene Nutzung dieser Möglichkeiten durch branchenfremde Marken sichert hier in vielen Fällen gar ein Alleinstellungsmerkmal. In jedem Fall erfordert eine Kooperation mit Partnern aus der Games-Szene eine Überprüfung der Unternehmenskultur. Da gerade in älteren Generationen das Themenfeld an sich nicht oder nur schwer verstanden wird und dort auch immer noch ein schlechtes Image (Killerspieldebatte, Suchtpotenzial) hat, gebietet eine erfolgreiche Zusammenarbeit hier das Tragen des Themenfeldes bis in die Spitze des Unternehmens.

Kooperationen mit der Filmbranche

Die Konvergenz der Medien, die Digitalisierung und die zunehmende Fragmentierung des Marktes sind die bestimmenden Faktoren beim Film. Diese Faktoren bewegen zunehmend auch die Hersteller von TV-Geräten, Receivern und anderen internetfähigen Endgeräten zur Integration von On-Demand-Angeboten, die in Konkurrenz zur klassischen Videothek und Pay-TV auf den Markt streben und zu Vertriebskooperationen einladen.

LOVEFiLM.de und Sony

Die Online-Videothek und Amazon-Tochter LOVEFiLM.de kooperiert aus diesem Grund seit nun mehr zwei Jahren umfangreich mit dem Konzern Sony. Mittels einer eigens entwickelten App ist das Video-on-Demand-Angebot von LOVEFiLM.de über die Play Station 3, Blu-Ray-Player und neuerdings auch über die SMART-TV-Geräte des japanischen Konzerns abrufbar. Spezielle Angebote für Nutzer dieser Geräte ohne bestehenden Account beim Online-Anbieter sorgen für stetigen Kundenzuwachs. Sony wiederum kann sich auf dem hart umkämpften Markt für Unterhaltungselektronik von seinen Wettbewerbern in Sachen SMART-TV differenzieren.

Auch die anderen Teile der Verwertungskette von Filmen bieten interessante Ansätze für Sie. Zum Beispiel werden insbesondere zum Start von neuen Kinofilmen und DVDs von Filmverleihern, Distributoren und Kinos gern abseits des Lizenzgeschäftes individuelle Kooperationen (Tailormade) geschlossen. Hier spielen vor allem Aktivierung der Zielgruppe und die Verkaufsförderung eine Rolle.

Filmstudio Fox und das Modehaus Peek&Cloppenburg

Zum Kinostart des Animationsfilms „RIO" kooperieren das Filmstudio Fox und das Modehaus Peek&Cloppenburg, da der Film mit seinem fröhlichen und bunten Artwork zur Ausrichtung der Kinderabteilung von Peek&Cloppenburg (P&C) passt. Im Zentrum der Kooperation stand die von P&C eigens entworfene Kinder-Kollektion der Marke Review Kids mit Motiven aus dem Film RIO. Im Aktionszeitraum setzte P&C im Rahmen ihrer 360° Kampag-

ne verschiedene Maßnahmen zu RIO in den Verkaufshäusern sowie On- und Offline um. Durch die RIO-Kollektion von Review Kids hatten die Kunden die Möglichkeit, Produkte mit einem emotionalen Filmthema, welche nur in limitierter Auflage vorlagen, zu kaufen. Die Gratispostkarten und das Online-Gewinnspiel in den Modehäusern von P&C stellten für den Kunden einen Mehrwert dar. Weiterhin schaffte die Dekoration der Modehäuser im RIO-Look eine Erlebniswelt für die Kinder und schließlich gab es einen großen Event zur Deutschlandpremiere des Films mit Kinderparty und öffentlicher Autogrammstunde.

Merke

Abseits von Werbebudgets und teuren Lizenzen bietet die Filmbranche Ihnen eine Vielzahl von Möglichkeiten zur Kooperation und damit dem Transfer des Flairs der großen Leinwand oder der Bekanntheit von Sendeformaten auf Ihre Marke. Filmverleiher und Fernsehproduktionen arbeiten meist mit spezialisierten Agenturen zusammen, die stets auf der Suche nach potenziellen Partnern sind. Als solcher kommen Sie allerdings nur infrage, wenn Sie einen echten Mehrwert mitbringen. Dies sind in der Regel Content oder Reichweite.

Die Palette reicht hierbei vom Gewinnspiel mit Verlosung von Kinotickets über exklusive Previews bis hin zum aufmerksamkeitsstarken Event. Natürlich werden Sie es nicht schaffen, ohne nennenswertes Budget oder eine eigene starke Marke in der Liga von Franchises wie Star Wars oder 007 mitzuspielen, aber selbst kleinere Unternehmen haben die Chance auf einen Hauch von Hollywood in ihrer Kommunikation.

Kooperationen mit der Musikbranche

Ähnlich wie in der Filmbranche spielen auch in der Musikindustrie Digitalisierung und neue Marktteilnehmer aus dem Online-Sektor eine große Rolle. Unter diesem Wettbewerbsdruck stehend, ist die Vertriebskooperation ein entsprechend probates Mittel.

Deutsche Telekom und Spotify

Den Zugriff auf über 20 Millionen Musiktitel im Streaming wollte sich daher die Deutsche Telekom sichern, um sich an dieser Stelle von Wettbewerbern zu differenzieren und ging eine Kooperation mit dem Anbieter Spotify ein. Mit einer zusätzlichen Tarifoption bietet die Telekom ihren Kunden damit eine Musik-Flat, die ankommt: Nach Statistiken der Telekom hören die Nutzer des Tarifes im Schnitt 109 Minuten Musik täglich über Spotify. Bei dieser Kooperation nutzt die Telekom den Mehrwert des zusätzlichen Contents samt der Ansprache einer hippen Zielgruppe, die bereits Streaming-affin ist. Für Spotify ergibt sich hier ein neuer und reichweitenstarker Vertriebskanal.

Internet-Werbeanzeige; Quelle: Spotify.com

Der Clou: Nicht einmal der Preis für den Bezahl-Account beim Musikanbieter musste verändert werden. Er ist der Gleiche wie für Nicht-Telekom-Nutzer. Allerdings gibt es vom Mobilfunkprimus das erforderliche Datenvolumen dazu.

Das Geschäft der Musikverlage ist heutzutage nicht nur auf den Vertrieb von Superstars und Sternchen ausgerichtet. Kommerzielle Musik wird für viele Gelegenheiten benötigt und oft auch maßgeschneidert. Neben Compilations für Marken und Themen bietet dieser Markt auch die Möglichkeit, neue Themen in Zusammenarbeit anzugehen und zum Beispiel eine Content-Kooperation zu versuchen.

Beispiel: Techniker Krankenkasse, Deutsche Stiftung für Organtransplanttation und EMI

Das Thema Organspende auf emotionalem und innovativem Wege einer jungen Bevölkerung nahebringen wollte die Techniker Krankenkasse und kooperierte dabei mit der Deutschen Stiftung Organtransplantation und mit der EMI Music Publishing.

Auf Basis eines Interviews mit einem Herztransplantierten forderte der Musik-Verlag verschiedene Künstler auf, musikalische Beiträge zum Thema zu produzieren und einzureichen. Aus vielen Einsendungen wurden die besten vier auf eine EP gebracht, das Projekt „Von Mensch zu Mensch" wurde geboren. EMI sorgte für eine Vermarktung über musicload, Vodafone und iTunes, wo das Projekt sogar eine Landingpage bekam. Gemeinsam wurde Promotion bei Radiosendern gemacht und zu zwei Titeln wurden Musikvideos produziert. Exklusiv für die Partner wurden auch CDs produziert, die neben Infomaterial zum Thema auch einen Organspendeausweis beinhalteten. Das Projekt ist bis heute einzigartig und veränderte die Kommunikation zum Thema Organspende in den folgenden Jahren.

Quelle: Techniker Krankenkasse

Die Musikbranche ist entlang der gesamten Wertschöpfungskette im Umbruch und ist daher offen für mögliche Kooperationen. Ähnlich wie bei der Filmbranche geht es hauptsächlich um Reichweite zur Bekanntmachung von Künstlern, Titeln etc. und natürlich den Vertrieb von Produkten. Insbesondere im Bereich Konzerte und vor allem bei digitalen Angeboten ist die Bereitschaft groß. Darüber hinaus haben diverse Partner schon gute Erfahrungen mit Projekten gemacht, bei denen es um den Aufbau von Künstlern und die Produktion von Titeln für spezielle Aktionen geht. Beachten Sie dabei die unterschiedlichen Zuständigkeiten aller Player. Je nachdem, wo Sie ansetzen, können Sie mit wenig (Künstler) bis sehr viel (Distribution) Möglichkeiten in Sachen Marketingunterstützung rechnen. Auch hier gilt: Rechnen Sie bitte nicht damit, mit Superstars der Musiklabels arbeiten zu können, ohne ein entsprechendes Budget oder eine adäquate Gegenleistung (Marke, Reichweite) bieten zu können.

4.5 Neues Feld für Markenkooperationen: das Web 2.0

Das Besondere am Web 2.0

Die rasante Verbreitung des Internet hat zu einer einschneidenden Veränderung des Informations- und Einkaufsverhaltens der Menschen weltweit geführt. Im Jahr 2012 sind 75 Prozent aller Deutschen ab vierzehn Jahren online. Wir sind es mittlerweile gewohnt, Informationen zu jeder Zeit online abrufen zu können, unsere Post per Mail zu erledigen und Einkäufe vierundzwanzig Stunden am Tag an sieben Tagen in der Woche online erledigen zu können.

Mit dem Web 2.0 hat dazu die Integration von Usern begonnen, das heißt, im Web 2.0 haben Internet-Nutzer die Möglichkeit, ohne besondere technische Vorkenntnisse Informationen zu erzeugen und anderen zugänglich zu machen. Die klassische „Ein-Weg-Kommunikation" ist damit Geschichte.

Sie sind nicht mehr nur Empfänger, sondern können sich gleichzeitig anderen Usern mitteilen, zum Beispiel als Konsument durch Empfehlungen oder Rezensionen, als Blogger oder als Mitglied eines Social Networks wie Facebook.

Diese Möglichkeiten haben zu einer starken Bedeutung und rasanten Entwicklung des Online-Marketings geführt. Das Online-Marketing umfasst alle Maßnahmen und Marketing-Strategien, die das Internet als Medium nutzen. Zu den Instrumenten des Online-Marketings gehören im Wesentlichen:

- Der Aufbau einer **Website** eines Unternehmens oder Produkts ist ein zentraler Bestandteil des Online-Marketings.
- Die **Banner-Werbung** umfasst die klassische Online-Werbung in Form von Bannern, Pop-ups oder Layer-Ads.
- Unter **Suchmaschinenmarketing** (kurz SEM) versteht man Maßnahmen, die für die Auffindbarkeit von Websites in Suchmaschinen unternommen werden. In Deutschland ist die größte Suchmaschine Google mit einem Marktanteil von 96 Prozent, sodass sich die Suchmaschinenoptimierung fast ausschließlich auf Google beschränkt. Man unterscheidet zwischen Suchmaschinenoptimierung (kurz SEO), die auf ein möglichst hohes Ranking im normalen Suchprozess ausgerichtet ist, und Suchmaschinenwerbung (kurz SEA), die sich auf das Schalten bezahlter Anzeigen in Suchmaschinen bezieht.
- **E-Mail-Marketing** ist eine Maßnahme des Direktmarketings, in dem User durch E-Mails gezielt angesprochen werden. E-Mail-Marketing bietet Ihnen die Chance, Nutzer individuell anzusprechen und zielgruppengenaue Inhalte zu liefern.
- **Social-Media-Marketing** beinhaltet die Nutzung von Social-Media-Kanälen für Marketing-Maßnahmen.

Im Gegensatz zu klassischen Medien weist das Internet eine Reihe von Vorteilen auf, die der Grund dafür sind, dass das Online-Marketing in den letzten Jahren rasant an Bedeutung gewonnen hat. Die wesentlichen Vorteile sind geringe Kosten, hohe Reichweite, die schnelle Reaktionsfähigkeit, hohe Interaktivität, lange Haltbarkeit und nicht zuletzt die gute Möglichkeiten der Erfolgskontrolle.

Für Online-Marketing-Maßnahmen fallen nur geringe Kosten an. Den hohen Kosten der Übertragung oder des Versands der Werbebotschaften im klassischen Marketing stehen fast ausschließlich fixe Kosten im Online-Marketing gegenüber. Insbesondere kleine und mittlere Unternehmen schätzen die hohe Reichweite des Internets. So ist es sogar regional operierenden Händlern möglich, ihre Produkte weltweit anzubieten. Hinzu kommt die Möglichkeit, Zielgruppen sehr genau im relevanten Kontext anzusprechen, da Ihnen Instrumente wie Suchmaschinen-Marketing oder Banner-Werbung die Möglichkeit bieten, eine definierte Zielgruppe genau anzusprechen. Durch die Pull-Funktion des Internets (das heißt, da sich Internet-User gezielt relevante Inhalte suchen und nicht durch Werbung darauf gestoßen werden müssen) können Sie sicher sein, dass Sie mit Ihren Online-Instrumenten relevante Zielgruppen mit einem Interesse für Ihr Angebot erreichen können. Dies ist besonders dann interessant, wenn Zielgruppen angesprochen werden sollen, die mit klassischen Medien schwer erreichbar sind. Dadurch können selbst junge und kleine Unternehmen schnell und stark wachsen, da besonders beliebte Produkte sehr großen Zuspruch erhalten und durch Empfehlungen und Verlinkungen in kürzester Zeit einen hohen Bekanntheitsgrad erzielen können.

Ein weiterer Vorteil des Online-Marketings ist die gute und schnelle Reaktionsfähigkeit. Im klassischen Marketing müssen Sie mit langen Reaktionszeiten der Kunden rechnen, dazu zählen beispielsweise Reaktionen auf Direct Mailings oder auch die Awareness- und Imagewirkung von Massenwerbung. Im Online-Marketing kommen Werbebotschaften direkt und schnell bei Ihren Kunden an, und Sie können ebenso schnell und flexibel auf Reaktionen reagieren. Durch die Interaktivität des Web 2.0 und die hohe Beteiligung der User an den Inhalten einer Seite ist es zudem möglich, Kundenreaktionen und Wünsche sehr schnell und gut einzuschätzen, um darauf reagieren zu können. Ein nicht zu vernachlässigender Vorteil der Online-Medien ist dazu die hohe Verfügbarkeit von Kundendaten und die Möglichkeit der Erfolgskontrolle. Über Tracking-Tools ist es jeder Seite möglich, das Verhalten seiner Kunden nachzuvollziehen und zu analysieren. Dadurch können die Wege und Aktivitäten des Besuchers auf der eigenen Website exakt nachvollzogen werden. Als Betreiber eines Online-Shops wissen Sie also, welche Produkte zu welchem Zeitpunkt gekauft wurden, welche Produkte er früher gekauft hat, wie häufig ein Kunde kauft und was er zusammen gekauft hat. Der Erfolg von Kampagnen kann auf diese Weise unmittelbar bestimmt werden, weil die Abverkäufe zeitlich und inhaltlich genau zuzuordnen sind. Nicht zuletzt müssen Sie die Online-Medien im crossmedialen Kontext sehen. Sie können Ihre klassischen Marketing-Kampagnen durch die Nutzung neuer Medien effektiv unterstützen und erweitern. Die Möglichkeit der Einbindung von Texten, Bildern, Audio und Video bieten Ihnen zahlreiche Möglichkeiten der medialen Präsentation von Produkten und Kampagnen.

Merke

Gutes Online-Marketing kann nur betreiben, wer nicht versucht, große Massen an Usern auf seine Website zu bringen, sondern weiß, wie er die richtigen User erreicht, die dann zu Käufern werden. Am Ende zählen nicht die Anzahl der Besucher einer Website, sondern die Käufer der Produkte.

Kooperationsansätze im Online-Geschäft

Die Online-Welt bietet zahlreiche Möglichkeiten für Markenkooperationen. Neben reinen Online-Modellen zur Generierung von Traffic lassen sich auch die meisten klassischen Kooperationsansätze in die Offline-Welt übertragen. Auch für die mediale Unterstützung von Offline-Aktionen sind die neuen Medien ein wichtiger Kanal.

Online-Kooperationen zur Kundengewinnung

Gerade für die Herausforderung, qualifizierten Traffic zu generieren, also die richtigen User und damit potenzielle Kunden auf Ihre Website zu bringen, bieten sich Online-Marketing-Kooperationen an. Der beständigste Ansatz zur Kooperation im Online-Marketing ist das Angebot eines E-Commerce-Anbieters über die Website eines Kooperationspartners, der dafür in der Regel erfolgsabhängig vergütet wird. Damit bietet sich dem E-Commerce-Anbieter die Chance, über die Partner-Website neue Kunden zielgruppen-genau anzusprechen und den Partner dafür nur im Erfolgsfall zu vergüten. Im Gegenzug erhält der Kooperationspartner neben der finanziellen Vergütung eine Erweiterung seines Leistungsangebots. So können auch junge Unternehmen auf kostengünstige und risikoarme Art Kunden gewinnen, etablierte Unternehmen können durch die exakte Kundenansprache ihre Akquisitionsmaßnahmen ergänzen. Neben der Umsatzsteigerung durch Gewinnung neuer Kunden und der Senkung von Akquisitionskosten stehen auch psychografische Ziele wie die Steigerung von Bekanntheit und Image durch den Kooperationspartner im Vordergrund der Online-Kooperation. Interessant ist vor allem die Möglichkeit, das Angebot des Kooperationspartners kontextabhängig einzubinden. So kann beispielsweise ein Reiseanbieter auf seiner Website in Kooperation mit einem Ticketanbieter Tickets für Sportveranstaltungen oder Konzerte am Zielort eines Kunden anbieten. Die Gestaltung der Kooperation richtet sich vor allem nach der Größe und Wichtigkeit der Partner.

Bei strategischen Kooperationen werden individuelle Verträge ausgehandelt und die Kooperationslösung an den Kooperationspartner maßgeschneidert angepasst. Strategische Kooperationen werden meist nur mit wenigen, wichtigen Partnern dauerhaft geschossen und sollten besondere Sorgfalt bei der Partnerwahl, Konzeption und Gestaltung erfahren. Sie weisen häufig eine hohe Umsatzbedeutung gerade für junge E-Commerce-Anbieter auf.

Beispiel für die Zusammenarbeit von musicload und eventim
Folgende Abbildung zeigt die Zusammenarbeit von musicload und eventim,
bei der User der Seite musicload Konzertkarten direkt über den Ticketshop
von eventim erwerben können. Diese Kooperationen finden in der Regel –
aber nicht zwangsläufig – mit einem gemeinsamen Branding statt, sodass
beide Partner nicht nur von dem Traffic der Partnerseite, sondern auch von
dem Image profitieren.

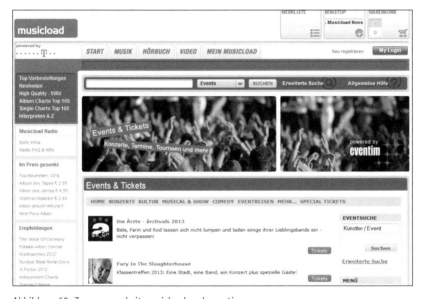

Abbildung 68: Zusammenarbeit musicload und eventim;
Quelle: www.musicload.de/events?stext=tickets&xtmc=tickets&xtcr=999

Kooperationspartner eines E-Commerce-Anbieters für strategische Kooperationen sind in den meisten Fällen entweder große Portale mit starkem
Traffic oder Special Interest Sites, über die relevante Zielgruppen direkt
angesprochen werden können. Strategischen Kooperationen sollten Sie
hohe Aufmerksamkeit im Organisationsprozess widmen.

Im Rahmen von Affiliate-Programmen wird eine Vielzahl kleinerer Kooperationen gebündelt. Die Kooperationen werden standardisiert abgewickelt und vergütet. Die Organisation von Affiliate-Programmen erfordert eine Systemlösung, die die Nachvollziehbarkeit der Umsätze gewährleistet und die Vergütung der Partner übernimmt. Die Organisation der Programme kann entweder durch eine eigene Systemlösung oder durch einen Affiliate-Anbieter wie Zanox, Tradedoubler oder Affili.net erfolgen. Als Vorreiter der Affiliate-Programme gilt Amazon, die bereits Ende der Neunzigerjahre Websitebetreibern die Möglichkeit boten, durch Buchempfehlungen Provisionen zu erzielen und damit als einer der ersten E-Commerce-Anbieter mit einem Affiliate-Netzwerk auf performance-Basis. Auch heute besitzt Amazon mit mehr als 900.000 Partnern eines der größten Affiliate-Netzwerke weltweit.

Der große Vorteil von Online-Kooperationen ist die Medienvielfalt, über die Kooperationspartner eingebunden werden können. Sie können Online-Kooperationen über viele verschiedene, eigentlich alle digitalen Medien und Kanäle realisieren: über normale Websites, mobile Websites auf Smartphones und Tablets, in Social Media wie Facebook, Xing oder Youtube, auf Spielekonsolen und internetfähigem Fernsehen (Smart-TV). Die Einbindung eines Partners kann als Link, Bild, Video oder sogar als ganzer Shop erfolgen.

Die Vergütung von Online-Kooperationen erfolgt in der Regel rein erfolgsbasiert auf Provisionsbasis (Pay per Sale). Dies funktioniert so, dass der Partner für einen User, der über seine Website auf die Seite des E-Commerce-Anbieters kommt und dort eine bestimmte Handlung (Registrierung, Kauf) ausführt, eine im Vorfeld bestimmte Provision erhält. Hier kommt der Vorteil der digitalen Medien zum Tragen, dass das Verhalten der User im Web durch Tracking-Systeme nachverfolgt und somit ein Kauf direkt der Vermittlung durch die Partner-Website zugewiesen werden kann. Es bestehen verschiedene erfolgsbasierte Vergütungsmodelle:

- **Pay per View:** Der Partner erhält einen Fixbetrag für die Einblendung des E-Commerce-Anbieters.
- **Pay per Click:** Vergütungsform der herkömmlichen Bannerwerbung, bei der ein Fixbetrag für jeden Click auf der Seite des Partners bezahlt wird.
- **Pay per Lead:** Fixbetrag, der für eine erfolgte, vorher definierte Kundenaktion wie Newsletter-Bestellung, Registrierung gezahlt wird.
- **Pay per Sale:** Provision, die in vereinbarter Höhe vom Umsatz, der durch die Partner-Seite vermittelt wird, gezahlt wird.
- **Pay per Period:** Fixbetrag, der in regelmäßigen Perioden, zum Beispiel als monatliche Grundgebühr, gezahlt wird.

Die weitaus häufigste Form der Vergütung ist heutzutage die Pay-per-Sale-Vergütung. Diese hat den Vorteil, dass der Partner ausschließlich an dem durch ihn vermittelten Umsatz beteiligt wird und somit gerade für kleine und junge Anbieter ein risikoarmes Marketing-Instrument darstellt.

Die Gestaltung der Online-Kooperation kann sehr unterschiedlich sein: Es besteht die Möglichkeit einfacher Verweise (als Link, Bild oder Banner), Hinweise auf bestimmte Produkte oder bis hin zur Einbindung eines kompletten Shops auf der Seite des Kooperationspartners. Gerade die Einbindung eines gesamten Shops wie bei der Kooperation von musicload und eventim bietet die Chance, durch die Bündelung von Produkt- und Serviceangeboten das gesamte Angebot für den Nutzer interessanter zu gestalten und ihm attraktive Zusatzleistungen anzubieten.

Klassische Kooperationsansätze in der Online-Welt
Grundsätzlich lassen sich die meisten Ansätze für Markenkooperationen aus der Offline-Welt auch auf die Online-Welt übertragen. Co-Promotions wie Treuaktionen, Gewinnspiele oder Gutschein-Aktionen funktionieren auch für E-Commerce-Anbieter. Bespielweise spendiert FYVE, der Prepaid-Mobilfunktarif der ProSiebenSat.1 Group, zur Vorstellung seiner neuen Tarife umsatzstarken Kunden künftig Gutscheine für die ebenfalls zu

Abbildung 69: maxdome-Gutscheine für ausgewählte Kunden; Quelle: www.fyve.de/maxdome

ProSiebenSat.1 gehörenden Onlinevideothek maxdome. Wer in einem Kalendermonat 15 Euro oder mehr umsetzt, sei es durch SMS-Versand, telefonieren oder surfen, erhält demnach kostenlos einen maxdome-Gutschein im Wert von bis zu 5,99 Euro.

Auch Co-Branding-Aktionen sind in der Online-Welt möglich: Beispielsweise startet BILD.de in Kooperation mit „WATCHEVER" den Video-Streaming-Service „BILD Movies", ein neues kostenpflichtiges Unterhaltungsangebot: Gemeinsam mit Vivendi bietet Deutschlands größtes News- und Entertainmentportal BILD.de damit eine Flatrate für Serien und Filme. Für 8,99 Euro im Monat haben User unbegrenzten Zugriff auf mehrere Tausend Filme und Serien in HD-Qualität, darunter Blockbuster, Arthouse-Filme, komplette Staffeln vieler US-Serien sowie Familien- und Kinderfilme.

So funktionieren viele klassische Ansätze für Markenkooperationen auch in den neuen Medien. Kooperationen von E-Commerce-Anbietern müssen aber nicht auf die Online-Welt beschränkt sein. Auch die Kooperation zwischen Partnern aus Online- und Offline-Kanälen sind möglich, man spricht dann von Cross-Channel-Kooperationen. So bieten beispielsweise Praktiker-Baumärkte den Service von MyHammer.de an. Inhalt der Kooperation ist, dass beim Kauf der Handwerks-Produkte bei Praktiker gleich die entsprechende Handwerks-Leistung über MyHammer.de gebucht werden kann. Dies bedeutet für die Praktiker-Baumärkte neben dem zusätzlichen Service ein Transfer des jungen Images von MyHammer. Im Gegenzug profitiert MyHammer von der großen Bekanntheit der Praktiker-Märkte. Gerade das große Wissen über den Kunden und die Möglichkeit der individuellen Ansprache bieten auch im Bereich des Relationship Management hohe Potenziale für Kooperationen. Wenn man das Wissen über den Kunden in gemeinsamen Datenbanken kombiniert, wird die individuelle Ansprache der Kunden durch Dialog-Marketing-Instrumente wie E-Mail-Marketing oder Social Media ermöglicht.

Natürlich sind die neuen Medien nicht nur ein möglicher Kanal für die Bildung von Kooperationen, sondern auch zur medialen Unterstützung Ihrer klassischen Kooperationen. Sie können über Ihre Website, E-Mail-Aktionen oder Social Media zusätzliche Informationen zur Kooperation geben und durch den Response-Charakter der neuen Medien den Kunden aktiv in die Kooperation einbinden. Ein Beispiel für die mediale Unterstützung einer klassischen Kooperation ist die Zusammenarbeit von Unilever und Edeka mit der Marke Knorr. Knorr hat einige Produkte exklusiv bei Edeka im Angebot, außerdem gibt es die gemeinsame Aktion „Was koche ich heute?". Auf der Edeka-Website gibt es dazu Informationen über die Exklusiv-Produkte sowie Rezept-Angebote zum Kochen mit Knorr-Produkten.

Merke

Markenkooperationen in den neuen Medien sind aufgrund der schnellen Umsetzbarkeit und den geringen erforderlichen Investitionen eine kostengünstige und risikoarme Möglichkeit der Zusammenarbeit zur gemeinsamen Vermarktung von Produkten. Online-Kooperationen können sowohl zwischen reinen Online-Playern geschlossen werden, aber auch zur medialen Unterstützung klassischer Kooperationen eingesetzt werden.

Teil 5
Zum Schluss: Wie Sie Ihre Kooperation zum Erfolg führen

In den vorangegangenen Kapiteln haben Sie nun viele Informationen darüber erhalten, welche Zielsetzungen und Formen von Kooperationen es gibt, wie Sie Ihre Kooperation konzipieren, durchführen und den Erfolg messen können und welche Arten von Kooperationen es in den verschiedenen Branchen gibt.

Nun gilt es, Ihre Kooperation erfolgreich zu gestalten. Sie wissen jetzt viel über den Kooperationsprozess und was Sie in jeder einzelnen Phase berücksichtigen sollten. Was aber sind die entscheidenden Faktoren für den Erfolg Ihrer Kooperation?

Es gibt fünf Erfolgsfaktoren, die für jede Form der Markenkooperation gilt, und die wir Ihnen gern mit auf den Weg geben möchten:

Erfolgsfaktor 1: Gewinnen Sie den richtigen Partner!
Der Erfolg der Kooperation steht und fällt mit dem geeigneten Partner. Sie haben im zweiten Kapitel gelesen, wie wichtig es ist, den richtigen Partner zu finden. Dabei ist es nicht nur wichtig, dass die Marken und Produkte zueinander passen, sondern auch, dass Ihre Unternehmen zueinander passen und Sie gut miteinander arbeiten können. Eine gute und vertrauensvolle Zusammenarbeit ist der Grundstein einer erfolgreichen Kooperation. Verzichten Sie trotzdem nicht auf den Abschluss eines Kooperationsvertrags, um den Kooperationsrahmen für alle Partner verbindlich zu fixieren. Sollten Sie Schwierigkeiten haben, einen geeigneten Partner zu finden, verzichten Sie lieber auf die Kooperation oder lassen sich von Experten bei der Suche unterstützen.

Erfolgsfaktor 2: Seien Sie kreativ!
Entscheidend für den Erfolg einer Markenkooperation ist eine kreative Kooperationsidee und ein innovatives Kooperationskonzept. Wichtig ist dabei, dass die Kooperation dem Kunden einen wahrnehmbaren Mehrwert bietet. Mit einem 08/15-Konzept werden Sie nicht viel erreichen, da Sie in der Menge der vielen Angebote untergehen. Seien Sie kreativ, wagen Sie

etwas! Denn nur mit einem Konzept, das auffällt und dem Kunden tatsächlich etwas Neues bietet, wird Ihre Kooperation erfolgreich sein!

Erfolgsfaktor 3: Machen Sie Wirbel um Ihre Kooperation!
Die beste Kooperation wird nicht erfolgreich sein, wenn niemand davon erfährt. Von allein kommen die wenigsten Kunden darauf, dass Ihre Kooperation Ihnen einen Zusatznutzen bietet. Deshalb: Vermarkten Sie Ihre Kooperation und kommunizieren Sie mit allen Mitteln, die Ihnen und Ihrem Kooperationspartner zur Verfügung stehen: Nutzen Sie die Produktverpackungen, binden Sie die Kooperation in Ihre Werbung ein, kommunizieren Sie über alle verfügbaren Social-Media-Kanäle. Es gibt viele Möglichkeiten, Ihre Zielgruppe zu erreichen!

Erfolgsfaktor 4: Denken Sie ganzheitlich!
Das Management von Kooperationen ist ein komplexer Prozess. Achten Sie auf eine ganzheitliche Planung und Umsetzung entlang dieses Prozesses. Eine Kooperation ist immer ein Geben und Nehmen. Versetzen Sie sich in die Position Ihres Kooperationspartners, damit auch die Belange Ihres Partners bei der Planung und Umsetzung der Kooperation angemessen berücksichtigt werden können. Binden Sie alle Beteiligten in das Kooperationsprojekt ein. Achten Sie darauf, dass jeder über die einzelnen Prozessschritte informiert ist.

Erfolgsfaktor 5: Messen Sie rechtzeitig den Erfolg Ihrer Kooperation!
Und vor allem: Tun Sie dies schon während des Kooperationsprozesses. Denn nur Sie merken rechtzeitig, wenn etwas schlecht läuft und haben die Chance, gegenzusteuern und Ihre Kooperation zu optimieren oder schlimmstenfalls Ihre Kooperation frühzeitig abzubrechen. Bewerten Sie nach Abschluss des Kooperationsprozesses den Erfolg der Kooperation und halten Sie diese Ergebnisse fest. Denn nur so wissen Sie, welche Kooperationskonzepte funktionieren und welche nicht.

Berücksichtigen Sie diese Ratschläge und haben Sie keine Angst, Fehler zu machen, denn aus Fehlern können Sie lernen. Sicher ist, Markenkooperationen werden in der Zukunft noch weiter an Bedeutung gewinnen. Seien Sie dabei! Wir wünschen Ihnen viel Erfolg!

Anhang

Formulare

Um Sie bei Ihrer Arbeit mit Kooperationspartnern zu unterstützen, haben wir Ihnen einige nützliche Checklisten und Formulare zum Download vorbereitet, die Sie unter diesem Link finden:

www.connectingbrands.de/files/formulare.zip

Wie Sie die Checklisten und Formulare nutzen können, wurde in den jeweiligen Kapiteln erwähnt. Im Einzelnen bieten wir Ihnen die folgenden Formulare an:

1. TANDEM-Checkliste für Kooperationsgespräche: Hier können Sie beim ersten Gespräch mit dem potenziellen Partner wichtige Eckdaten der angestrebten Kooperation sowie Ihre Ideen und die des Partners dokumentieren.
2. Partnerbewertung: Mit diesem Excel-Formular können Sie anhand von zwölf Kriterien den potenziellen Kooperationspartner bewerten. Die einzelnen Kriterien können Sie gewichten. Als Ergebnis erfahren Sie, ob der potenzielle Kooperationspartner nach Ihren Kriterien geeignet ist, potenziell geeignet oder eher ungeeignet ist.
3. Muster-Kooperationsvereinbarung: Diese Muster-Vereinbarung kann Ihnen als Basis für eine Vereinbarung dienen, die Sie mit einem Kooperationspartner schließen wollen. Diese Vereinbarung ist eher für Kooperationsprojekte mit einer niedrigen Intensität geeignet und muss natürlich inhaltlich Ihrer Kooperation angepasst werden. Diese Muster-Kooperationsvereinbarung hat nicht den Anspruch auf Vollständigkeit und ersetzt auch keine rechtliche Beratung.
4. Abschlussbericht und Feedbackbogen von Markenkooperationen: Jede Kooperation sollte abschließend evaluiert und die Zielerreichung überprüft werden. Mit diesem Formular können Sie die Kooperationseckdaten dokumentieren, die Inhalte und Ziele der Kooperation beschreiben sowie den Kooperationsablauf und Ergebnisse der Kooperation bewerten.

Literaturverzeichnis

Albers, Sönke; Heike Jochims (2003): Erscheinungsformen, strategische Bedeutung und Gestaltung von Online-Marketing-Kooperationen. In: Buettgen, Marion; Fridjof Luecke: Online-Kooperationen – Erfolg im E-Business durch strategische Partnerschaften. Gabler Verlag, Wiesbaden, S. 15 bis 37.

Bauer Advertising (2012): Ad Specials

Baum, Heiko (2011): Morphologie der Kooperation als Grundlage für das Konzept der Zwei-Ebenen-Kooperation. Gabler Verlag, Wiesbaden.

Becker, Thomas; Ingo Dammer; Jürgen Howaldt; Stephan Killich; Achim Loose (Hrsg.) (2007): Netzwerkmanagement – Mit Kooperation zum Unternehmenserfolg. Springer-Verlag, Berlin/Heidelberg.

Belz, Christian; Marcus Schögel; Torsten Tomczak (Hrsg.) (2007): Innovation Driven Marketing. Gabler Verlag, Wiesbaden.

Beye, Daniel (2009): Mehr Erfolg mit Marketingkooperationen, GRIN Verlag, München.

Beye, Daniel; Nils Pickenpack (2011): Markenkooperationen – Ein Leitfaden für die Techniker Krankenkasse. Unveröffentlicht, Hamburg.

Beye, Daniel; Frederik Gronwald (2012): Vertrauen und Führung – Vertrauensvolle Führung im Kontext virtueller Organisationen. GRIN Verlag, München.

Beye, Daniel; Friederike Schlüter (2012): Markenallianzen und Co-Branding. GRIN Verlag, München.

Blank, Natalia (2011): Vertrauenskultur – Voraussetzung für Zukunftsfähigkeit von Unternehmen. Gabler Verlag, Wiesbaden.

Booz&Co (2008): Kooperation statt Konfrontation zwischen Handel und Konsumgüterherstellern. http://www.booz.com/de/home/Presse/Pressemitteilungen/presse-mitteilung-detail/43277921.

Bouncken, Ricarda B. (Hrsg.) (2006): Interkulturelle Kooperation. Duncker & Humblot Verlag, Berlin.

Bundesverband der Musikindustrie (2012): Jahreswirtschaftsbericht 2011.

Clases, Christoph; Hartmut Schulze (Hrsg.) (2008): Kooperation konkret! Pabst Science Publishers, Lengerich.

Connecting Brands (2011): Studie Kooperationsmarketing, Expertenbefragung im Rahmen der CO-BRANDS 2011. Hamburg.

Connecting Brands (2012): Marktforschung bei Markenkooperationen, Expertenbefragung im Rahmen der CO-BRANDS 2012. Hamburg.

Dickerhof, Markus; Ulrich Gengenbach (2006): Kooperationen flexibel und einfach gestalten. Carl Hanser Verlag, München/Wien.

Dietz, Markus (2000): Co-Marketing-Report. Diplomarbeit FH Mainz.

Doran, George T. (1981): There's a S.M.A.R.T. way to write management's goals and objectives. In: Management Review, Jahrgang 70, Ausgabe 11, S. 35-36.

Dreyer, Minas (2012): CO-Promotion – Kooperative Promotion. Ansätze zur Verkaufsförderung in der Konsumgüterindustrie. Masterarbeit FH Wedel.

Eggert, Ulrich (2010): Kooperation in Vertrieb & Handel, Köln.

Ellebracht, Heiner; Gerhard Lenz; Gisela Osterhold (2009): Systemische Organisations- und Unternehmensberatung. Gabler Verlag, Wiesbaden.

Felser, Georg (2007): Werbe- und Konsumentenpsychologie. 3. Auflage, Spektrum Akademischer Verlag, Berlin.

Filmförderungsanstalt (2012): Der Kinobesucher 2011.

Fladnitzer, Marliese (2006): Vertrauen als Erfolgsfaktor virtueller Unternehmen. Gabler Verlag, Wiesbaden.

Frey, Ulrich (2001): Co-Marketing-Wertschöpfungsinstrument für Industrie und Handel. Gabler Verlag, Wiesbaden.

Friedrich-Ebert-Stiftung (2006): Dienstleistungen in Deutschland: Besser als ihr Ruf, dennoch stark verbesserungswürdig.

GAN Game Ad Net GmbH (2011): Der Gaming-Markt 2011.

Gentner, Andreas (2009): Spielend unterhalten. Wachtumsmarkt Electronic Games – Perspektive Deutschland. Deloitte Consulting/BITKOM.

Heinzmann, Daniela (2009): Der TV-Markt in Deutschland. Institut für Kommunikationswissenschaft an der Universität Jena.

Hille Hans-Eduard; Claudia Lübbert; Susanne Lindemann (2009): Praxisleitfaden: Kooperation von Dienstleistern – Erfolgsfaktoren und Stolpersteine. IHK München und Oberbayern.

Hungenberg, Harald; Torsten Wulf (2011): Grundlagen der Unternehmensführung. Springer-Verlag, Berlin/Heidelberg.

Ipsos (2010): Toolbox Cooperation Research. Tools zur Bewertung von Markenkooperationen. Hamburg.

IVW (Informationsgemeinschaft zur Feststellung der Verbreitung von Werbeträgern e.V. (2012): Aktuelle Zahlen zur Entwicklung.

Jaspers, Wolfgang; Gerrit Fischer (2008): Wissensmanagement heute – Strategische Konzepte und erfolgreiche Umsetzung. Oldenbourg Verlag, München.

JDB Media GmbH (2012): Medienkooperationen.

Jochims, Heike (2006): Erfolgsfaktoren von Online-Marketing-Kooperationen. DUV, Frankfurt am Main.

Kaminski, Sandra (2009): Die regionale Clustermarke. Gabler Verlag, Wiesbaden.

Knappe, Carolyn (2003): Die deutsche Fernsehindustrie: Eine Analyse der Wettbewerbsstrategien vor dem Hintergrund zunehmender Digitalisierung von Medien. Institut für Rundfunkökonomie an der Universität zu Köln.

Knop, Robert (2009): Erfolgsfaktoren strategischer Netzwerke kleiner und mittlerer Unternehmen. Gabler Verlag, Wiesbaden.

Kollhorst, Bruno (2007): Die Gamesbranche und Markenartikler. International Games Magazine, Hamburg.

Kreuser, Karl; Thomas Robrecht (Hrsg.) (2010): Führung und Erfolg. Gabler Verlag, Wiesbaden.

Lacoursiere, Roy B. (1980): The Life Cycle of Groups. Human Sciences Press, New York.

Marketing Akademie Hamburg (2007): Vorbereitende Unterlagen zur IHK-Prüfung Fachkaufmann für Marketing. Hamburg.

Meffert, Heribert; Manfred Bruhn (2009): Dienstleistungsmarketing. Gabler Verlag, Wiesbaden.

Meffert, Heribert; Christoph Burmann; Manfred Kirchgeorg; (2008): Marketing – Grundlagen marktorientierter Unternehmensführung. Gabler Verlag, Wiesbaden.

Meyer, Tobias; Michael Schade (2007): Cross-Marketing – Allianzen, die stark machen. BusinessVillage, Göttingen.

Niebel, Thomas (2010): Der Dienstleistungssektor in Deutschland – Abgrenzung und empirische Evidenz. Zentrum für Europäische Wirtschaftsforschung (ZEW).

Noshokaty, Döring & Thun GmbH (2009): Marketingkooperationen in der Krise. Ergebnisse einer branchenübergreifenden Studie. Berlin.

Noshokaty, Döring & Thun GmbH (2010): Checkliste für Kooperationsgespräche. Berlin.

Peuser, Martina-Maria (2008): Kompetenzorientierte Markenkooperationen von Energieversorgungsunternehmen im B2B-Kundenbereich. Gabler Verlag, Wiesbaden.

Porschen, Stephanie (2008): Austausch impliziten Erfahrungswissens. VS Verlag für Sozialwissenschaften, Wiesbaden.

Probst, Gilbert; Steffen Raub; Kai Romhardt (2010): Wissen managen. Gabler Verlag, Wiesbaden.

Rath, Johannes (2011): Partnerselektion bei Marketingkooperationen – Erfolgsfaktoren am Beispiel des Co-Advertising. Shaker Verlag, Aachen.

Reineke, Rolf-Dieter; Friedrich Bock (2007): Gabler Lexikon Unternehmensberatung, Gabler Verlag, Wiesbaden.

Schögel, Marcus (2006): Kooperationsfähigkeiten im Marketing. Deutscher Universitäts-Verlag, Wiesbaden.

Shaw, Robert B. (1997): Trust in the Balance – Building Successful Organizations on Results, Integrity, and Concern. Jossey-Bass Publishers, San Francisco.

Sommer, Rudolf (2006): Consumer's Mind – Die Psychologie des Verbrauchers. Deutscher Fachverlag, Frankfurt am Main.

Statistisches Bundesamt (2008): Klassifikation der Wirtschaftszweige. Ausgabe 2008 (WZ 2008), Wiesbaden.

Techniker Krankenkasse (2011): Unterlagen zum Kooperationsmanagement. Hamburg.

Thommen, Jean-Paul; Ann-Kristin Achleitner (2012): Allgemeine Betriebswirtschaftslehre. Gabler Verlag, Wiesbaden.

Trend One GmbH (2012): The Radical Game.

Vilmar, Answin (2006): Markenkooperationen – Kooperationsmarketing. Varus Verlag, Bonn.

Volkmer, Stefanie (2011): Marketing co-operations as an opportunity for leading food brands in the German Market. Berlin.

Zentes, Joachim; Bernhard Swoboda; Dirk Morschett (Hrsg.) (2005): Kooperationen, Allianzen und Netzwerke. Gabler Verlag, Wiesbaden.

Zukunftsinstitut (2012): www.Futureworks.eu. Cross-Innovations WorkBox.

Fritz Zwicky (1959): Morphologische Forschung. Baeschlin Verlag, Winterthur.

TEXT-TUNING

Tilo Dilthey
TEXT-TUNING
Das Konzept für mehr Werbewirkung
2. Auflage 2012

160 Seiten; 17,90 Euro
ISBN 978-3-86980-114-8; Art-Nr.: 838

Tilo Dilthey zählt zu den Markenmachern in Deutschland. Sein Markenzeichen: Nur die Einzigartigkeit wirkt. Doch wie entwickelt man Einzigartigkeit, wie kommuniziert man sie?

Auf der Basis vieler erfolgreicher Kampagnen und Werbeaktionen illustriert Tilo Dilthey, wie einzigartige Texte mit Werbewirkung entstehen. Ganz ohne graue Kommunikationstheorien und quälende Tipps konzentriert sich dieses Buch auf das wirklich Wesentliche.

TEXT-TUNING ist das Buch für mehr Werbewirkung und für alle, die mit Texten mehr bewirken wollen. Praxiserprobt. Direkt einsetzbar. Mit Vergnügen lesbar.

„Tilo Dilthey erspart dem Leser langatmige Kommunikationstheorien, stattdessen lässt er ihn kurz und knapp und im Ton sehr unaufdringlich an seinem reichen Erfahrungsschatz teilhaben. [...] Ein Muss für Werbeleute, aber auch äußerst hilfreich für alle, die ihre Geschäftspartner besser überzeugen wollen."

managementbuch.de, 15. Juni 2011

www.BusinessVillage.de

Kreativ trotz Krawatte

Jens-Uwe Meyer
Kreativ trotz Krawatte
Vom Manager zum Katalysator – Wie
Sie eine Innovationskultur aufbauen

240 Seiten; 2010; 24,80 Euro
ISBN 978-3-86980-073-8; Art-Nr.: 836

Unternehmen, die ihre Mitarbeiter zu neuen Ideen motivieren, können Berge versetzen, andere gehen die ausgetretenen Pfade immer und immer wieder. Unternehmen, die eine kreative Kultur aufbauen, können schnell und flexibel reagieren, andere bleiben in festgefahrenen Prozessen stecken. Vier von fünf Mitarbeitern könnten Ideen haben, die das Unternehmen voranbringen: Für bessere Abläufe, einzigartigen Kundenservice, originelles Marketing, neue Produkte, Dienstleistungen und Geschäftsmodelle.

Warum haben sie solche Mitarbeiter nicht? Weil sich neue Ideen nur durch neue Führungsmethoden hervorbringen lassen. Kreativität lässt sich nicht per Knopfdruck erzwingen, Ideen unterliegen ganz eigenen Spielregeln. Wer sie kennt, profitiert von den Geistesblitzen seiner Mitarbeiter. Wer sie missachtet, verpasst die Gelegenheit, neue Einsichten, neue Ansätze und neue Herangehensweisen zu erhalten.

Jens-Uwe Meyer illustriert in seinem neuen Buch, wie Sie mit ungewöhnlichen Denkwegen eine Innovationskultur aufbauen und Ungewöhnliches erreichen. Sie lernen die wichtigsten Ergebnisse der internationalen Kreativitätsforschung kennen und erfahren, wie Sie diese für Ihr Unternehmen nutzen können. Und Sie erfahren, warum es Zeit wird, mit den Klischees und den Mythen rund um das Thema Kreativität radikal zu brechen.

Kommunikation verkaufen

Elke Fleing
Kommunikation verkaufen
[Marketing, Design, Text]
Realistisch kalkulieren, klare Angebote
erstellen, erfolgreich verhandeln

192 Seiten; 2012; 17,90 Euro
ISBN 978-3-86980-164-3; Art-Nr.: 875

Das Praxisbuch für Kontakter, Konzeptioner, Texter, Grafiker, Fotografen,
Illustratoren, Programmierer, Webdesigner, Audio- und Video-Worker.

Gute Aufträge zu angeln ist neben deren Abarbeitung die wichtigste Beschäftigung
für Freelancer und Selbstständige. Viele Freie beherrschen ihr Kerngeschäft zwar
aus dem Effeff, doch bei Akquise, Kalkulation oder gar Auftrags-Verhandlungen
fühlen sie sich unsicher. Schlecht fürs Geschäft ...

Dieses Praxisbuch hilft dabei, souverän und erfolgreich neue Aufträge an Land zu
ziehen.

Elke Fleing, Expertin in Sachen Positionierung und Unternehmenskommunikation,
zeigt, wie man das eigene Leistungsangebot kommuniziert, Angebote erstellt,
die besten Aufträge auswählt, geschickt verhandelt und konstruktiv mit Absagen
umgeht.

www.BusinessVillage.de

Konzepte ausarbeiten

Sonja Ulrike Klug
Konzepte ausarbeiten
Tools und Techniken für Pläne,
Berichte, Bücher und Projekte

208 Seiten; 2012; 21,80 Euro
ISBN 978-3-86980-179-7; Art-Nr.: 897

Konzepte auszuarbeiten gehört in vielen Berufen und Branchen zu den wichtigsten Aufgaben. Vielfach sollen die Konzepte Kollegen, Vorgesetzte oder Auftraggeber mit gekonnter Darstellung und schlagkräftigen Argumenten auf Anhieb überzeugen. Dabei kann es sich um Konzepte unterschiedlichster Art handeln: Projektberichte, Entscheidungsvorlagen, Gutachten, Unternehmensstrategien, Marketing- oder PR-Kampagnen, Fachartikel, Präsentationen oder ganze Bücher.

Gleich ob die Konzepte firmenintern oder -extern verwendet werden: Sie sollten sorgfältig recherchiert werden, zündende Ideen liefern, gründlich informieren und exzellent formuliert sein. Mit anderen Worten: Sie müssen Qualität, Professionalität und Kompetenz ausstrahlen.

In diesem Buch erfahren Sie, wie Sie bei der Konzepterarbeitung systematisch vorgehen: von der Informationsrecherche und -bewertung über die kreative Lösungsfindung bis zum Verfassen eines flüssigen Textes. Die Autorin zeigt, wie Sie mit funktionierenden Methoden und Techniken die Qualität Ihres zu erarbeitenden Konzeptes sichern.

www.BusinessVillage.de